黒田如水像（部分、福岡市美術館 蔵〈黒田資料〉）

大徳寺住持春屋宗園（1529～1611）の賛がある。画像の半太刀はおそらく織田信長から拝領した圧切《へしきり》であり、これが本来の拵と考えられる。

黒田官兵衛所用 銀白檀塗 合子形兜（もりおか歴史文化館 蔵）

官兵衛所用。朱漆を塗った上に銀を箔押しし、透漆をかけている。官兵衛死去の際に家老の栗山備後利安に与えられたが、後に子の栗山大膳が盛岡藩に流され、南部家に献上された。糸底に当たる部分に3つの小穴があるのは、中世の陶器製合子の蓋を模したからである。

Helmet in the Shape of an upside down lacquer bowl　Morioka History and Culture Museum

栗山備後像に描かれた官兵衛の兜

（部分、円清寺 蔵）

兜には吹返が付き、鞢に孔雀の羽根の引廻が描かれる。

黒田官兵衛所用 観音菩薩立像（崇福寺 蔵）

官兵衛が兜に用いた念持仏で、背面には「空」の文字が陰刻されている。木製の黒漆塗り厨子の中の銀製の厨子に納められている。

黒田官兵衛所用写朱塗合子形兜・黒田官兵衛所用黒糸威胴丸具足（福岡市博物館蔵）

福岡藩3代藩主の光之が貞享五年に官兵衛の兜を模して作らせた。胴は官兵衛所用と伝えられる五枚胴で、もとは合子形兜が付属していた。

Red Helmet in the Shape of an upside down bowl, *Domaru* Type Armor laced with Black cord　Fukuoka City Museum

(官兵衛の父)**黒田職隆所用 紅糸中浅葱威腹巻**(黒田家伝来、川越歴史博物館 蔵)
紅糸中浅葱の威毛が鮮やかな腹巻。戦国期上級武将の武装は、当世具足よりも、むしろこのような腹巻が多用されたと考えられる。

Haramaki Type Armor laced with Red and Light Blue cord　Kawagoe History Museum

純金製歯朶前立
『黒田如水と二十五騎』(本山一城著)より転載

金歯朶前立黒漆塗南蛮兜　伝来 徳川家康—黒田長政—（福岡市博物館 蔵）
徳川家康が南蛮兜を日本式に改造させたもの。黒田長政が関ヶ原の戦の前に家康から拝領した。博物館表記では黒漆塗となっているが、実際は銀箔押である。

Helmet with Fern Ornamentation　Fukuoka City Museum

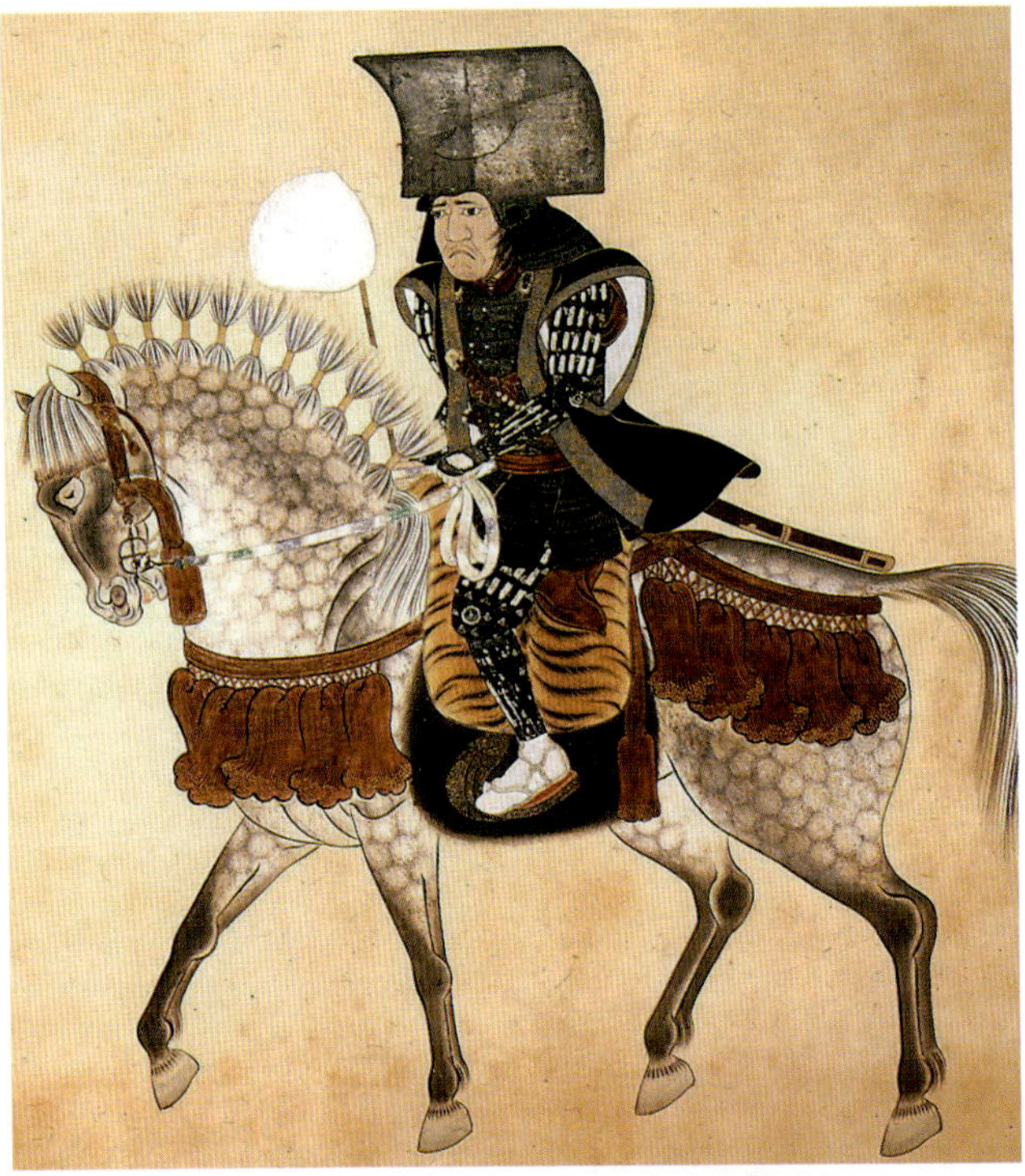

重文 黒田長政像（部分、福岡市博物館 蔵）

長政の没後（寛永元年）に描かれた関ヶ原合戦の姿とされる。一の谷形兜と黒糸威胴丸具足を着用している。

重文 黒田長政所用 銀箔押一の谷形兜（福岡市博物館 蔵）

Helmet in the Design of *Ichinotani* Cliff　Fukuoka City Museum

重文 金霞鮫青漆打刀拵（「安宅切」拵、福岡市博物館 蔵）

Uchigatanakoshirae with Scabbard Half Blue-lacquered with Tuberculate Sheet Gold　Fukuoka City Museum

重文 黒田長政所用 銀箔押一の谷形兜・黒糸威胴丸具足（福岡市博物館 蔵）
福島正則が所用していたが、黒田長政が不仲の和解のために大水牛兜と交換したと伝わる。長政はこの兜を関ヶ原の戦に着用している。
Helmet in the Design of *Ichinotani* Cliff, *Domaru* Type Armor laced with Black cord　Fukuoka City Museum

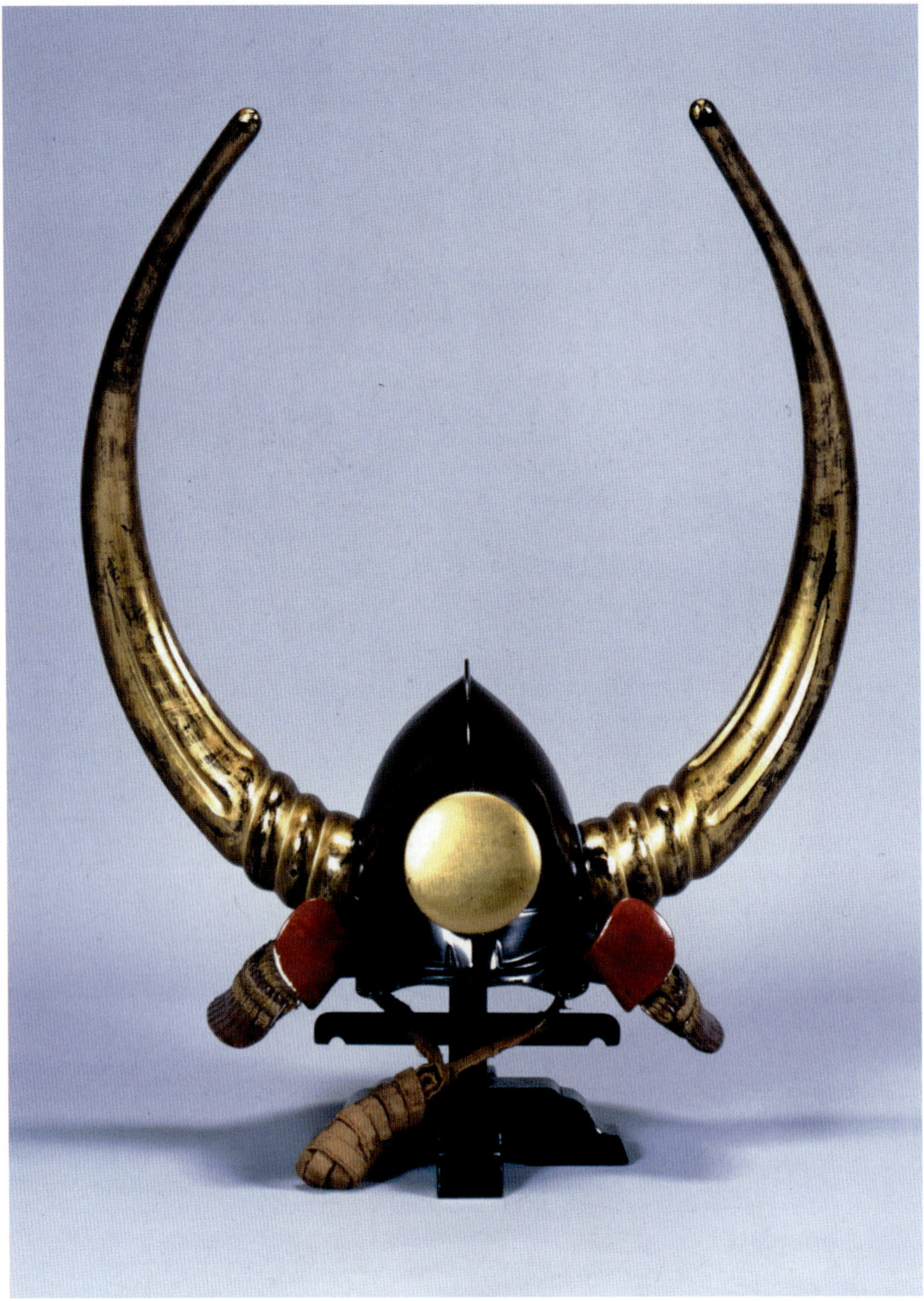

重文 黒田長政所用 黒漆塗大水牛脇立桃形兜(福岡市博物館 蔵)

水牛の角の脇立は桐の台座に和紙で形を作り金箔を貼っている。また、上から生漆が塗られている。吹返と三段の䩸は薄い牛革に包まれ、高級な造りである。

Helmet with Ornamentation in the design of Water Buffalo Horns　Fukuoka City Museum

重文 黒田長政所用 黒漆塗大水牛脇立桃形兜（福岡市博物館 蔵）
黒田長政は桃形鉢に水牛の角の脇立が付く兜を幾つか所用しているが、これは軽量で実戦向きに作られている。引廻を付けるための環が３つある。福島正則に譲られ、幕末に黒田家に戻ったものである。
Helmet with Ornamentation in the design of Water Buffalo Horns　Fukuoka City Museum

黒田長政所用 黒漆叩塗帽子形兜（福岡市博物館 蔵）
黒田長政が大徳寺の春屋宗園の頭巾を模して作らせた兜。
Helmet in the Shape of Cowl Fukuoka City Museum

伝黒田長政所用 小札陣羽織（福岡市美術館 蔵）
Jimbaori Jacket with laced *Kozane* (scales) Fukuoka Art Museum

銀箔押蛤脇立熨斗烏帽子形兜(朝倉市秋月郷土館 蔵)

黒田長政が合渡川の戦で着用したと伝わり、初代秋月藩主となる三男の孝政(長興)に譲られた。鞠は五段で上から赤・赤・黒・黒・金と塗り分けられている。威は黒田家独特の寄素懸。上二段は浅葱色、下三段は浅黄色の糸で構成されていて美しい。

Helmet in *Noshieboshinari-Kabuto* Style with Clam Ornamentation　Akizuki Museum

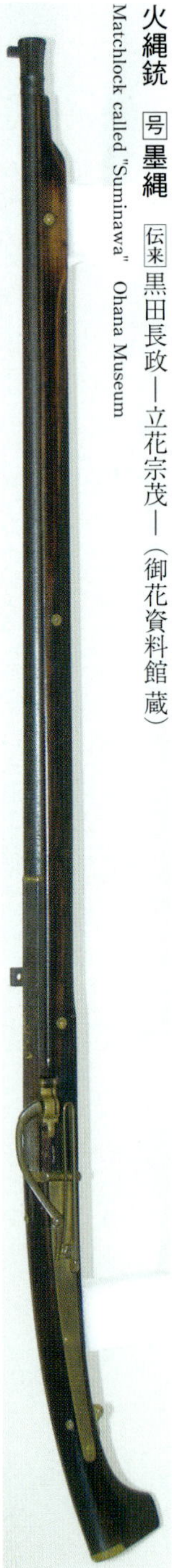

火縄銃 号 墨縄 伝来 黒田長政―立花宗茂―（御花資料館 蔵）

Matchlock called "Suminawa" Ohana Museum

黒田長政所用 火縄銃 号 次郎坊御筒（福岡市美術館 蔵）

Matchlock called "Jirobo-Ontsutsu" Fukuoka Art Museum

白熊采配 伝来 豊臣秀吉―黒田長政―（福岡市美術館 蔵）

黒田長政が朝鮮出兵の際に豊臣秀吉から拝領したと伝わる。

Military Baton of Yak Hair Fukuoka Art Museum

次郎坊御筒（部分）
不動明王像金象嵌
Matchlock called "Jirobo-Ontsutsu"
Inlay, Figure of *Fudo Myo-o*(Acalanatha)

「愛宕山大権現」金象嵌
Inlay, "Atagoyama-Daigongen"

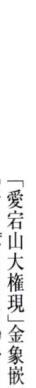

黒田忠之所用 黒漆塗鯰尾形兜・鶉巻紺糸威胴丸具足（福岡市博物館 蔵）
Helmet of Catfish form, *Domaru* Type Armor laced with Dark Blue cord　Fukuoka City Museum

黒田一任所用 洗米紙形兜・紺糸威胴丸具足（福岡市博物館 蔵）

Helmet in *Semmaishinari-Kabuto* Style, *Domaru* Type Armor laced with Dark Blue cord　Fukuoka City Museum

野口一成所用 白熊水牛脇立兜・二枚胴具足（個人蔵）
Helmet with Yak Hair, *Nimaido* Type Armor　Private Collection

野口一成所用 朱漆塗刳半月脇立頭形兜・紺糸威胴丸具足（福岡市博物館 蔵）
Red Helmet with Ornamentation in the design of Water Buffalo Horns, *Domaru* Type Armor laced with Dark Blue cord
Fukuoka City Museum

伝後藤基次所用 総髪形兜・丸龍蒔絵二枚胴具足(大阪城天守閣 蔵)
Helmet with Hair, *Nimaido* Type Armor decorated in *Maki-e* Lacquer　Osaka Castle

伝井上周防所用 鉄黒漆塗唐冠形兜・練革潤塗切付伊予札熏韋威二枚胴具足
（北九州市立自然史・歴史博物館 蔵）

Helmet in *Toukannari-Kabuto* Style, *Nimaido* Type Vermilion Armor
Kitakyushu Museum of Natural history & Human history

久野重勝所用 鉄錆地三枚張南蛮兜・鉄黒漆塗切付札紫糸威二枚胴具足
（久野家伝来、北九州市立自然史・歴史博物館 蔵）
Helmet in the Shape of Rice, *Nimaido* Type Armor laced with Purple cord
Kitakyushu Museum of Natural history & Human history

六十二間阿古陀形筋兜・茶糸威胴丸具足（久野家伝来、福岡市博物館 蔵）

Helmet made of Sixty-Two iron plates, *Domaru* Type Armor laced with Brown cord
Fukuoka City Museum

小河之直所用 水牛脇立桃形兜・紺糸威胴丸具足（九州国立博物館 蔵）

Helmet with Ornamentation in the design of Water Buffalo Horns, *Domaru* Type Armor laced with Dark Blue cord

Kyushu National Museum

後藤基次所用 廻り鉢六十二間小星兜
（川越歴史博物館 蔵）
Helmet made of Sixty-Two iron plates
Kawagoe History Museum

金箔押 桃形兜
（黒田家御貸兜、川越歴史博物館 蔵）
大坂の陣と島原の乱で足軽衆が使用したという記録がある。
Helmet in KURODA Clan Type
Kawagoe History Museum

黒漆塗石餅紋桃形兜
（黒田家御貸兜、川越歴史博物館 蔵）
上記兜のやや古式なもの。簡素な一枚鞠が特色である。
Black Helmet in KURODA Clan Type
Kawagoe History Museum

黒田官兵衛と二十四騎

本山一城　著

宮帯出版社

目次

第一章　黒田家の歴史と家臣

一　黒田家の歴史

黒田家が史上に顔を覗《のぞ》かせるのは黒田官兵衛孝高《よしたか》の祖父重隆《しげたか》が、播磨《はりま》国（兵庫県）守護・赤松晴政の重臣小寺《こでら》氏に取り立てられて、姫路城主になってからである。城主といっても一万石に満たない小領主である。それ以前の動向としては、大永四年（一五二四）に長男職隆《もとたか》が備前国福岡で生まれ、翌年二男の高友（後の小寺休夢）が播磨国龍野で生まれていることくらいしか判明しない。

姫路城の古い土塀

黒田家は、江戸期に藩によって整えられた系図によれば、近江源氏佐々木氏の流れとされる。しかし、播磨国多可郡黒田庄（兵庫県西脇市）発祥の可能性が高い。その証拠に、初期の家来たちは加古川流域に集中している。近江国はもちろん、その後、配流されたとする備前国福岡からも付き従った家来はいない。

近年、その黒田庄の荘厳寺に伝わる黒田系図が注目されているが、赤松円心に始まり職隆を欠くお粗末なもので、信頼性は低い。その他、有名人を組み込んだ偽系図が播磨地方でたくさん作られている。江戸後期の民間系図では誰もが皆、赤松円心則村の子孫になっていると言っても過言でない。

二　黒田家の家臣

1　職隆の代からの福岡藩士

井上・井口《いのくち》・母里《ぼり》・小川・川端・吉田・長浜・中西・野村・栗山・木屋・斎藤・栗田・佐々木・桐山・衣笠・宮崎・三宅・久野《ひさの》

2　官兵衛の代からの福岡藩士

伊藤・伊勢田・池田・生田・林・原・原田・細江・堀尾・時枝・大音《おおと》・小河《おごう》・岡田・岡本・尾上・尾崎・越知・緒方・梶原・神吉《かんき》・貝原・香山・菅《かん》・高原・高橋・高屋・津田・坪田・塚本・都筑・恒屋・中村・中間・浦上・宇佐美・野口・馬杉・松本・松田・益田・船曳・小林・小寺・寺田・荒巻・青木・佐谷・木全・岸本・岸原・喜多村・宮内・四宮・久田・広津・樋口

重隆は早く隠居して子の職隆の補佐をした。だから、家臣を整えたのは職隆の代からである。幕末の藩士書上《かきあげ》では家祖が誰に仕えたかが記されたが、重隆からの家臣は存在していない。だからといって『夢幻物語』という講談本が説く、桐山孫兵衛が家臣の第一号であるだとか、吉田六郎太夫を含む十五人が小寺家から配されたというのもあり得ない。

小寺家からの付け人と判明しているのは宮崎織部《おりべ》一人である。同書によれば、黒田職隆は備前国三原（注1）から桂菊右衛門と中間《ちゅうげん》の竹森《たけのもり》新右衛門・宮崎織部を連れて姫路に来たという。これは福岡からが正しい。桂は豊前国で召し抱えた博打《ばくち》好きの微臣、こんな人物を最古の家来のように扱う同書の意図は何なのか？　竹森と宮崎は姫路で黒田に仕えた。中間がどうして織部という官名を名乗れるのか？　『夢幻物語』の内容は首を傾げてしまうことばかりである。

姫路城 十字架瓦

さらに、流れ人であった黒田一家は姫路の大百姓竹森家に居候して主従入れ替わったとされるが、残念ながらそのような作り話は入り込む余地が無い。広宗神社（広峯神社のもじり）に委託販売を頼んだ目薬の収入や二割利子の米貸しの成功話もしかりである。当時の播磨は戦国真っただ中で、大混乱の時代であった。

だが、黒田家が無名の存在からの成り上がりであることには変わりない。もともと黒田庄の地侍で、初めから赤松氏の被官であっただろう。一時、備前国福岡にいたというのもうなずける。赤松家は播磨・備前・美作《みまさか》三ヵ国の守護であったが守護代浦上氏（備前国三石を本拠地とする）によって二ヵ国を奪われていた。

一説に享禄三年（一五三〇）、黒田重隆は小寺則職《のりもと》に仕えたという。この年、則職の父親が庄山城（兵庫県姫路市飾東《しきとう》町）で浦上村宗に討たれた。翌年、則職は明石氏の協力を得て摂津国で仇討《あだう》ちを果たしている。これは細川管領家《かんれいけ》を巻き込んだ天王寺合戦の一端であった。

天文三年（一五三四）、浦上村宗の遺児政宗は姫路西方に迫り朝日山で合戦に及ぶ。赤松晴政方の櫛橋《くしはし》尚則（加古郡志方《しかた》城主）と井口家繁（揖西《いっさい》郡栄城主）が討死した。政宗はそのまま播州西方に留まり、室津城（赤穂郡室山）を築いて赤松氏に脅威を示し続ける。播州東方には赤松同族の別所氏（三木郡三木城主）がいたが、これも戦国大名化しつつあり、晴政は播磨一ヵ国さえ保てなくなった（浦上政宗の弟宗景は備前国天神山城を築いて独立。備前・美作二ヵ国を横領している。それもまた、臣下の宇喜多《うきた》直家に横領されるのであるから目まぐるしい）。

同七年（一五三八）、山陰八ヵ国を支配する尼子晴久《あまごはるひさ》の播州攻略に小寺・明石両氏が同調。[注2] 晴政は淡路島への逃亡を余儀無くされる。この年、黒田重隆の三男友氏（後に井手姓を名乗る）がどういうわけか、揖西郡栄城で生まれている。翌年、晴政は細川氏の協力で明石氏と和して、三木城に入ったが別所氏を信用できずに和泉国堺へ逃亡している（尼子氏はその後、毛利元就に取って代わられる）。

同九年（一五四〇）、赤松晴政は小寺則職と和睦《わぼく》してようやく置塩《おきしお》城へ戻った。この間、黒田職隆は小寺氏に一味して戦功を重ねたと『吉田大略記』にある。翌々年、小寺家の重臣として政務を執った重隆の文書が残っているので、以上のような過酷な時代を生き抜いたと思われる。署名は黒田入道宗卜《そうぼく》とあって、すでに家督は職隆に譲ってもいたであろう。

同十二年（一五四三）、『夢幻物語』では、黒田職隆が目薬売りで得た財力で揖東《いっとう》郡香山城を単独で落とし、小寺氏に献上して仕えたと説くわけである。

姫路城の古い門

室津城

しかし時代背景無視もいいところで、香山落城は天正八年（一五八〇）のこと。城主の名も通称が知れず諱《いみな》のみが創作されている。

永禄元年（一五五八）、赤松晴政の息子義祐《よしすけ》が父を龍野城主赤松政秀（娘婿）の許《もと》へ追放。このため龍野赤松氏は裏で糸を引いた浦上政宗と小寺則職に敵意を示すようになる。具体的には不明だが、黒田職隆はそれまでに近隣の城十三を落とし、自ら二十七級の首を取ったとされる。

以降の合戦模様は各人物伝と第八章の合戦総覧で述べていきたい。巻末は栗山大膳が「先君如水長政両代にて大小の合戦五十七度に及び候えども一度も敗軍これ無く候」というのを実証しようとした成果である。日時不明で割愛したものも含めれば倍に近い数になり、筆者自身も驚いている。前著『黒田軍団』で五十七戦不敗というキャッチを使用したところ、あっという間に広まってしまったが、洗い直してみたら百戦錬磨の方が相応しいのに気が付いた。

（注1）『久野文書』によると、黒田重隆の二男三男を産んだ二番目の夫人は、同所の出身という。富豪の娘であったというが四男が生まれる天文十七年（一五四八）以前に没している。

（注2）官兵衛の母（岩）は、明石氏が人質として小寺家に出していたものだと思われる。

第二章　黒田美濃守職隆

黒田氏の先祖は佐々木源氏京極氏の分かれというのが定説であるが、それは幕府が諸大名に系譜を提出させて編纂した『寛永諸家系図伝』に始まるものである。その後、江戸で木版印刷された『武林伝』では途中抜けていた系図も繋がっており、貝原益軒《かいばらえきけん》が貞享四年（一六八七）に完成させた『黒田家譜』や、それ以前の『黒田年譜』でもしかりである。決して益軒が捏造《ねつぞう》したわけではない。

この黒田氏の本貫地は近江国坂田郡本郷（滋賀県米原市本郷）で、江戸前期に黒田家から調査員が来た際、関わりを避けて伊香郡黒田（同県長浜市木之本）だと証言したと伝える。そこは当時藩政に力を振るっていた重臣大音氏の本貫地の隣村であり、こうした点も働いて同地が定説化した可能性がある。（注1）

一方、播磨国では黒田家の発祥地は多可郡黒田庄であると『播磨鑑』に書かれていて、その系譜は三点伝来している。内容は赤松・小寺・佐々木氏から妻を迎えており、地元豪族との血縁関係がリアルである。姫路黒田家の初代家老は曽我大隅守一信というが、その曽我という地名もそこから近い。筆者としてはこちらを推《お》したい。（注2）

黒田家では重隆・職隆・孝高（官兵衛・如水《じょすい》）の三人を「姫路三代」と呼んだ。手紙等の一等史料が残るのもこの重隆からである。播磨・美作《みまさか》・備前の守護赤松氏によって黒田庄から備前福岡に移転（転封）させられ

近江国出自説

佐々木秀義―定綱―信綱―京極氏信―満信―黒田宗満―宗信―高教―高信―清高―政光―高政―重隆―職隆―孝高（如水）―

播磨国出自説

赤松円光―黒田重光―重勝―重康―光勝―重貞―重昭―重範―重隆―孝高（如水）

た後、赤松氏を傀儡《かいらい》とする御着《ごちゃく》城主小寺則職の重臣に迎えられた。江戸時代半ばの等外《とうがい》史料『夢幻物語』では、黒田職隆が家伝の目薬を売って一代でのし上がるわけだが、製造特許のある今日とは違って、あり得ない話である。同書は『長政公御定則』という偽文書と同類の書であろう。(注3)

しかし、職隆はなかなかの人物であったらしい。明石氏（岩姫）を小寺氏の養女として妻に迎え、偏諱《へんき》も授かり小寺美濃守職隆と称する。そして、姫路城主に出世した。(注4)ただ、その領土は石高に換算すれば、一万石にも満たない。ある一面では「近隣の城十三を落とし、手ずから首を取り給うこと二十七度に及ぶ」と武勇を伝え、また別の面では「城内に二棟の百間長屋を設け、浮浪者に衣食を与えた」と慈愛を強調する。息子の官兵衛が二十二歳になると隠居して補佐に回った。

黒田職隆廟

やがて、秀吉が姫路城に入ると、海辺の妻鹿《めが》城に退いて、同所で没している。遺骸はその城下に葬られたが、黒田家が姫路を去ったために所在を忘れられてしまった。江戸時代半ばにこれを憂《うれ》いた僧から報告があり、黒田家から捜査員が派遣されている。そして、三重の濠《ほり》に囲まれた立派な御霊屋《みたまや》に改造された。この時に、やはり「黒田庄系図」が話題になった。藩士も近江国出身の定説を信じていなかったようである。

職隆を偲《しの》ぶものは二点。福岡城（福岡市）大手門前の大長寺に肖像画があったが、これは盗難にあって紛失している。残る一点は川越歴史博物館にある紅糸中浅葱威《くれないいとなかあさぎおどし》腹巻である。

初心者のために説明すると、「腹巻」とは南北朝期に軽武装用として発生した鎧の一形式で、徐々に身分の高い武士も使用するようになったもの。背中の中心で引き合わせるのが特色で、この隙間を守るために背板（臆病板）を付けるものもあった。ちなみに右側で引き合わせるものは「胴丸」と呼ぶ。秀吉の時代に「丸胴」が誕生するまでは、これらの鎧が主流であり、当世具足《とうせいぐそく》の誕生は江戸期に入ってからである。

当鎧は大正十年（一九二一）に黒田家が売却したもので、鎧櫃《よろいびつ》の貼紙には御家流《おいえりゅう》の文字で「職高公」とある。正しくは職隆のはずだが、当時はよく替え字を用いているから問題は無いであろう。江戸期の黒田家の記録に家宝として出てこないのは、官兵衛・長政が偉大すぎたためであろうか？

調査によれば鉄小札《てつこざね》と革小札が整然と配列された稀有《けう》な腹巻といい、重文指定に適う名品と絶賛されている。また、威毛は制作された当時のままで一度も替えられておらず、これは大変珍重すべき物で、同博物館を代表する逸品となっている。おそらくは職隆の晩年の鎧で、奈良あたりで制作され、使用されずに新品のまま伝来したのであろう。

「日本という国は貧しい、昔は地方に文化など無かった」というのは、司馬遼太郎の言である。確かに甲冑を作る工房は大和国に春田派が、関東公方のいた上野国に明珍派《みょうちんは》（江戸時代になってからの名称）などがあるのみであった。刀剣は早くから日本各地で生産されていたが、鎧兜は無くてもいい贅沢な品だったのである。

奈良と推測したのは、職隆の弟・重孝（一五四八〜一六〇〇）が、大和国長谷寺《はせでら》檀家の松井家に養子として入り、職隆が長谷寺の長廊下を寄進しているからだ。また、大神《おおみわ》神社の三輪氏が姫路手柄山の領主となっているなど、結びつきは深い。

付属する壺袖は、胴と同じく黒漆盛上本小札で構成されている。直線的な大袖に対して、上腕にフィットするように作られた曲線構成の壺袖は、室町時代以降に大いに流行した。戦国時代の映画を見ると、どれも江戸期の鎧を着ていて辟易《へきえき》する。本来はこうした腹巻や胴丸で戦っていなくてはおかしいのである。もちろん身分の高い人物の場合に限ってのことであり、家来たちは黒澤明監督の映画「七人の侍」のように不統一で身軽な軍装だったに違いない。

（注1）大音氏は『黒田家臣伝』に自分の先祖が載っていなかったので、後から追加させている。しかし、その内容は初代と二代目が、混同されている。

（注2）家老は一人制で曽我大隅守・吉田喜三右衛門・久野四兵衛と続き、豊前中津で栗山・井上・母里の三人体制になった。なお、家老のことは当時は年寄《おとな》とか宿老と呼んだ。

（注3）江戸中期、備前福岡に残った黒田家の直系子孫（自称）という者が現れ、家伝のものを買ってほしいと福岡藩に打診があった。胡散《うさん》臭いのでそのままとなったが、その中に「目薬の調合法」というものがあり、こうした物語が創作されるに至った。江戸初期、林直利が藩に二割で金銭を借りていたのが、官兵衛の遺物としてチャラになったことがある。それが、『夢幻物語』に載る利子二割の金貸業話に発展したと思われ、直利が拝領した虎衛の槍の寸法も明確に記されていることから、林家に出入りしていた桐山氏が作者だと筆者は推定している。桐山氏の先祖信行が黒田家の家臣第一号と記すなど、同書は全く信用できない資料である。
歴史研究の第一歩はまず史料価値の吟味である。かつて坪井九馬三教授（一八五六～一九三六）は文献史料を次のように分類して、等級分けされた。

「一等史料」は出来事が起こった当時に当事者自らが残したもの。手紙や日記、メモ類。

「二等史料」は当事者の記憶に基づくもの。覚書のたぐい。

「三等史料」は家譜、伝記のたぐい。

「四等史料」は加筆や脱漏、変化の生じているもの。

「五等史料」は編纂物の上質なもの。

「等外史料」は程度の落ちた編纂物、歴史書。伝記。

（注4）姫路城主となる以前、また御着城下の黒田屋敷として深志野構がある。官兵衛の屋敷跡と伝えられ、土塁と堀の遺構が残っている。

20

宮帯出版社刊の拙著『秀吉に天下を獲らせた男 黒田官兵衛』二一三ページ口絵参照。

第三章　黒田官兵衛孝高

黒田如水像（部分、崇福寺蔵）

播磨時代は官兵衛孝高、晩年は如水といった。秀吉から従五位下勘解由次官《かげゆのすけ》の位をもらったのにもかかわらず、すぐに隠居して如水軒と名乗ってしまう。この如水という悟り切ったかのような号、まるで禅僧のように聞こえるが、どうしてどうして、モーゼの後継者ヨシュアをスペイン語風に発音するとジョスイとなるのである。

モーゼの死後、神はヨシュアにヨルダン川を渡ってカナンを占領するように命じた。ヨシュアは川の手前で野営を張り、渡った後に三千の兵を先発隊として派遣したという。

如水は秀吉の死後、関ヶ原合戦時に豊後国を征服しようと、駅舘《やっかん》川の前で野営した。そして、川を渡ってから三千の兵を先発隊として派遣した。（注1）なんと、ここまで『旧約聖書』とピタリと一致するのだ。だが、ヨシュアの先発隊は敗れ、如水の先発隊は勝ってしまう。その勢いで火事場泥棒のごとく九州一円を制圧してしまったのだから、如水は全く怪物である。

天文十五年（一五四六）十一月、官兵衛は職隆の長男として姫路城に生まれた。この時、姫路山の山頂に雲が懸かり、雪が降ったと墓碑にある。確かに年に一度くらい、姫路ではそういう現象があると、背後の広峯神社の宮司から聞いたことがある。だが、これにはもっと深い意味があったのではないか？（注2）

なぜなら、当時の姫路城は山裾にあって、山頂には長谷寺があった。英雄生誕説話として、長谷観音の申し子と言いたかったのではないかと筆者は推測している。それが後にキリシタンとなってしまったためにうやむやになり、最終的に禅僧の景轍玄蘇《けいてつげんそ》が、墓碑にただ淡々と書き残した。いかがであろうか？

こんな話を持ち出すのは、官兵衛が被った有名な「合子《ごうす》の兜」と、長谷寺の説話『鉢かづき』のイメージがダブるからである。長谷観音の鉢を被った者は自殺しても死なない。その鉢を外した時、財宝が現れてハッピーエンドとなる。後に官兵衛が、この椀を逆さにしたような珍兜を被ったのには、こうした縁起を担いだ可能性がある。(注3)

ある藩士の所に伝わる資料に、永禄十年（一五六七）の婚礼の際、官兵衛の妻（光《てる》姫）の実家から贈られてきたのが、この合子の兜であると記されている。おまけにもともとは赤松円心のものだという。婚礼の際に実家のシンボリックな兜を持参するという風習は「変り兜」が登場してからままあるが、この兜は南北朝時代にまでは遡れない。いや、それどころか永禄年間（一五五八～一五六九）に比定するのも無理があろう。(注4)

ところで、『黒田家譜』は儒者貝原益軒が著《あらわ》しただけあって、官兵衛が人を殺した話は皆無である。ところがよく調べると、官兵衛が人を斬った話は二件ある。偶然ではあるが、竹中半兵衛重治も稲葉山城乗っ取りと、虎御前《とらごぜ》山の戦いで計二人斬っている。

永禄十一年（一五六八）、織田信長が挙兵上洛を果たすと、周辺の国々の大名に上京命令を出した。播州小寺家では、織田信長に付くべきかこのまま放置するか大評定となる。そして揉《も》めた結果、当主小寺政職《まさもと》は親織田派の急先鋒・山脇六郎左衛門の殺害を決める。仕物《しもの》（誅殺《ちゅうさつ》）を命じられたのは官兵衛で、上意書を読み上げるふりをして刺し殺した。二年後、官兵衛は親織田派に転じて家中の意見を統一するのであるから皮肉である。『家譜』の類では官兵衛には先見の明があり、真っ先に親織田派を唱えたように記すが、こうした人間らしい迷いと葛藤があったのである。事実、東播の別所氏と西播の赤松氏は先に信長と謁見していた。出遅れた官兵衛は京で信長に会うのではなく、岐阜城で信長に拝謁して中国地方遠征の先鋒になると小寺家を売り込んだ。これに感心した信長は、愛用の刀「圧切《へしきり》」を官兵衛個人に与えて報いている。

天正五年（一五七七）、羽柴秀吉が中国制圧の長官に命じられ、摂津領主荒木村重を従えて姫路に至る。官兵衛は己が居城を秀吉に献上、大小名の人質を集めて播磨一円を織田領とした。

ところが翌年、別所・小寺両氏が毛利輝元の誘いに応じて離反、荒木村重までもが行動を共にした。驚いた官兵衛は人質を預かっていた村重の有岡《ありおか》城に丸腰で入る。しかし説得どころか、捕らえられて丸一年、土牢の中に入れられてしまう。

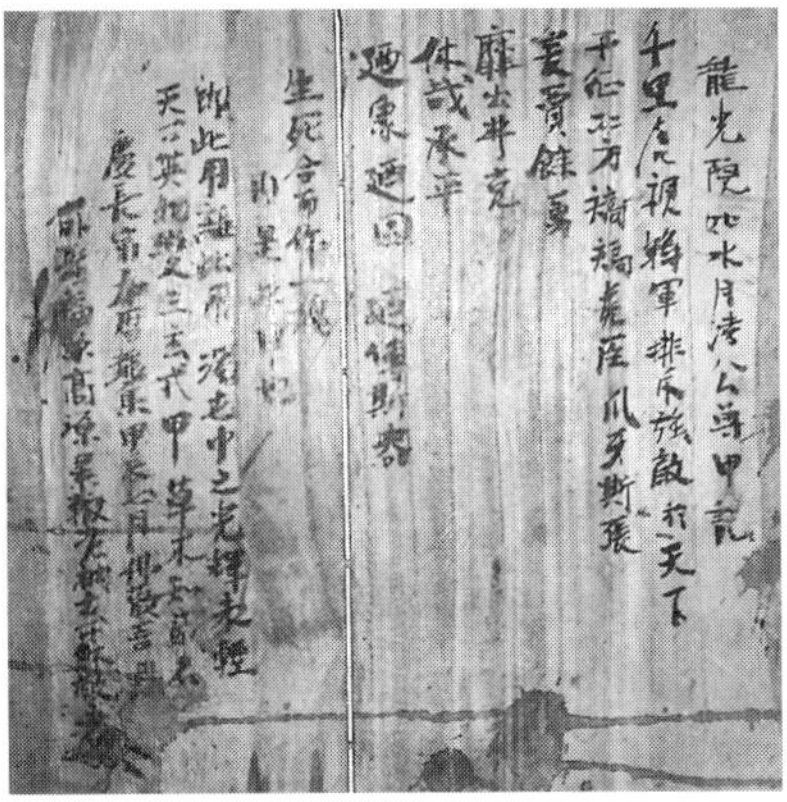

景轍玄蘇箱書

古頭形兜・紺糸威丸胴具足（個人蔵）

同七年（一五七九）、荒木村重は逃亡し、有岡城が落ちて官兵衛は九死に一生を得た。また、主君の小寺家までもが寝返ったのに、意志を曲げなかった官兵衛への評価は高まる。播磨国揖東郡内で一万石の領地を拝領、織田家の一大名に出世した。

同十年（一五八二）、羽柴秀吉に属して有名な備中高松城の水攻めを献策して成功。ついで織田信長を招いて圧勝する予定が一変した。本能寺の変である。信長の死は、彼に心酔していた官兵衛にとって、ショッキングな出来事だったに違いない。

だが、官兵衛はピンチを好機ととらえて秀吉を励まし、中国大返しを実現させてしまう。明智光秀・柴田勝家を倒すと、次々と手を打って秀吉を天下人に押し上げた。そして、自分も五万石の大名に出世していった。

同十三年（一五八五）、秀吉の命で四国を平定。その後の九州平定も、秀吉出馬の前年に下ごしらえを済ませていた。だから秀吉は、あっけなく鹿児島に迫って、島津氏を下せたのである。

ただ一つ、誤算があった。それはキリシタンの教えに深入りしたことである。四国出兵の前に、官兵衛は大坂城下の教会で受洗した。洗礼名をシメオン（キリスト十二使徒の一人）と呼ぶ。高山右近の勧めで、蒲生氏郷・小西行長らと一緒であった。この頃は、秀吉も大奥の女中たちを洋風の名前で呼んで、夜を楽しんでいた。

また、当時の宣教師たちは戦争のための殺戮《さつりく》はやむなしとしていたので、官兵衛は片手に剣、もう片手に十字架というスタイルで戦に臨んでいた。必ず修道士を同行し、ひざまずいて祈りを捧げ、十字を切ってから出撃した。戦術的にも西洋の亀甲車（戦車）や高矢倉《こうじょうやぐら》（攻城櫓）をよく用いている。

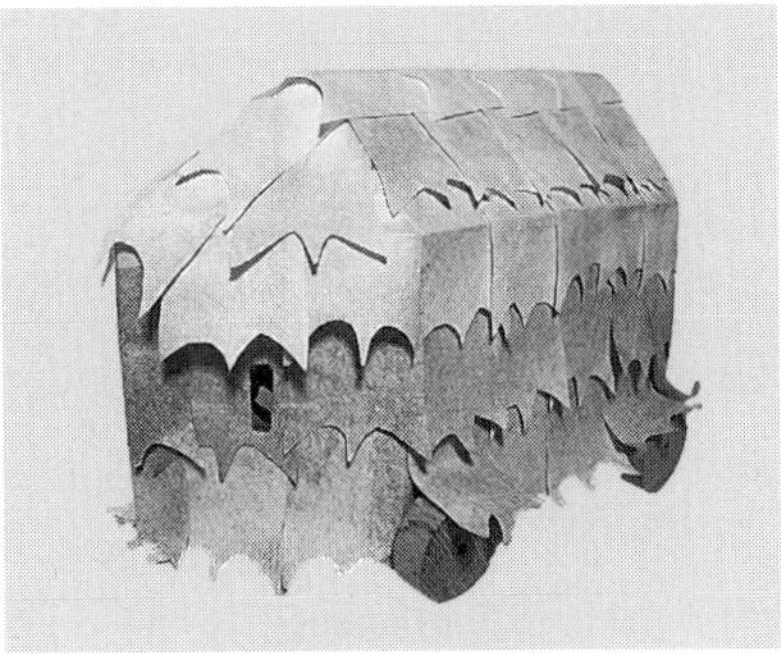

亀甲車 復元模型
（カルカソンヌ城蔵写）

ところが、九州平定後に秀吉は豹変してキリシタン禁止令を発布した。しかも、論功行賞の前にである。秀吉は官兵衛に、二ヵ国を与えると約束していた。だから、官兵衛は金で雇って三千もの兵を投入した。

しかるに、キリシタンであることを理由に豊前国六郡十二万石という結果に終わっている。時に天正十五年（一五八七）、官兵衛四十二歳であった。これは、官兵衛が教会で懺悔《ざんげ》したのであろう、キリシタンの報告書にもそうある。世上では、

「奴に大国を与えると、逆に天下を取られる！」

と、秀吉が言ったと噂された。

だから、官兵衛はそれを理由に隠居したと思われることが多い。だが、号の如水軒は冒頭でも書いた通り、音を用いた遊び心で、ますますキリシタン信仰を強める意志が見え隠れしていた(注5)。

しかし、彼の領土欲はキリシタンが弾圧されない王国の実現のためであって、決して己のためではなかった。それは後の関ヶ原合戦時の超人的行動でも同じである。官兵衛は言う。

「老体に鎧を着け坊主頭に兜を戴くこと、全くもって自身の栄華のために非ず。人になるべきためなり」

官兵衛は九州平定を終えると、大友宗麟《そうりん》親子を仲直りさせ、息子の義統《よしむね》を洗礼に導いた。そしてグレゴリオ・セスペデス神父を招いて中津城下に教会堂を建てている。弟利高・直之や息子長政をはじめ、毛利秀包《ひでかね》・熊谷元直《くまがいもとなお》らもそこで受洗した。ところで余談になるが、仲の良い夫婦なら共に洗礼を受ける

はずだ。しかし、官兵衛の妻・光の方は違った。実家櫛橋家は代々浄土宗であり、それを曲げる気は毛頭無く、同宗の寺院をいくつか城下に建立していた。官兵衛は家族や家臣に無理強いはしなかったようである。それでも信者は三千人を数えたと報告されている。また、秀吉も官兵衛には棄教を迫らず、小田原の役に呼び寄せ、朝鮮の役では三度も使者を命じている。

さて、秀吉の死後、天下分け目の戦いにはどう出たか？　五千余の兵を長政に付けて徳川家康に味方させ、自らは九千の兵を雇った。そして、銅鑼《どら》を鳴らして亀甲車を走らせ、火事場泥棒のように九州を席巻してしまったのである。あとは島津家を残すのみとなった時、家康から中止命令が届いて、兵をおさめた。九州平定後は船団で都へ上り、関ヶ原の勝者と天下を争う算段であったと伝えられている。

ところが、ここでまた誤算が生じた。息子長政の調略が上手くいきすぎて、天下分け目の決戦がたった一日で終わってしまったのである。以後、自ら兵を動かすことなく、天下を手中に収めた家康の手腕を、見届けるだけになってしまった。

如水・長政の戦功に対して、家康は筑前一国五十二万石を与えた。そこで、黒田父子は福岡城を築く。しかし、無駄に石垣を築かず土塁ですませ、中心部と本土方面の東外郭のみに高石垣を築いた。それは、まだ一戦あるぞ！　という心意気であった（西外郭は大濠のみで、鳥飼に二畳茶室を設けるなど、風情を追求している）。

関ヶ原合戦時に如水と家康のパイプ役であった井伊直政は、翌年になってもまだ、その行動に疑問を持っていたようで、質問状を寄越している。それに対して如水は、「兵二千人ばかりを差し向け、百姓ども少々討死」としか答えていない。また、自署も無いのは後に、まずい証拠となる場合も考えてのこと

黒田官兵衛墓（崇福寺）

だったのか……。(注6)

また、福岡城が完成するまでは、太宰府天満宮に仮住まいをしている。秀吉を祀った京の豊国廟には坊も構えていた。キリシタンだったが、神社には寛大な如水である。

慶長九年（一六〇四）三月、伏見城下大亀谷の藩邸において、如水は五十九歳の生涯を終えた。『マトス神父回想録』や『キリシタン会報』によれば、遺体は船で領国の博多教会へ運ばれ、盛大厳粛な葬儀が行われたという。(注7)

後に、長政は博多の名刹聖福寺を黒田家の菩提寺にしようとしたが拒絶されている。家臣の墓があって藩主が拒絶された裏側には、やはり黒田官兵衛がキリシタンであったという事情があるに違いない。

現在、官兵衛の墓は京都市大徳寺龍光院と福岡市崇福寺にある。教会堂は禁教令が厳しくなってから破却され、秋月支藩の蔵屋敷となった。秋月は官兵衛と長政がキリスト教保護区にしようとしていた場所でもあったから、きっと何かの考えがあってのことだと思われる。キリシタンは復活の日を信じて遺体を大切にする。果たして官兵衛はどこに葬られたのか？　謎である。

謎といえば、官兵衛は殉死を禁じたと伝えられているが、教会の墓の周りにはいくつかの棺が埋められ、神父たちにも中身は知らされなかったとマトスは書き残している。

（注1）駅館川は大分県宇佐市を流れる川。「大友を破らなければ、この川はわしにとって三途の川になるだろう」と如水は覚悟を口にしている。フランシスコ・ザビエルの渡来から幕府の鎖国令までの八十余年間、西洋の進んだ文化が日本に流入して変化したものは多大である。

ただ、キリシタン禁教令によって関連が隠され、よく知られるのは鉄砲ばかりか。

（注2）玄蘇は対馬の禅僧、朝鮮の役で小西行長の通訳を務めた人物。文禄の役の最中、如水は無断帰国の咎で秀吉から切腹を命じられており、形だけ数珠を握り、頭を丸めて「円清」と号した。この時、導師を務めたのもこの玄蘇であろう。京都大学総合博物館蔵の「黒田如水寿像」（模本）は、自賛こそ慶長七年（一六〇二）だが、この一時の姿を描かせたものだと筆者は推定している。また、聖福寺流出の伝黒田官兵衛所用鎧の櫃中には、ほとんど使用されていない禅僧の被り物が入っていた。その箱書も玄蘇である。

（注3）黒田家の菩提寺である崇福寺（福岡市）には、官兵衛が兜に用いたという念持仏が伝来する。これは鋳銅製の観音菩薩立像で、やはり長谷観音信仰との関連を匂わせている。

（注4）「変り兜」は現代の造語。当時は「〇〇形兜《なりかぶと》」と呼んだ。和紙で象《かたど》って漆で固める張懸《はりかけ》兜は、秀吉の後半生の頃から出現する。西洋騎士が兜の上に付け、個性を示す「飾り紋＝クレスト」を真似て発達した。

（注5）織豊系の大名は紀州高野山に競って生前墓を造ったが、官兵衛・長政は決して造らなかった。徳川幕府もそれを継続したが、黒田家が高野山に墓を造ったのは三代藩主以降である。

（注6）一九九四年、大阪城天守閣『戦国の五十人展』出品文書（個人蔵）。

（注7）教会堂はザビエル以来、博多の海辺、石堂川の近くにあったと伝える。

1　朱漆塗《しゅうるしぬり》合子《ごうす》形兜《なりかぶと》・黒糸威胴丸具足《くろいとおどしどうまるぐそく》

江戸期を通して本兜は官兵衛の曽孫光之が貞享五年（一六八八）に作らせた写し（複製）であると伝えられていたが、本歌がどこにあるのかは『黒田家譜』『黒田家重宝故実』のいずれにも書かれていない。そのため明治以降は黒田官兵衛所用として紹介されてきた。ところが、黒田長礼氏によって福岡市へ寄贈されて補修される際、鉢裏に作者銘が発見されたのである。春田次郎兵衛・岩井勘之丞、いずれも福岡藩お抱えの甲冑師であった。

では、本歌の合子兜はどこか？　それは奥州南部家にあった。銀白檀塗《ぎんびゃくだんぬり》合子形兜と呼ばれている。も

朱塗合子形兜・黒糸威胴丸具足
（福岡市博物館蔵）

ともとこの甲冑は家臣栗山四郎右衛門利安が拝領したものであった（栗山四郎右衛門伝参照）。

そして子の大膳利章が、黒田騒動を起こして持ち去ったものである。大膳の子孫が配流先の盛岡藩に仕える時、献上されたのである。

それを知らない者たちが黒田騒動を論じる時、長政の子忠之が栗山大膳に返却を求めて寵臣の倉八十太夫に与えたと書き広めた。そして怒った大膳が取り返して黒田家の宝物庫に収めたという。この話の元ネタは『栗山大膳記』に「関ヶ原御陣に権現様（徳川家康）より長政へ遣わされ候具足を十太夫に下され候を大膳以ての外之儀に候とて、忠之公へ申し上げずに具足取戻し申し候」とあるものであろう。これは現在は兜しか残っていないが、歯朶《しだ》の前立が付いた南蛮具足のことである。

では一緒にあった胴はどうであろうか？　南部家には胴の伝来は無い。黒田騒動で栗山大膳が福岡城を退去した時は、火縄銃の縄に点火した状態であったといい、一触即発の有様だった。とても胴までは持ち出せなかったのであろう。唐革威の具足と伝えられているが、なるほど黒田家に伝来した黒糸威五枚胴具足はそれでよさそうである。唐革威とは虎の革で威したという意味で、この場合五枚胴の横矧板《よこはぎいた》を包んでいる。雑兵の胴に近いものだが、これで少々の高級感を与えている。

桃山期の甲冑の基準資料は、小田原の役で豊臣秀吉が伊達政宗に与えた、銀伊予札白糸威胴丸具足である。正しくは丸胴という形式で、蝶番《ちょうつがい》は使用しておらずかなり質素である。

関ヶ原以前は二枚胴は稀で、しかも高級武士は使用していないのである。五枚胴はせめてものプライドといえる。亀甲金の入った小鰭《こびれ》や襟廻《えりまわ》りが付いていないのも時代の特徴であろう。この頃は今でいう当世具足は完成しておらず、下に付ける満智羅《まんちら》がその代用をしていた(注1)。袖が無いのも下級武士の姿に近いが、製作当初は具足羽織がセットになっていたはずである。実戦で使用された当時の具足羽織は、軽くて薄くてまず現存しない。官兵衛の場合、マントを羽織っていた可能性もある。

以上の理由から、胴は正しく官兵衛の遺品と思われる。ただし、貞享五年に兜を新作した時合わせて仕立てられたため、元の姿のままとは思えない。当初はバランス上、草摺《くさずり》・籠手《こて》・佩楯《はいだて》・脛当《すねあて》のどこかに兜同様の銀白檀が使用されていたと推定する。金白檀はよく見かけるが、銀白檀というのは数が少ない。銀箔押しの上に赤みを帯びた生漆《きうるし》を塗ったもので、今日的にいえば赤のメタリック調である。当時は異国情緒たっぷりのギラギラした甲冑であった。しかも円清寺に伝わる画像によれば孔雀《くじゃく》の羽の引回しが𩋡《しころ》を覆っていた。

官兵衛が最後の戦でなぜこのような奇妙な形の兜を被ったのかも不思議である。家臣母里多兵衛友信が日本号の槍を飲み取った逸話の盃は実は大鉢であった。それとの関連も考えられる(一五四ページ参照)。

黒田家は姫路~中津~福岡と、自分の城を占領されたことがない。それなら、もっとたくさんの甲冑が残っていてもよさそうなものだが、官兵衛の甲冑はこの胴だけである。どうしてなのか?　それはやはり実戦で使用されたものは質素な消耗品であったからであろう。また、由来が判然とせずに他家に譲られたり廃棄されてしまったか。それは黒田家に限らず諸大名も同じである（戦前、光雲神社に官兵衛所用とする一の谷兜があったが、空襲で焼失したのか、現在複数残る一の谷兜のどれかなのか判明しない）。

余談になるが『黒田家老士物語』に官兵衛の言葉として次のようなものがある。

「武具は武士第一の道具たりといえども、これも平生詮議を詰め、身代道具無用たるべし。その故は、いかに武具を余計所持するといえども、身代相応の人を扶持せぬ時は、持たせて行くべき手立てあるまじ。然《しか》る時は費《ついえ》となるもの也。この故に平生吟味を遂げ用に立つべき程の武具を考え、念を入れ調べるべし。身代過分の武具を拵えて飾り置けば、皆この名聞きにかかる武士のなすわざなり、名聞いてはかえって窮迫のもとと成るものなり。但し、かく言えばとて武具を疎《おろそか》にすべきにあらず。分限相応に拵え置くように分別を立つこと肝要也。身代相応より多くても、苦しかるまじきは下人なり。馬も相応に持つべし。伊達馬、風流の馬、好むべからず。用に立つべき馬が肝要なり」

黒田家の家風は質素倹約が第一で、身分相応のものにせよ、それよりも人を大事にせよ、馬を大事にせよ、と説いている。

2 刀《かたな》「圧切長谷部《へしきりはせべ》」

銘長谷部国重。長さ六四・八センチ。元は太刀であったものを、信長の好みで磨り上げて短くしてある。名の由来は、悪さをして隠れた観内という名の茶坊主を、膳棚《ぜんだな》の上から振り下ろしもせず、ただ押

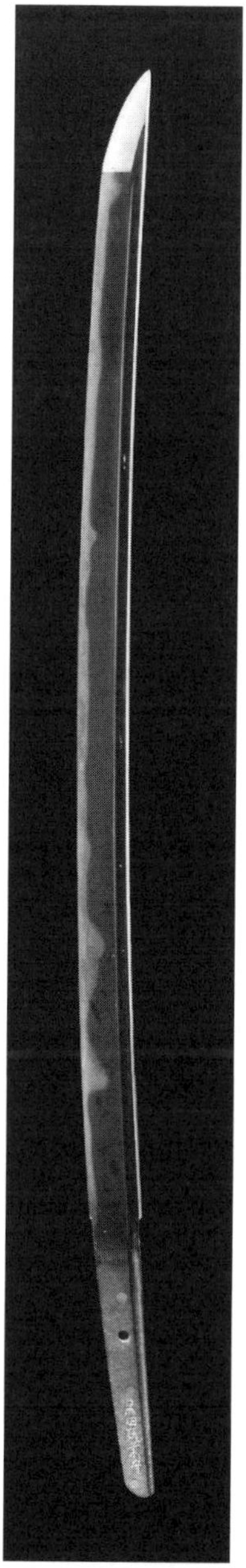

国宝 刀「圧切長谷部」
（福岡市博物館蔵）

し当てただけで棚ごと斬ったというもの。いかにも信長らしい逸話である。官兵衛が初めて岐阜城で信長に会った時に拝領した。

官兵衛の没後、本阿弥《ほんあみ》光徳《こうとく》の鑑定を受け、長政の所持銘と共に金象嵌《きんぞうがん》が入れられている。作者は南北朝時代の名工である。豪華な打刀拵は、文化・文政期（一八〇四～一八三〇）に安宅切《あたぎぎり》の拵《こしらえ》に似せて作ったもので、信長時代のものではない。一度東蓮寺《とうれんじ》藩に渡ったが、本藩との併合で戻った。

昭和末期、福岡市が一億二千万円で黒田家から購入して話題になった。

3 刀「安宅切《あたぎぎり》」

長さ六六・七センチ。官兵衛の陣拵。備州長船祐定《おさふねすけさだ》は室町時代の名工である。天正九年（一五八一）七月から十月にかけて、秀吉は因幡《いなば》鳥取城を囲んで落とした。敵将吉川《きっかわ》経家は、当初意地を見せて黒田陣営を襲ったが、官兵衛はそれをはねのけている。

また、落城に先立って官兵衛は淡路国の攻略を命じられた。そこで十一月半ば、秀吉に抵抗する由良《ゆら》城主安宅河内守を官兵衛自らが斬り、淡路国を平定した。これも仕物と呼ばれる誅殺である。安宅氏は島一番の実力者であった。この刀には、官兵衛が最晩年に埋忠明寿《うめただみょうじゅ》に製作させた金霰鮫青漆塗《きんあられさめせいしつぬり》の打刀拵が付属している。

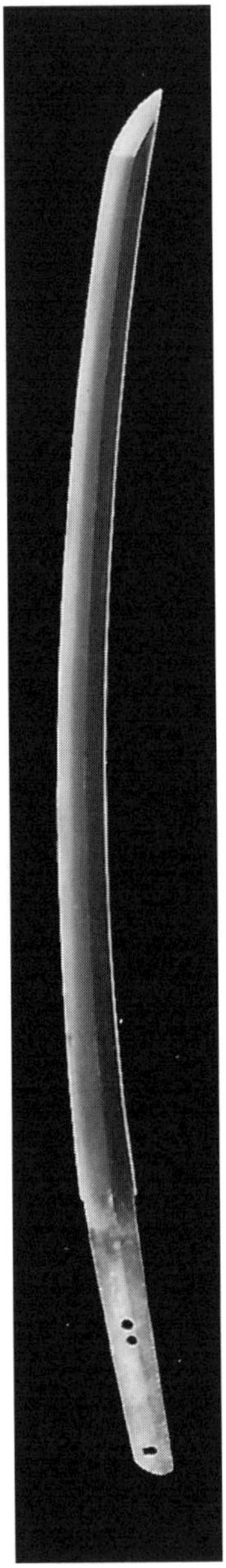

重文 刀
「安宅切」
（福岡市博物館蔵）

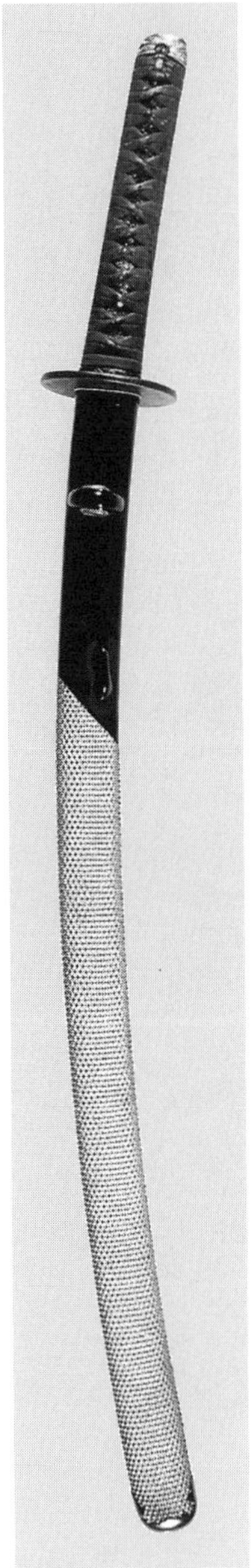

重文 金霰
鮫青漆 打刀拵
（福岡市博物館蔵）

4 太刀《たち》「日光一文字《にっこういちもんじ》」

長さ六七・八センチ。桃山期の葡萄文蒔絵刀箱《ぶどうもんまきえかたなばこ》付。官兵衛は豊前国六郡を拝領すると、さっさと隠居して如水軒と号した。しかし、秀吉は懐刀として如水を手放さない。天正十八年（一五九〇）の小田原攻めにも、当然のように駆り出された。如水は兵三百人を率いて本隊にあったが、籠城し続ける北条氏に降

国宝 葡萄文蒔絵 刀箱（「日光一文字」箱）

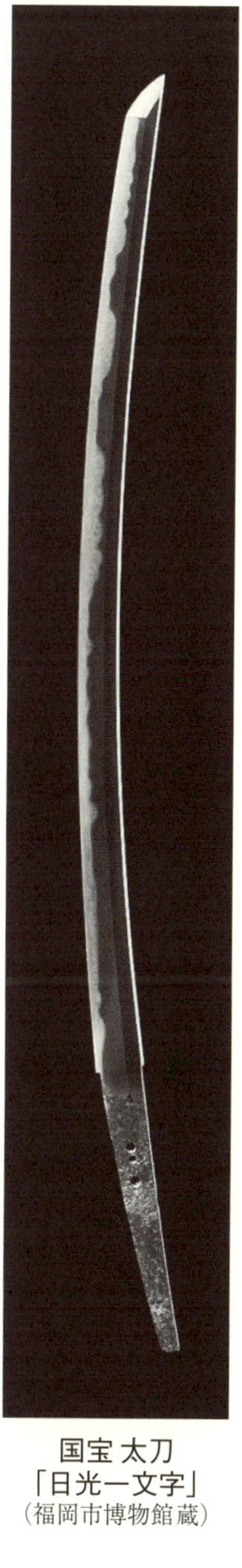

国宝 太刀
「日光一文字」
（福岡市博物館蔵）

伏の勧告をせよと命じられる。如水はまず徳川家康と相談の上、その攻め場所であった井細田口の城門に矢文を射させた。射手は家臣の井上平兵衛（之房《これふさ》の弟）である。そして返事が来ると、丸腰になって単身乗り込んだ。その大胆さと誠意に打たれた北条氏政・氏直親子は、如水に「日光一文字」「青山琵琶」「北条白貝」『吾妻鏡』を贈って報いた。結果、氏政は切腹だが、氏直は小大名としての存続が約束された。

「日光一文字」は北条早雲が日光権現（二荒神社）から授かった由緒ある宝物。太刀としては短いが産茎《うぶなかご》で一文字派の傑作である。琵琶も法螺貝《ほらがい》も北条家にとって重代の家宝であった。また『吾妻鏡』は如水の死後、長政によって徳川家康に献上されている。

琵琶「青山」
（福岡市美術館蔵）

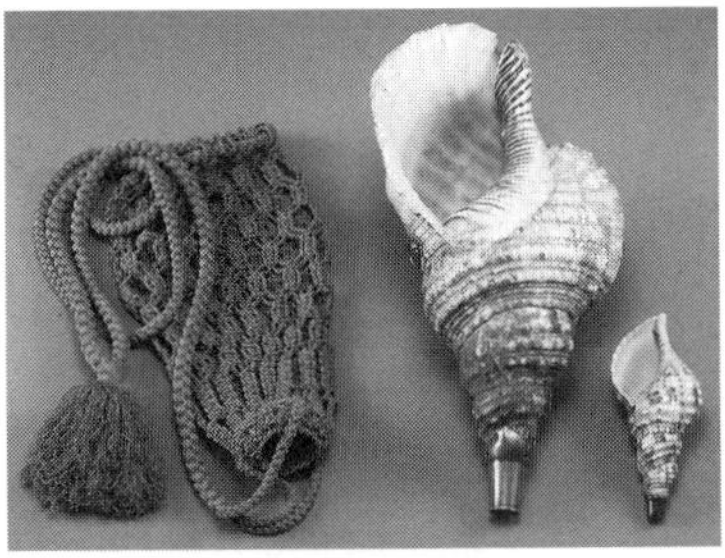

法螺貝「北条白貝」
（福岡市美術館蔵）

5 太刀「菊一文字《きくいちもんじ》」

長さ六九・二センチ。無銘、通称「菊一文字」。天正十年（一五八二）山崎の合戦で勝利した後、秀吉は毛利領にいた足利義昭の養子となって将軍職に就こうと画策した。あるいはこれ自体が官兵衛の案だったかもしれない。だが、この作戦は義昭に拒絶され、秀吉は関白への道を模索することになる。その際、義昭が交渉役であった官兵衛の労をねぎらって、鎌倉時代の後鳥羽上皇御作のこの太刀と馬を贈っている。秀吉と義昭の和解は天正十五年五月であった。

今度帰洛儀申処、秀吉同心之由、悦喜此事候、併馳走故候、弥宜敷可レ入レ精段、偏頼入候、為レ其差越
晴助、太刀一腰・馬一匹遣レ之、委細安国寺可レ申候也、

（天正十二年）十月二十一日　　義昭（足利）（花押）

黒田官兵衛（孝高）とのへ

（『黒田家文書』）

明治三十五年（一九〇二）十一月、明治天皇が熊本の地で陸軍大演習を閲覧した際、官兵衛に従三位を追贈された。伺候《しこう》していた黒田長成侯爵は、伝来のこの太刀を献上して感謝の意を示した。天皇は大いに喜ばれ、帰りの汽車でも座右から離されなかった。東京還幸後、長成侯は宮中に召され、菊紋の付いた銀花瓶一対を下賜されている。さらに、天皇は宮内大臣田中光顕に命じて、純金の写しを作らせた。当時、旧大名華族などの間でこうした純金太刀を作ることが流行ったが、残念ながらその純金「菊一文字」は宮内庁には残っていないようである。ところでこの「菊一文字」には、桃山期に官兵衛が京都で作らせた拵が付き、それが現存している。製作当時の組紐がそのまま残されており、貴重な逸品である。

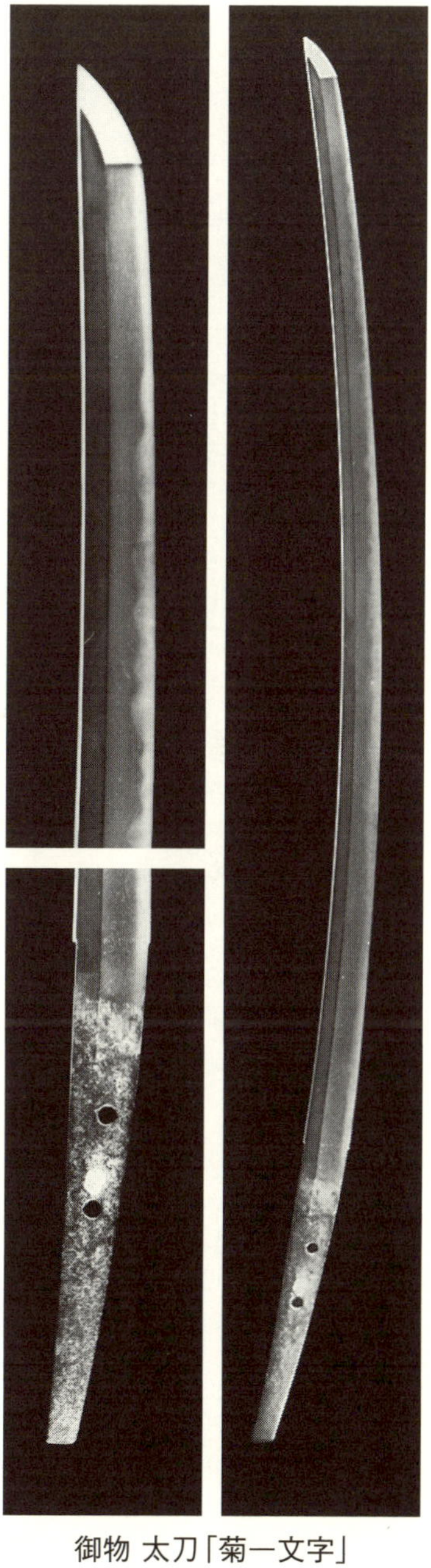

御物 太刀「菊一文字」
（宮内庁蔵）

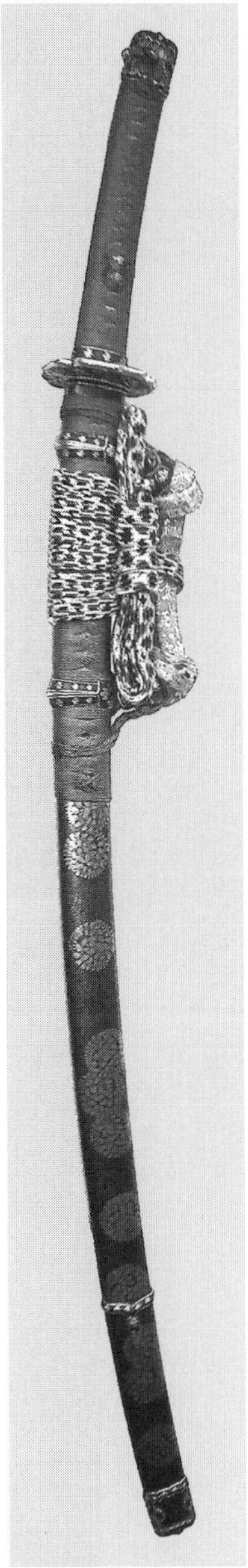

金梨子地藤巴紋散蒔絵 鞘糸巻太刀拵
（個人蔵）

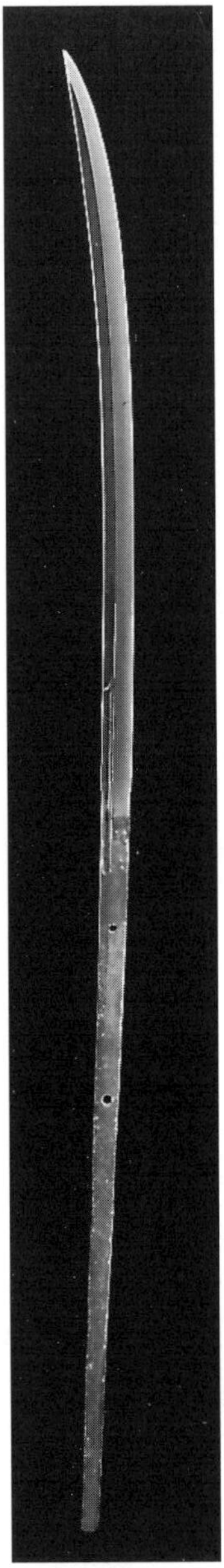

薙刀
「権藤鎮教」
（福岡市博物館蔵）

6 薙刀《なぎなた》「権藤鎮教《ごんどうしげのり》」

長さ六九・〇センチ。平《たいらの》鎮教は室町時代の豊後国の名工。如水が石垣原《いしがきばる》で大友義統を破った後、一部の兵は日向国をも攻めた。敵将高橋元種の家臣権藤平左衛門は、この薙刀《なぎなた》で華々しく防戦して果てた。そこで、如水はこの戦利品に彼の名を付けてその武勇を尊んだという。

これには面白い別説もある。平左衛門は朝鮮において、虎に襲われそうになった如水を助けた家臣だというのである。しかし、平左衛門の孫が後に黒田家に仕官したというのが史実である。

その他として、東京国立博物館に重文の短刀「吉光」（名物毛利藤四郎）という鎧通しが現存している。本阿弥光徳から一柳直末《ひとつやなぎなおすえ》、黒田官兵衛、豊臣秀次、秀吉、毛利輝元、徳川家康、池田光政へと所有者が転々とし、明治天皇に献上されたもの。

7 永楽通宝紋陣羽織

練鹿皮《ねりしかがわ》で作られた陣羽織。(注2) 背中に白く永楽紋を染め抜き、襟と袖口（ラッフル）に萌葱地桐唐草文様の金襴を配する。本品は官兵衛所用と言い伝える。そもそも永楽紋は楽市楽座で貨幣経済を推進する織田信長が、その御旗として掲げたものであった。(注3) 官兵衛がこの紋を使用するには信長の許可がいるはずである。たとえば、頂戴した「圧切」の拵にこの紋が付いていた、などと想像される。

官兵衛が黒田家の御旗に永楽紋を染め抜いたのも、「我、織田軍の先駆けならん」との覚悟があればこそである。この紋は官兵衛一代で使われなくなった。将来、庶子に生まれて黒田姓を名乗れなかった子孫に与えよと遺言したため、その辺の伝承は欠けてしまったのだろう。

永楽通宝紋陣羽織（福岡市美術館蔵）

8 如水釜

官兵衛所用の芦屋釜。吉川広家は早くから人質として秀吉の許に送られていた。資質を見抜いていた

芦屋甑口釜「如水釜」（吉川史料館蔵）

官兵衛は、家督相続の時に長男でない広家を推挙して吉川家の当主に据えた。その結果、広家は官兵衛を親父のように慕い続けている。豊前国を拝領したばかりの黒田家の領内で一揆が起きた時、朝鮮においてピンチになった時、いずれも広家が援軍に駆けつけた。

関ヶ原合戦で徳川家康に内応したのも黒田家を介してである。家康は広家に二ヵ国を与えようとしたが、それを断って毛利家の家臣に甘んじ、主家を存続させている。この釜は筑前国芦屋の産で、室町時代の作である。もともとは秀吉から官兵衛がもらったものという。秀吉の九州の役後に今度は官兵衛から広家に贈られた。

利休七哲に数えられる官兵衛であるが、茶道関係の遺物は他に現存しない。(注4) 高さ二〇・三センチ、胴径二四・二センチ。胴に松の地紋があり、甑《こしき》にも七宝の地紋がある。広家は官兵衛が没すると追善連歌会《れんがえ》を催したり、大徳寺龍光院の官兵衛墓所近くに自分の分骨墓を建て、その後も黒田・吉川両家の交流は続いた。

9　官兵衛の陣籠

伊丹有岡城の一年間の幽閉で足を痛めた官兵衛は、左足を引きずるようになり、関ヶ原合戦の一端である豊後の陣ではこの陣籠を使用したと伝える。鉄砲で狙われないために身が低くなるようにできてい

官兵衛の陣籠（金子堅太郎著『黒田如水伝』より転載）

た。しかし残念ながら昭和二十年（一九四五）に焼失した。

10 キリシタン関係遺物

キリシタンにまつわるものは、ほとんど消されてしまった。しかし、すべて消し去ることも不可能だったようである。姫路城の瓦に一点の十字架が、官兵衛時代の遺物として残っている。そして、博多からはメダイ（メダル）と十字架鋳型が、秋月城跡からも一点の十字架瓦が発掘されている。さらに、栗山備後利安が官兵衛の冥福のために建立した円清寺（福岡県朝倉市）に残る画像には、キリシタンをやめて禅宗に帰依《きえ》したということが書かれ、キリスト教を信仰したという文章はご丁寧に削られている。

なお、桃山期の「泰西風俗図」という六曲一双屏風が黒田家に伝来して、今日まで残ったのは奇跡的である。作者不詳ながらも重文に指定されている。

（注1）満智羅とは襟回りや肩口を守るため鎧の下に着る亀甲金を織り込んだ防具。西洋鎧を参考に考え出されたものでこの名が付いた。

（注2）元来は胴服または筒服と呼んだ。鎧の上から着るものは具足羽織（陣羽織は元禄以降にできた造語で、必ずしも具足羽織とは限らない）。

（注3）信長の御旗は二幅の黄絹に永楽紋を三つ付けたものが九流。招きには南無妙法蓮華経の髭題目《ひげだいもく》が書かれていたとされる。永楽紋は上部に一つとの説もある。

（注4）利休七哲は異説もあるが、織田有楽斎・蒲生氏郷・荒木村重・細川三斎・黒田官兵衛・高山右近・古田織部などを指す。キリシタン大

重文 泰西風俗図屏風一双（福岡市美術館蔵）

メダイ・メダイ十字架 鋳型
（博多遺跡111次出土・
福岡市埋蔵文化財センター蔵）

十字架瓦
（秋月城跡出土・
朝倉市教育委員会蔵）

名が多い。聚楽第が秀吉の本拠だった時代、官兵衛と千利休は屋敷が隣同士であった。また、官兵衛は利休から聞いたものだと、茶道数ヶ条の心得を残している。叔父の小寺休夢も利休と関係が深かった。

第四章　黒田筑前守長政

長政は、黒田官兵衛の嫡男として姫路城内に生まれた。松寿丸と称した若き日より、人質として秀吉の長浜城に預けられている。播州大名の人質が、ほとんど摂津国有岡城主荒木村重に預けられた中で特別な計らいであった。いかに織田信長が官兵衛を重要視していたかが分かる。

秀吉夫人おね（北政所）の許、歳の近い福島正則・加藤清正らと共に養育され、三人の友情と豊臣家を思う心は終生続いた。その後、官兵衛が村重に捕らえられると、官兵衛が村重に寝返ったと思った信長は、竹中半兵衛に松寿丸を斬れと命じる。半兵衛は一計を企てて松寿丸を自分の郷里に匿い、そのまま没した。

その後、誤解が解かれると元服して長政と名乗り、中国攻めに従軍。備中高松城の支城冠山攻めに初陣した。やがて、賤ヶ岳の戦いで初めて敵の首を取る。猪武者のように言われている家臣母里友信がよき相手を選んでの高名であった。

小牧・長久手の役では、黒田の全軍を率いて和泉国岸和田周辺で一揆軍と戦った（岸和田は秀吉方の拠点。中村一氏《かずうじ》が城主として守備した佐野貝塚付近に一揆方の拠点があった）。父官兵衛は毛利氏との境界交渉で留守だったのである。官兵衛のいないこの戦いが秀吉唯一の負け戦となった。

また、九州の役でも先頭になって敵と戦い、官兵衛からは「匹夫《ひっぷ》の勇にして大将たる道にあらず！」と、度々注意されている。

二十二歳で父から家督を譲られ、豊前中津城主（表高十二万石、実収十八万石）となった。文禄元年（一五九二）、黒田二十四騎の侍大将と五千人の兵を従えて朝鮮へ渡海、七年間の苦戦を強いられる。役中に慶尚道機張《チャンキ》において虎狩を決行し、自ら銃で仕留めた。また、相性の悪い小西行長と加藤清正との間に立って、

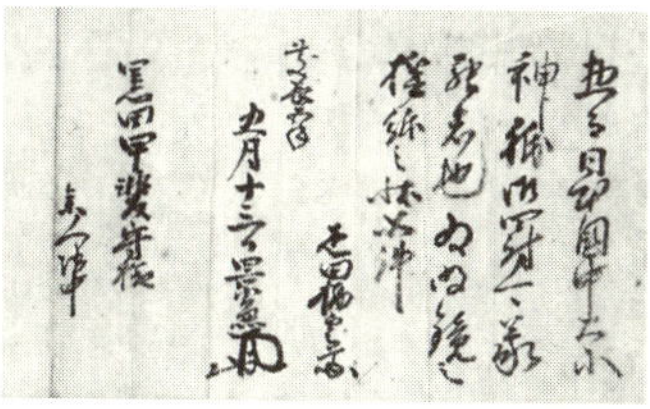

疋田新影流 免状
（部分、福岡市博物館蔵）

春屋宗園・黒田長政像
（部分、福岡市博物館蔵）

度々仲を取り持っている。

　慶長二年（一五五七）に稲富流砲術《いなとみりゅうほうじゅつ》の免許を、二年後には疋田《ひきた》新陰《しんかげ》（新影）流の免許を皆伝。

　秀吉の没後、官兵衛・長政は加藤清正や細川忠興らと共に、石田三成と対立し、そこを上手く徳川家康に利用されて関ヶ原合戦に突入する。この戦いでは五千人の軍勢で戦う他、福島正則・竹中重門《しげかど》・吉川広家・小早川秀秋らを味方に付けるという調略を成功させ、父譲りの智将の面も見せた。

　慶長五年（一六〇〇）、筑前一国五十二万三千石を拝領して初代福岡藩主となった。中津時代に受洗して「ダミアン」と称し、父と同じくローマ字印を使用したりしたが、教義に対する理解はあまりなかったらしい。側室をたくさん持っていたから、百パーセント同調はできなかったのかもしれない。それでも、信徒たちをなるべく、秋月の山奥に移すなどの保護と配慮はしていた。

　慶長八年（一六〇三）、従四位下・筑前守に叙任。以後、重臣に借用受領名《ずりょうめい》を名乗らせる。また、翌年父が没すると、キリシタンであったことを隠そうとするようになる。このため神父たちからの評判は悪い。官兵衛の生存中からキリシタ

黒田長政供養碑（小田原市）

黒田如水像（円清寺蔵）

ンの弾圧をしていたかのように「石城問答」(注1)の年代を古く記させたり、円清寺の如水像に晩年キリスト教を捨てて仏教に帰依したと書かせたりしたのは、隠蔽工作の一端に違いあるまい。大徳寺の春屋宗園《しゅんおくそうえん》に急接近し、幕府の儒官林羅山にも師事した。

　福岡城の天守もおそらく、破風《はふ》が無くて最上階が出張った南蛮造りだったと思われる。それを幕府に言われる前に破却してしまった。

　慶長十一年（一六〇六）、幕府の本拠、江戸城の天下普請が始まり、助役大名たちは伊豆半島に石材を求めた。黒田長政は配下の七人の石工を使って、東伊豆の小松山・根府川《ねぶかわ》に口開丁場《くちあけちょうば》を開拓した。そして海辺まで道を作り、真鶴港《まなづるこう》を拓いた。その功を称えて現地に長政の供養碑が残っている。

　同十九年（一六一四）、大坂冬の陣では、豊臣恩顧の大名ということで、長政自身は江戸城の留守居とされた。このため、国許の息子忠之に兵一万人での出馬を命じている。その指図書《さしずしょ》が残っているのでここに記しておきたい。

一、馬印黒枝釣、我等日向陣（九州役）へ指申す如き候。
一、具足南蛮、革と糸との四つ替り。

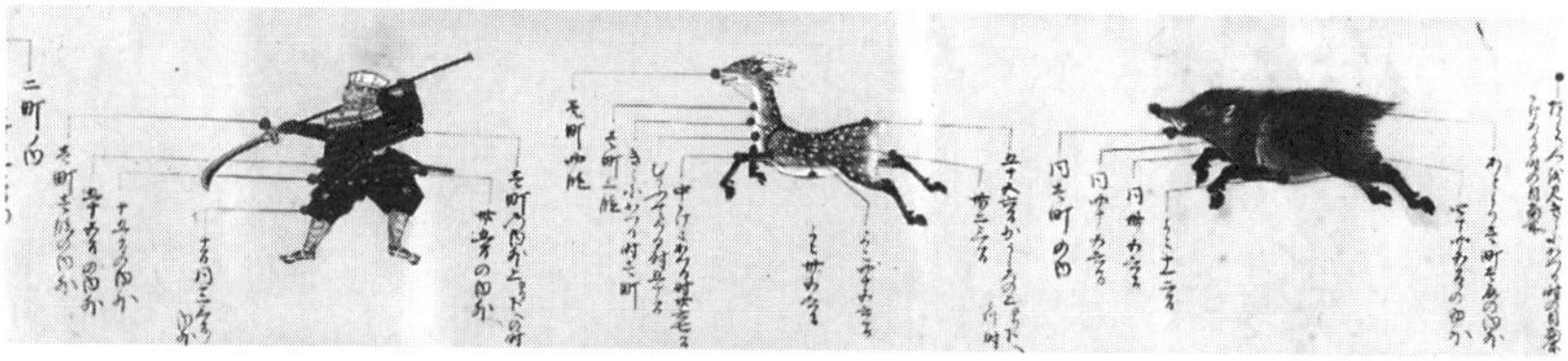

長政公御鉄砲之書（福岡市博物館蔵）

一、甲は大御所様(徳川家康)より拝領の椎形の南蛮甲。
一、立物は正月の羊歯を金の打物にして。
一、刀脇指は銀のし付コジリへしに、柄頭ひちりき同銀にて、柄ふすべ皮にて胡麻柄巻。
一、具足羽織は茜と黒茶との四つ替り。
一、股引、脛当、頬当無し。
一、軍団扇・采配は、半兵衛(竹中重治)より給候を。
一、使番二十人内十人は指物金の半月、十人は黒きぼろ団扇、中に筋二半を入れて。
一、傍に大身の槍、抜き身にて二十本。
一、大筒二十匁、五十匁ずはい、三十丁為持申すべき候。薬箱同前にそば陣にて用事。
一、薬箱持二十人、頭を付傍に置き申すべき候事。
一、長柄数の事。
一、旗本に周防(井上)・内蔵允(小河)置き申すべき候事。
一、因幡(衣笠)・壱岐(吉田)は、旗本左右に人数立申すべき候事。
一、馬回指物いつもの如く五本撓、中はてんでん次第。
一、馬回つい立物はうち物の鍬形。

一、鉄砲衆小指物は四半、紋は其組々の紋を仕せ申すべき候事。
一、先備但馬（母里）・美作（黒田）。
一、何事もこれある時は、大組の鉄砲を二番に仕、其日の番に当り候者を先へ相い懸べく候。
一、幟、千石通りは折掛け、千石以上は長幟。
一、幟二十本。
一、幕内幕共に。
一、太鼓、鐘、陣貝共に。
一、将棋の板。
一、罷り上り候時、押太鼓三百人に一宛打たせ、人数揃え見申すべく候事。
一、家中に、指物の練絹、並番具足、番槍貸し申すべく候事。
一、国元には備後（栗山）・左近（毛利）・織部（宮崎）留守仕るべく候。備後人数は大膳（栗山利章）頓て下し申す事。
一、大熊（嘉穂郡）には左近（毛利）置き申すべき候事。
一、罷り上り候時、かたく法度を申し付くべき候。背く者成敗申し付くべき候。組頭に誓紙させ申すべき候事。
一、備後人数割は年寄共に談合を致し、いかようにも然るべきように仕るべき候事。

（『黒田家譜』要約文）

この部隊は、大坂到着前に和議が成立したので、濠の埋め立てを手伝って帰国した。翌年、大坂夏の

黒田長政像（福岡市博物館蔵）

陣が勃発《ぼっぱつ》すると、今度は長政自身が五十騎の従者のみで参加して、家康・秀忠両陣の間に布陣した。忠之はやはり一万の兵で兵庫まで出兵したが、参戦せずに終結している。

なお、長政は自分の手元にいた旗奉行竹森清左衛門貞幸(注2)に命じて、この合戦の下絵を描かせ、江戸の町絵師久左衛門に完成させた。それが「大坂夏の陣図屏風」である。人物五千七十一人、軍馬三百四十八頭、幟《のぼり》千三百八十七流、槍九百七十四筋、弓百十九張、長刀三百六十八振、鉄砲百五十八挺を数える超大作となった。

右端には一の谷兜を被り、金石餅紋の鎧を着た黒田長政の姿が描かれている。長政は髭が薄かったので立派に描くように注文を付けたとも伝えている。この屏風は昭和三十三年（一九五八）に黒田家から大阪城天守閣に売却された。

また、有名な重文「黒田長政像」も大坂の陣の姿を描いたものである。こちらは重臣黒田一成が命じて制作されたもので、林羅山の賛がある。

その後の長政は、能にふけるなど幕府に疑われないよう、穏やかな余生を送った。最後に望んだ領国遠賀郡堀川の運河開削は志半ばに終わったが、重臣栗山大膳利章によって完成されている。博奕《ばくち》打ちの父官兵衛に対して、長政は二代目に適した苦労人でもあった。墓所は福岡市崇福寺、広尾の祥雲寺、秋月の古心寺。

長政の遺物も多いので、後に一点ずつ紹介したい。

（注１）修道士と日蓮宗の僧とで討論をさせて、僧の勝ちとした。石城とは福岡城の別名。教会堂は破却されて、その廃材を利用して建てられた寺が福岡妙典寺であるという。

（注２）貞幸は黒田二十四騎の一人竹森次貞の嫡子。竹森家は、もともと加古川市日岡神社の神主の家系で、文化的教養がある。瀬川等顔派の画技を学んで絵心があり、刀剣の目利きでもあったという。埋忠明寿と親しく、筑前刀工の守次を復活させてもいる。鑑定では本阿弥光心、装剣具では後藤徳乗らとも交友があった。

1　黒漆塗桃形大水牛脇立兜《こくしつぬりももなりだいすいぎゅうわきだてかぶと》 I

大水牛脇立の周高は七四・五センチ。大水牛兜は黒田家のシンボルだけあって『黒田家重宝故実』に詳しいので、同書より見てみよう。

この兜は、浅井長政の使番二十人の内の浦野若狭守が所持したものである。（注１） 浦野は常に八幡神を信じていた。ある日、通夜で武運祈願してふと夢から覚めてみると、この大水牛兜が忽然と現れた。これを頂いて持ち帰り、「御屋形様」（浅井長政）に申し上げると、

「これは信心深いその方に、八幡大明神が与えたものに違いない！」

と称えて、一門旗頭を集めて宴会した。

その後、浦野は黒田長政に仕えて、この兜の写しを献上した。

「この兜は近江国にて有名な兜でござる。黒田公は良将の器で、佐々木八幡の御加護がおありかと存じます。ぜひ、これをお用い下さい！」

長政は喜んで受け取り、毎度この兜を被って武功を立てた。

天正十九年（一五九一）、長政が二十四歳（注2）の時のことである。朝鮮の大同江《テドンガン》において、李王理という敵の放った半弓の矢が、長政の左の肘《ひじ》から小手にかけて貫通した。長政はこの矢を抜かずに、水の深みに馬を乗り入れて二刀斬り付ける。敵は斬られながらも鎧の草摺に取り付いてきたので、二人は川の中に落ち、長政は水中で二突きしてこの相手を討ち取った。水面に大水牛の角先が見え隠れしていたので、家臣が泳いで長政を引き上げている。その後も朝鮮の陣でこの兜を用いたので、武勇の誉れ高く敵国人も恐れたという。

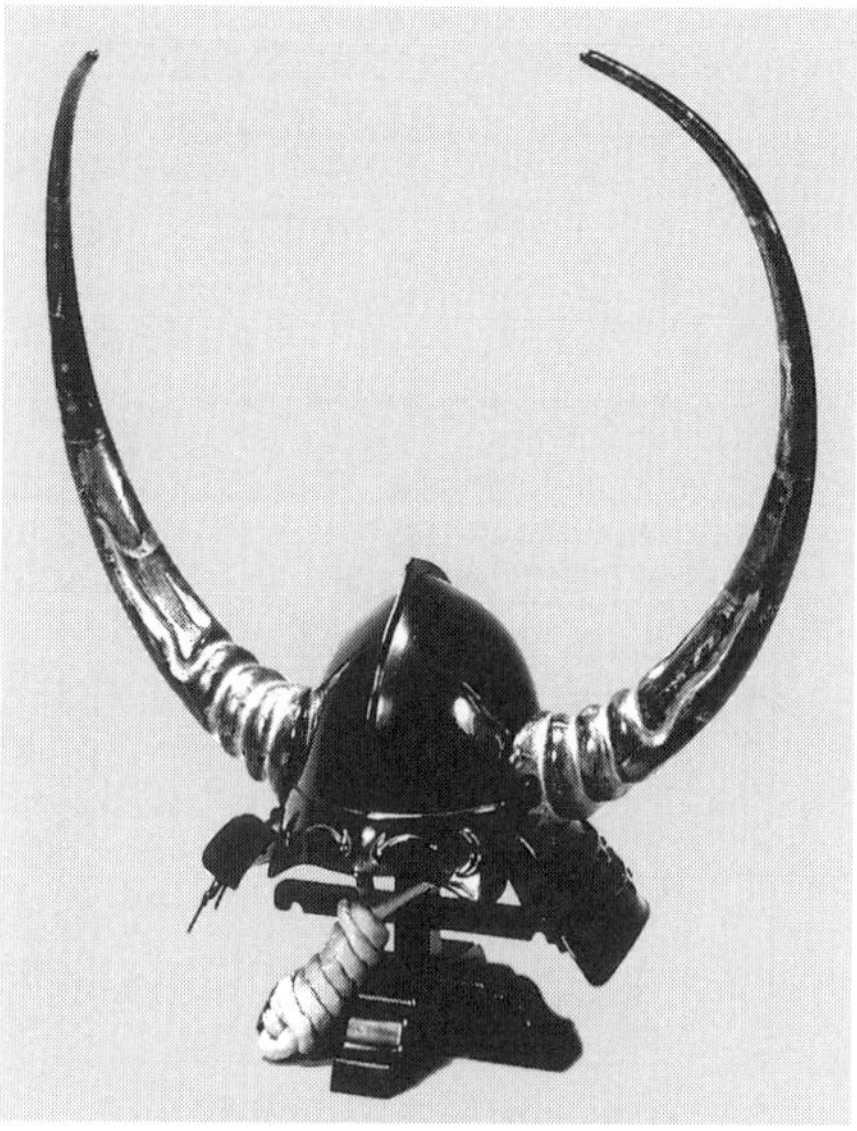

重文 黒漆塗桃形大水牛脇立兜
（前立無・福岡市博物館蔵）

その後、故あって正則と長政が不仲となり、帰朝の後、旧交の親しみ棄て難しとて、竹中半兵衛尉（注3）・長谷川式部少輔《しきぶのしょう》などのとりなしで和睦となった。

この参会で、長政の「水牛の兜」と正則の「一の谷の兜」を取り替えることを約束した。「水牛」持参の使者は大道寺内蔵助《くらのすけ》（注4）であった。双方の話し合いで、いずれも古来のものの写しを残し置いたとか。もっとも、写しも両将が度々戦場に用いた兜である。故に、関ヶ原では長政は「一の谷」、正則は「黒角の水牛」を着した。この由緒が書かれた当時も、福島の末裔のところにこの「黒き水牛」があったという。

右でいう「黒角の水牛兜」は、弘化四年（一八四七）

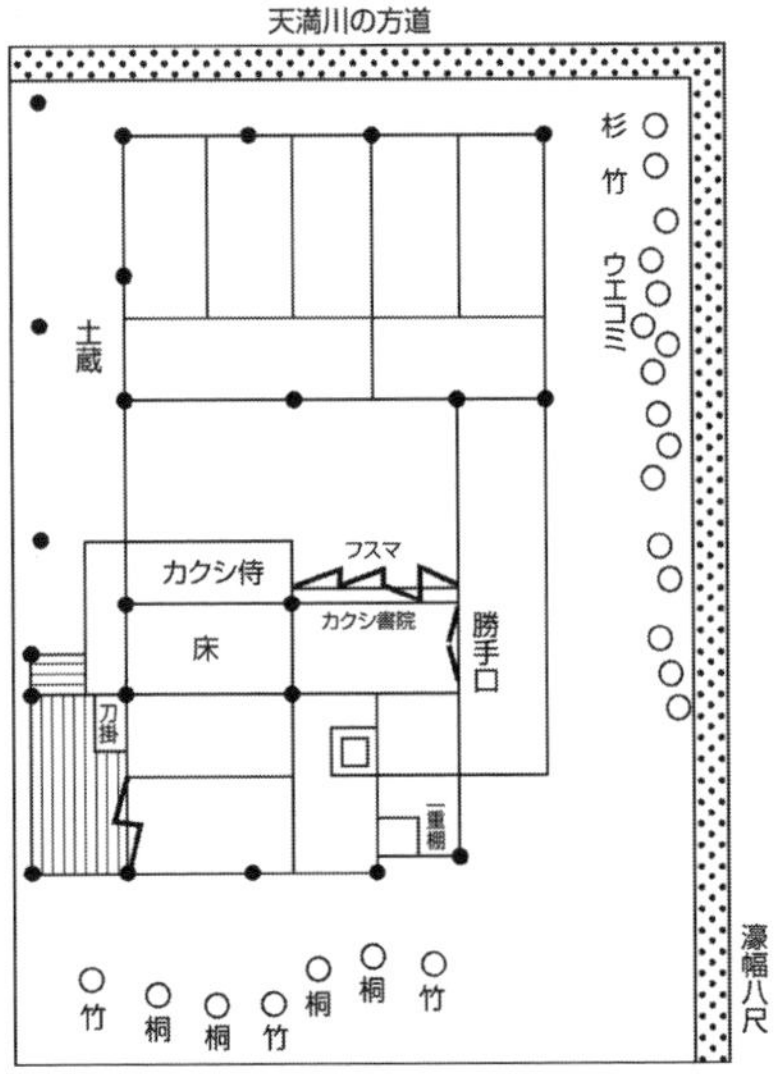

如水大坂天満第数寄屋指図
（慶長元年春）

五月に、二百三十九両という大金で黒田家が買い取ることになった。困窮する旗本福島家を救うためでもあった。「黒き水牛」とは金箔が自然に磨り落ちた状態を言っているらしい。だが、とても美しく軽い。根元のみ桐製で、先端は張懸で作られているようだ。根元には目釘の穴があって止めるようにもなっている。左右の角の後ろには小さな突起があり、使用当時は白熊《はぐま》毛《げ》の引回しを装着していたのであろう。桃形《ももなり》鉢は過渡期らしい素朴な形で眉庇《まびさし》の打眉も古風である。鞠は三段で赤黒く塗られている。「石餅紋《こくもちもん》」の前立は当然無い。福島家と「石餅紋」は無縁だから、後掲のⅡの兜ではまずいのである。この点を誤解している人が多い。

浦野若狭守は『太閤記』に初めは斎藤道三、後に浅井長政に仕えたとある。生没年は不明で、黒田家に最初に仕えたのは息子の加助が正しい。この話も無理やり佐々木家にこじつけようとした感じがする。加助が黒田家に献上して仕えたと見るべきであろう。

2　黒漆塗《こくしつぬり》桃形《ももなり》大水牛《だいすいぎゅう》脇立《わきだて》兜《かぶと》Ⅱ

大水牛脇立の周高は七五・八センチ。『黒田家重宝故実』に、福島正則に譲った「水牛兜」は写しであるとクドいほどに書かれている。その根拠は、この立派な兜が黒田家に伝来していたからに他ならない。しかし、よく見比べてみると、明らかに別物で写しと呼べるものではない。打眉ひとつを見ても明らかに時代差が認められるのである。Ⅰの兜は素朴な桃形、素朴な打眉、素朴な鞠、素朴に開いた角脇立。それに対してⅡは完成された桃形、完成された打眉、豪華に革で包んだ開いた笠鞠、正面から見ると、綺麗な楕円を描く絶妙なうねりを見せる角脇立。さらに戦闘で邪魔になる大きな金箔押石餅紋の前立。実戦用と儀式用の差ほどある。大水牛脇立は桐製で重く、着用すると首が前に出るほどである。また、脇立を留める竹製の目釘が、落ちて無くならないように、革紐で止めてあったりする。この脇立は金箔が少し落ちてから透明な生漆をかけてあるので、後世の補遺かもしれない。それで、兜だけで鎧が伝来しないのであるから儀式用の飾り兜であった可能性がある。同じことが後述の家臣所用「銀大中剣大盔旗《おおたてもの》脇立頭形《ずなり》兜」「大剣半月前立桃形兜」にもいえるのである。

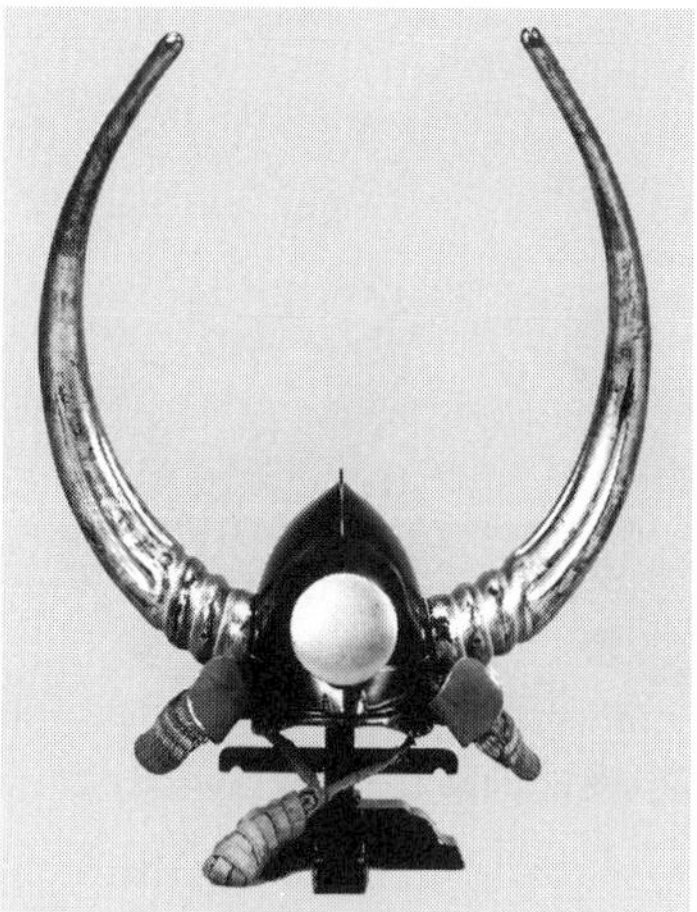
重文 黒漆塗桃形大水牛脇立兜
（前立付・福岡市博物館蔵）

再び『黒田家重宝故実』に目を通すと、福島正則は元和五年（一六一九）、広島城無断改築の咎で改易となった。その際、長政は京に残って残務整理をしていた福島丹波という者へ、林伊兵衛という家臣を派遣している。

「長政公は水牛兜を正則殿へ遣わされた後は自身の使用を控えておりましたが、今後は着用してもよろしいかとお尋ねでございます」

するると、丹波は答えた。

「仰せはもっともなれど、正則公の性格はご存知の通りでござる。同心せずと答えられたら、いかが致しましょう？　そこで、正則公の水牛兜を返すことなく、長政殿は古来の水牛兜を御心次第に被られればよろしいのでは？　折を見て、正則公へそう伝えておきましょう」

変り兜はその人（または家）の個性の象徴なので、大水牛を黒田家の象徴として再使用してもよいかという問いかけであった。

この後、長政在世の間に戦は無かったので、水牛兜を着用する機会

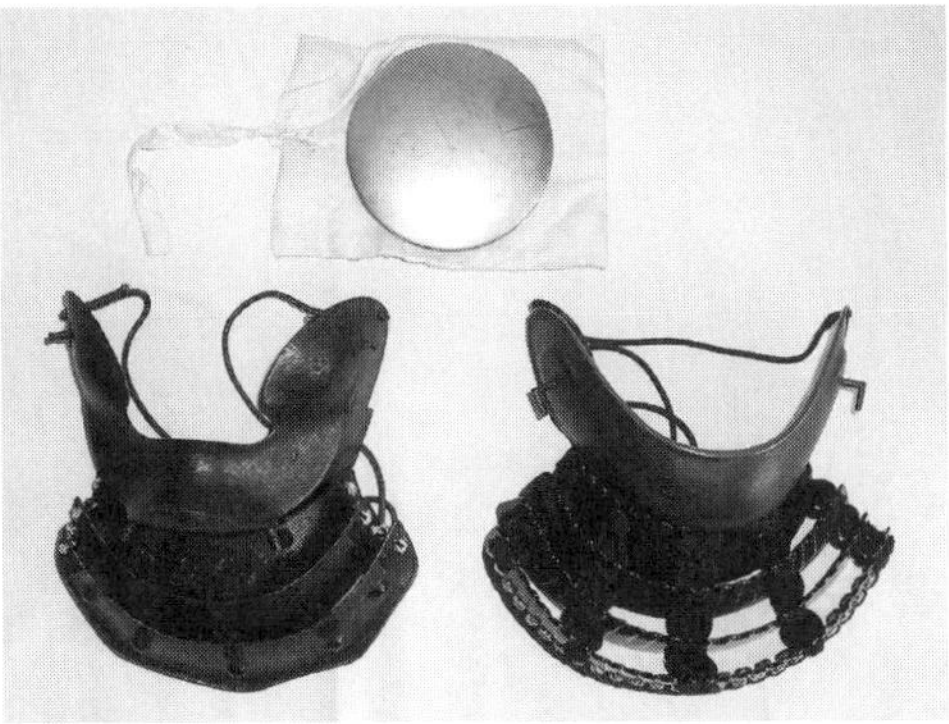
黒田忠之・光之の前立・半頬（個人蔵）

は無かったと結んでいる。
脇差の交換話はよくあるが、兜の交換話は他に聞いたことがない。そもそも、日本の兜が個性化するのは、西洋文明が入ってきてからであり、織田信長以降の現象であった。兜に脇立・後立が発生するのもしかりである。鎧の胴のラインが洋樽化《ようだるか》したり、二枚胴が発生したのも秀吉の晩年に南蛮鎧がもたらされてからであり、一般化するのは徳川時代になってからである。
「御貸し具足」なる集団統一鎧の登場も、文禄の役の立花宗茂隊二百人の金兜一団が最初で、島津・黒田もこれを真似た（口絵「金箔押桃形兜」参照）。桃形兜は西洋のモリオン兜（歩兵・銃兵用兜）に似せたもので、

長押《なげし》にズラッと一列に掛けるのも西洋式である。陣笠と二枚胴の簡素な鎧という一様の足軽スタイルも、大坂の陣あたりにならないと登場しない。それまでは自己調達やら裸武者やらが普通だったのである。

ところで、大水牛兜のデザインは、遠く北欧バイキングの伝聞から発想されたと思われる。独特な鞠の裾の捻《ひね》り返しも、西洋の影響を匂わせる。当時は舶来っぽさ満点の兜であったに違いない。それも、文禄の役で他の武将たちが「こんなのありか！」と驚いた記録が多々あるので、その頃が最初であろう。当然、武田信玄家臣の山本菅助（勘助）などが被っていたら、天地がひっくり返る。九鬼嘉隆や徳川家康が用いたのも少し後の話で、どちらも開く形の黒い水牛であった。

なお、筆者は小水牛が段々大きく進化したとは思っていない。まずデカいのありきで小水牛が生まれたと考えている。

昭和の終わりの福岡市美術館所蔵時代に、大水牛ⅡにⅠの脇立を使用するという誤りがあった。それはそれで斬新なイメージがあったが、目釘が合わず、福岡市博物館に移されてからは正しく展示され、それまで全く公開されなかったⅠも公になった。

大水牛兜はそもそも、浅井長政の旧臣浦野若狭守勝宗が官兵衛に献上して、黒田家の象徴となったのが最初である。その後、子孫は黒田家に仕えて幕末期に有名な野村望東尼《もとに》を輩出している。彼女がまだ幼く天神町の林家に行儀見習いで入っていた時、浦野家が火災に見舞われた。望東は急いで帰宅すると開口一番、こう言ったという。

「水牛の兜はどこです。無事ですか？」

残念ながら焼失してしまったのだが、それを聞いた黒田家から同じものがすぐに寄贈されたという。

スペアを作るのには時間がかかるから、これは黒田家の宝庫にあった品であろう。明治になって士族は没落し、売却されて現在の浦野家には残っていない。ところがどうも、その兜と思われるものが東京の某寺に所蔵されている。この兜は現在福岡市博物館にある先の二頭の中間タイプに当たる貴重な遺品である。

大水牛兜の遺例は一橋徳川家（現在は靖国神社蔵）と藤堂家（現在は三重県立博物館蔵）に見られ、いずれも黒田家と姻戚関係を結んだ時に贈られた可能性がある。浅野長政所用と称するもの（大阪城天守閣蔵）は完全に時代が下る。全くの別物として徳川美術館に伝わったものは家康晩年のものか。九鬼嘉隆のものは残念ながら戦災で焼失している。

3　銀箔押一《ぎんぱくおしいち》の谷形兜《たになりかぶと》・黒糸威《くろいとおどし》胴丸具足《どうまるぐそく》

林羅山の賛がある黒田長政馬上像と完全に一致する甲冑である。背中に大きな朱餅紋が付いていたという具足羽織は、残念ながら現存していない。大坂の陣の出で立ちを黒田三左衛門一成が製作して黒田家に納めたという。こういう画像は室町時代には流行ったが江戸期には珍しい。半太刀拵を差しているのが違いであろうか。室町後期になると武士は打刀が主流となり、太刀は贈答の道具となった。そこで身分のある武士は打刀を、太刀を佩くように刃を下にして差したのである。そのための腰当てという道具も作られている。

さて、兜は銀箔押しの張懸で大きな割に軽くできている。鞠は赤茶色で五段、碁石頭の一枚板である。

朝鮮役で不仲になった福島正則と黒田長政が友情を取り戻すためにお互いの兜を交換したことは五三ページに記した。

もう少し、竹中資料を探ってみると、実はこの兜は竹中半兵衛の遺品であると記した記録が、美濃国の本家にも、福岡の分家にも数種存在するのである。雑誌等で発表したところ、瞬く間に世に広まった。福岡竹中家にはこれを模した兜も伝来しており、そういう認識であったらしい。竹中家では「銀磨き」と表現しており、当時はやはりギラギラ輝く色合いであった。現在は酸化して真っ黒である。

次に胴であるが、父の遺品に似てこれも質素な鮫革包の五枚胴である。小鰭や襟廻りが付いているのが違いであり、わずかな時代差を感じさせる。当世具足を戦国時代の鎧という人が多いが、とんでもない。誰々所用という偽の伝来に踊らされているだけである。その形式はこの頃になって、やっと完成された。この後、胸板の鬼溜りの捻りが大きくなったり、背中に三日月板が付いたり、地方差も生じることになる。そうした甲冑遺品を戦国時代と吹聴する輩《やから》は困ったものである。

長政の胴についての噂話が『甲子夜話』に出ている。著者松浦静山と軍学者宗耕が差し向かいで対話中、朝鮮の役の話題になった。

重文 銀箔押一の谷形兜・黒糸威胴丸具足
（福岡市博物館蔵）

竹中陣屋

「ご当家にはさぞや、かの国縁の品がございましょう?」

宗耕の問いに静山は答える。

「一品もござらぬ。強いて言えば、先祖松浦鎮信の兜くらいだろうか。はなはだしき粗品にて、大将の着るものとも思えぬ」

それを聞いて宗耕は黒田長政の具足を見たことを思い出した。

「鳶《とび》や仕事師が裸の上から着る胴着・腹掛けのようなものでした。前後に革を合わせ粗末な漆を塗っただけで、破れた所には革が縫い付けてござった。それを忠之公の時、裏を金梨子地《きんなしじ》で塗って立派に見せてございました」

「そのままなら当時を偲ぶことができるのに残念でござるな」

松浦静山は自画自賛で話を締めくくっている。「裏」を「胸板の縁」と言い換えれば、まさにピタリと一致する。いかがであろうか?

長政の胴は他に一領、天正十五年の財部城《たからべ》（高鍋城とも、宮崎県）の戦いで使用されたものが『黒田家譜』が完成した元禄時代までは残っていた。胸板に数条の刀傷が残っていたという。それが、少し時代が下った『黒田家重宝故実』では無くなっている。残っていれば貴重な資料となっていたのに残念である。

4 金歯朶前立黒漆塗南蛮兜《きんしだまえだてこくしつぬりなんばんかぶと》・梵字采配《ぼんじさいはい》

徳川家康は織田信長・豊臣秀吉の生存中は西洋文化の吸収に積極的ではなかった。だが、天下を狙い始めてからは一転している。慶長五年（一六〇〇）、豊後国臼杵《うすき》に漂着したオランダ船を積荷ごと買い上げ、乗組員が護身用に用いていた安物の六組ばかりの兜鉢（カバセット＝銃兵の兜）と胴（フランドル製）を日本式に改造させている。

手を加えたのはもちろん、手足の部品は初めから無かったので日本式になった。春田派甲冑が張懸や軽装な品に変化する一方、彼らは鉄板や蝶番などの改革に優れ、重厚な品を生み出していった。

同年六月、徳川家康は保科正直《ほしなまさなお》の娘栄姫《ねね》を養女として黒田長政に配した。そして、不穏な動きを見せる会津の上杉征伐に出兵する。家康に従う軍勢は福島・浅野・黒田・池田・細川・藤堂・蜂須賀・生駒・加藤（嘉明）・田中・京極・山内・有馬・九鬼・織田（有楽）・金森等である。これは裏を返せば、豊臣家臣団の官僚派と武断派の内紛であった。

金歯朶前立黒漆塗 南蛮兜
（福岡市博物館蔵）

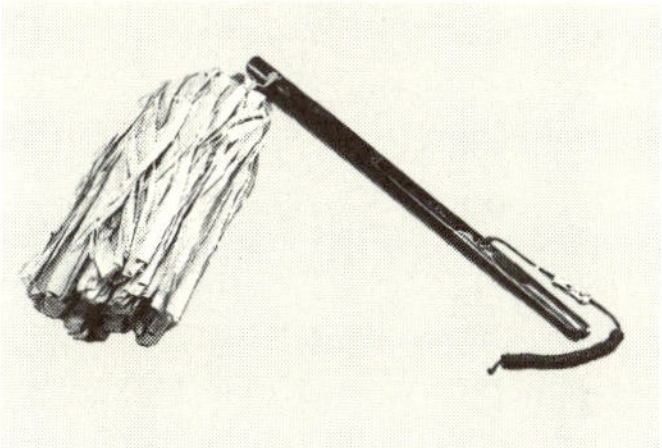

梵字采配（福岡市美術館蔵）

やがて、彼らは下野国《しもつけのくに》小山に至って石田三成の蜂起を知る。家康は密かに長政を呼び寄せると、福島正則の様子はどうかと尋ねた。正則は北政所の血族である。長政は家康の意に添うよう説得すると答え、翌日の進退会議では正則が真っ先に家康の味方になると発言した。

武断派を主戦力とした徳川軍は京を目指して兵を反転した。黒田隊が相模国厚木に至った時、小山に留まっていた家康から使者が来る。長政が近習だけで戻ると、家康は語った。

「福島正則は、ああは言っていたが寝返りはせぬだろうか?」

「石田三成と正則は仲が悪いので、左様なことはありますまい。もし、三成の策略にかかって野心を起こしても、拙者が説得いたしましょう。刺し違えてでも従わせてみせます」

心強い長政の返答に家康は感心し、先に説明した南蛮甲冑の一つを下賜した。同時に長久手の戦で家康が秀吉を破った時に用いた「梵字の采配」と「梨子地三葉葵紋截金《きりかね》鞍・鐙《あぶみ》」を着けた黒毛馬も拝領。いずれも黒田家の家宝となった。

この南蛮甲冑は二代藩主忠之の時、寵臣倉八十太夫宗重に一度与えられ、怒った栗山大膳利章が取り返して黒田家の宝庫に戻したという逸話もある。(注5)当初は胴もあったはずであるが、現在には伝えられていないし、兜の金溜塗《きんためぬり》の鞠(こげ茶糸の素懸)も二段しか残っていない。福岡城の武器庫の火災などもあり、現在に残ったものの方がむしろ奇跡なのかもしれない。

本兜には鍍金《めっき》製の歯朶の前立が付くが、これは徳川家康のシンボルである。歯朶植物は胞子で増えることから子孫繁栄の意味もあり、めでたい正月の飾りにもなっている。ただし、将軍家をはばかって、歯朶の前立そのものの遺物は少ない。本前立は「歯朶前立物」「御替御立物」と書かれた桃山期の漆箱に収まっている。この差し替え用の立物は純金製で、角元が合わないのが不思議である。眉庇の内側を朱塗にするのはこの頃からで、本兜もそうである。

これら南蛮甲冑は、家康が関ヶ原で使用したもの、榊原康政・渡辺守綱に下賜されたもの等が知られているが、いずれも個性的な仕様である。なお、『黒田家譜』だけを読むと、拝領したのは兜だけのように書かれているが、他の例がすべて鎧も一緒であるから、そんなことはあるまい。貝原益軒は儒者として有名だが、武器類の知識は浅い。だから『黒田家重宝故実』という補足資料が編纂されたのであろう。

5　銀箔押《ぎんぱくおし》蛤脇立《はまぐりわきだての》熨斗烏帽子《しえぼし》形兜《なりかぶと》

所蔵先では「突盔《とっぱい》の兜」と命名されているが、その呼び名は正しくない。熨斗烏帽子形の張懸に銀箔を貼った変り兜である。長政の二男・長興に始まる秋月藩（五万石）に伝わった名品である。黒田長政が合渡川合戦で使用したと伝えられているが、裏づけが無い。打眉と笠鞠が大水牛兜Ⅱと酷似しており、同じ頃の製作か？　また、兜のみで鎧が伝来しない点も同じである。烏帽子兜は元服鎧という意味もあるが、蜂須賀家との婚姻関係で黒田家にもたらされたとも考えられる。長政の遺産分けの覚には「我《われ》が今まで着候《つけそうろう》具足、日根野織部より来る兜」とあるが、それとは全く一致しない。生前贈与されたものなのだろうか？　伝来を差し引いても、なかなかの名兜である。特に鞠の各段の色の塗りわけが美しい。

6 黒漆叩塗《こくしつたたきぬり》 帽子形兜《もうすなりかぶと》

黒田長政は豊前国中津城主になると、父の勧めでキリスト教の洗礼を受けた。しかし、七年に及ぶ海外戦争から関ヶ原の合戦と教義を学ぶ暇も無く、熱心な信者とはいえなかった。博多教会における父の葬儀に感動して手厚く保護したが、幕府の禁教令が厳しくなるとキリシタンであったことを隠すべく、大徳寺の春屋宗園に急接近している。そして大徳寺内に龍光院という塔頭《たっちゅう》を開創。古心道卜《こしんどうぼく》の道号と頭巾を頂戴した。その頭巾を模して甲冑師に作らせたのがこの兜である。製作は国許の甲冑師岩井源次則正。黒ずくめの印象に金白檀塗の眉庇が、よいアクセントをかもし出している。江戸期になると生漆の透明度が高まり、赤色を混ぜた場合色むらが出やすい。鞠は毛引威の五段、張懸だが重量があって実戦には向かない。飾りとして兜だけ作られたようである。

銀箔押蛤脇立熨斗烏帽子形兜
（朝倉市秋月郷土館蔵）

黒漆叩塗 帽子形兜
（福岡市博物館蔵）

7 白鳥《しろとり》毛《げ》中刳兜《なかぐりかぶと》

「黒漆叩塗帽子形兜」と同時に作られた兜として、この名が『黒田家重宝故実』に記載されているが現存しない。似たものとして、三代藩主黒田光之の兜があるので、ここで紹介しておきたい。三代藩主・光之は藩の正史『黒田家譜』を藩儒貝原益軒に命じて編纂させ、さらに『黒田家重宝故実』を完成させるなど、名君として知られている。本兜は昭和三十五年（一九六〇）に黒田家が三代藩主光之のものとして売却したもの。

鉢裏には「明珍信家、永正十一年八月五日」とある。明珍派は江戸時代になって明珍信家という架空の人物を創造し、古くて出来のいい兜にこうした銘を入れて大名らに高く売りつけていた。これもそうした江戸土産の古鉢を地元甲冑師に仕立てさせたものであろう。黒田長政が国許に呼び寄せた甲冑師は春田派であったからこういう丁寧な筋兜は作れない。そうした傾向は歴代藩主の兜にも見られる。なお、この兜に見られる蝶の羽に似た異製の吹返しは、長政の晩年に福岡の地元甲冑師が考案したと思われる。

白鳥毛中刳兜（個人蔵）

8　大水牛《だいすいぎゅう》 異製吹返兜《いせいふきかえしかぶと》・縫延《ぬいのべ》 菱縫胴《ひしぬいどう》具足《ぐそく》

大水牛 異製吹返兜・
縫延 菱縫胴具足
（個人蔵）

官兵衛・長政を祀るため明治になってからできた光雲神社で、黒田長政所用とされていた甲冑。ここの宝物は黒田家の所有物で、これは正しくは東蓮寺藩主の遺物であった。戦災で焼失といわれていたが終戦後、東蓮寺藩を名目上復活させて家宝を分けたため、個人流出してしまった。

9　刀「和泉守兼定《いずみのかみかねさだ》」

長さ六七・九センチ。磨上。兼定は室町時代の刀工。長政の播州以来の愛刀で、九州平定の財部城攻めで川に落としたのはこの刀である。中川左平太は江戸の試し斬り名人で、諸大名から引っ張り凧だった。首斬り浅右衛門家業の元祖である。（注6）

刀「和泉守兼定」
（福岡市博物館蔵）

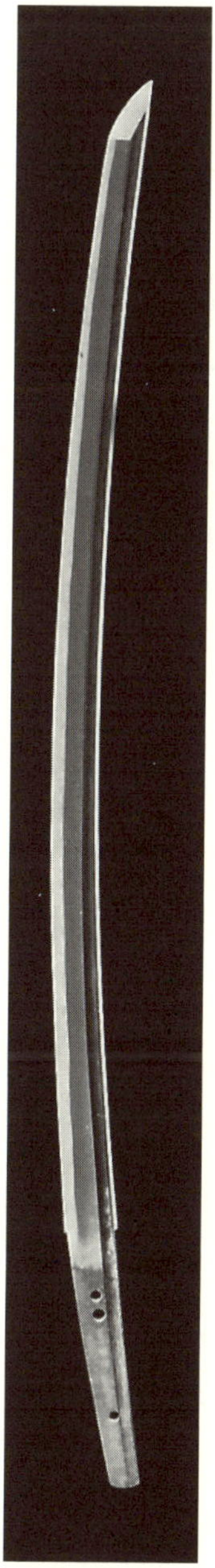

重美 刀「二字国俊」
（福岡市博物館蔵）

10 刀「二《に》字《じ》国俊《くにとし》」

長さ六七・三センチ。大磨上。兼定と共に若い頃から長政に愛用されたもの。所持銘が筑前守でなく甲斐守とあることでもそれは分かる。作者国俊は鎌倉時代後期の京の刀工。豪快な作風を持つ。延宝六年（一六七八）、本阿弥光忠の折紙付。時価金子二十枚。

11 刀「城《き》井《い》兼光《かねみつ》」

長さ六七・七センチ。大磨上。黒田家が豊前国六郡を拝領した後、土着の旧豪族城《き》井《い》鎮房《しげふさ》を長政自ら斬

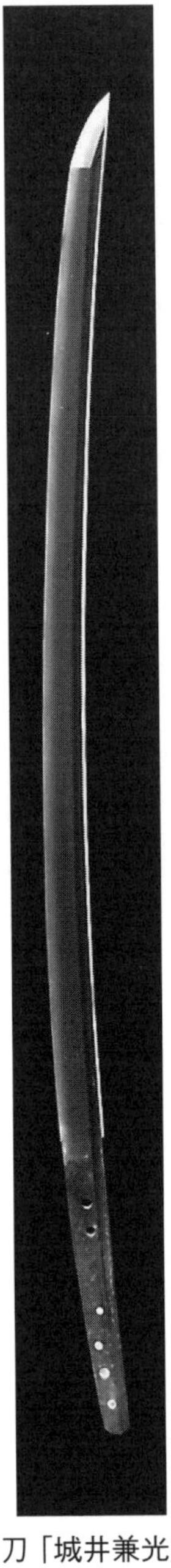

刀「城井兼光」
（福岡市博物館蔵）

り殺した刀である。鎮房は一揆を扇動して旧領の回復を狙ったが叶わず、黒田の援軍吉川広家を通して降伏した。頭を丸めて宗永と号するも、長政はそれを中津城内に招き入れて盃を酌み交わし、暗殺することにした。家臣野村祐勝が合図とともに急に立ち上がって、こめかみに一の太刀を浴びせ、長政が背後から斬りつけてとどめを刺した。これは秀吉の命令だったため、一揆軍の首はすべて京に送られている。秀吉は長政のやり口を、いかにも若者らしい！　と讃えた。

丹後国を領有した細川藤孝《ふじたか》も同じような方法で、旧領主の一色氏を滅ぼしている。こういう暗殺は当時、仕物と呼ばれ、日常茶飯事であった。

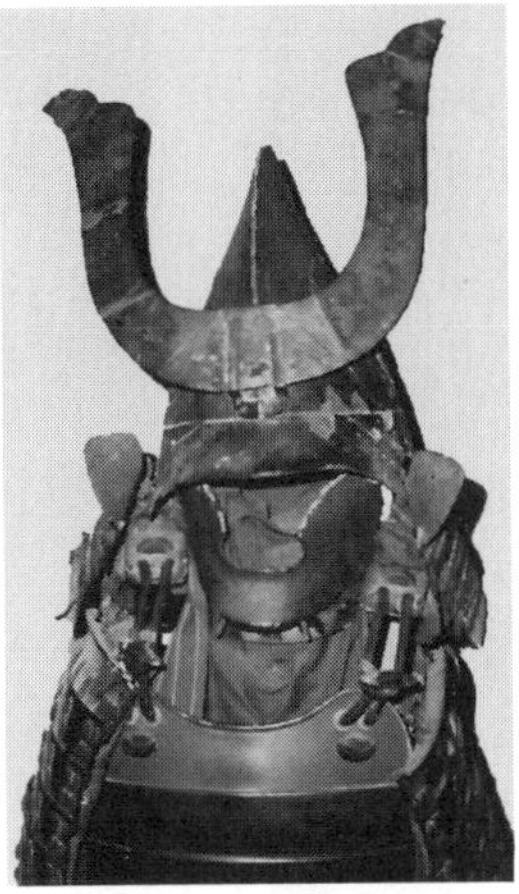

伝 城井鎮房所用
烏帽子形兜（天徳寺蔵）

後に長政が家康に初めて会った時も、この刀を差していたというから、よほどの愛刀である。本刀は備前長船の名工小松兼光の作。また、野村祐勝の刀は「曽我大隅」という父親の所持銘があるものだったが、こちらは現存していない。

元禄二年（一六八九）本阿弥家の折紙付。時価金子二十枚。

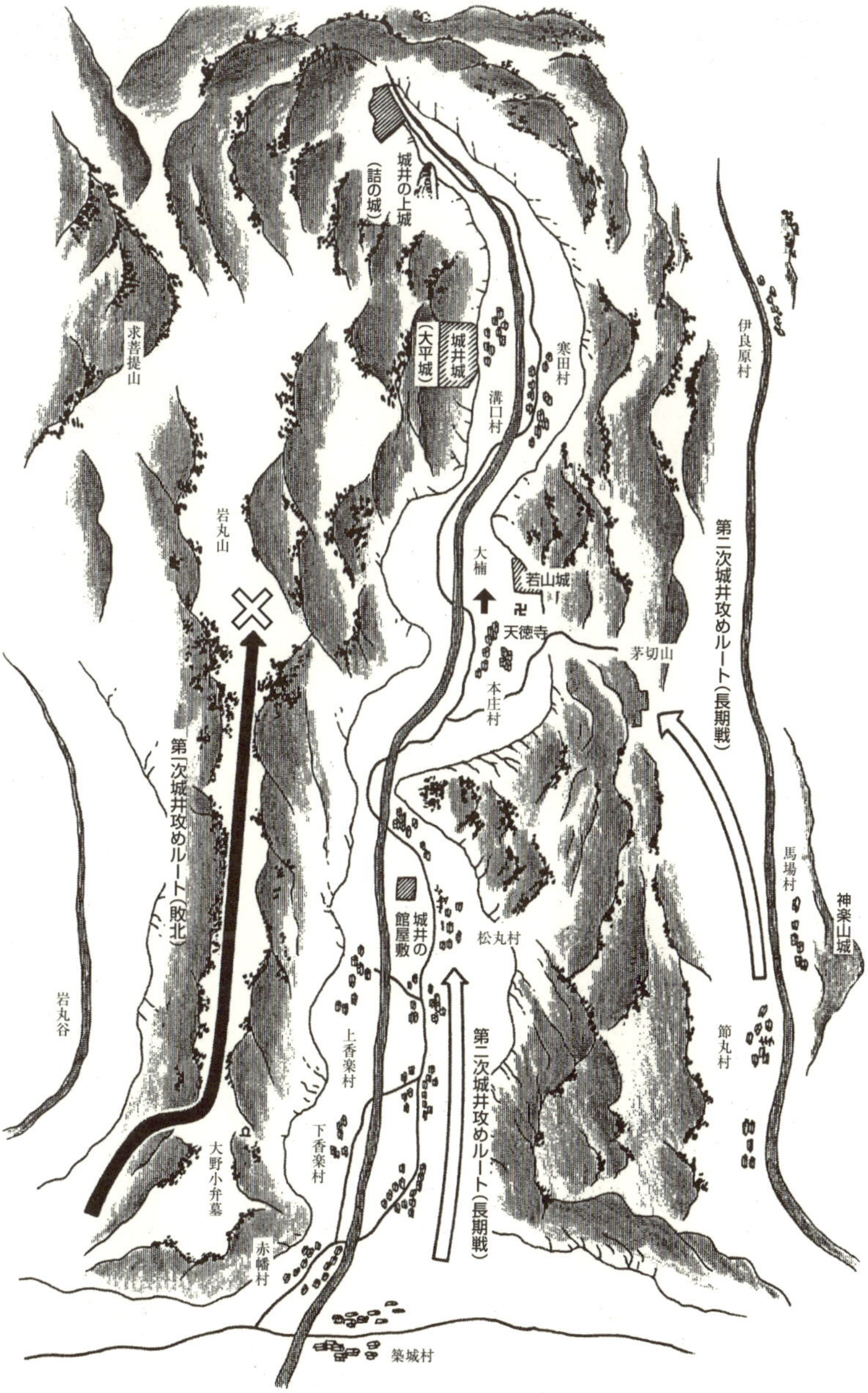

黒田長政と毛利援軍による城井谷攻略図

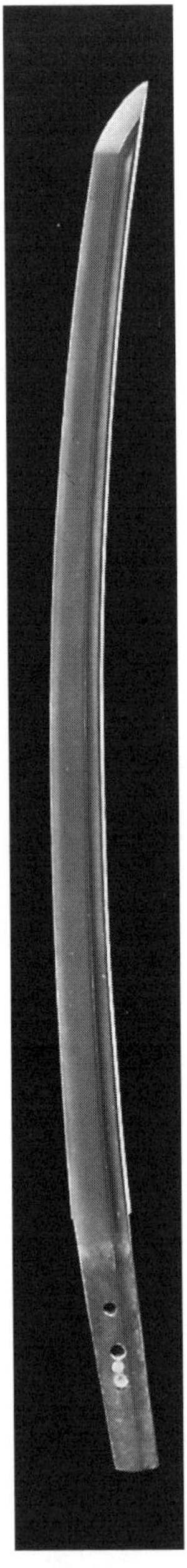

脇差「碇切」
（福岡市博物館蔵）

12 脇差《わきざし》「碇切《いかりぎり》」

長さ五七・七センチ。朝鮮の役の船戦において、碇の下にかがんだ敵を長政が本刀で斬り殺したため、この名が付いたという。また、如水が朝鮮に出航する際にこの刀で碇を斬ったという異説もある。元は刀であったが、二代藩主忠之が短くして脇差にしてしまった。

脇差「左文字」
（個人蔵）

13 脇差「左文字《さもんじ》」

長さ三五・二センチ。正宗十哲の一人左文字は師匠に妬《ねた》まれるほどの腕で、鎌倉を追放されて筑前国博多へ移ったとされる名工。代々当地に住み続けた。長政所用となって、「兼定」同様に中川左平太の試し斬りがなされている。昭和十三年（一九三八）に黒田家が売却。元は無銘磨上。翌年の本阿弥光遜の鑑定書が付く。二代目藩主からは、黒田筑前守でなく松平筑前守になるから、長政所用でまちがいない。

長政所用・中川左平太試し斬りの脇差は、個人蔵でもう一口存在する。それには同じく金象嵌で「黒田筑前守殿御所持袈裟《けさ》落《おとし》　切手中川左平太　備前国住長船与三左衛門尉祐定作」とある。

その他として、個人所蔵の「長光」の大小が現存している。黒田長政が息子忠之を徳川家康に対面させた際に拝領した金象嵌の作者銘の入った名刀である。その後、他家に贈答された。また、朝鮮役の休戦中に戦勝祈願で長政が宇佐神宮に奉納した太刀の記録があるが、残念ながら現存していない。

14　大身槍《おおみやり》「一国長吉《いっこくながよし》」「政常《まさつね》」

長さ四三・〇センチ。平安城《へいあんじょう》長吉《ながよし》は室町時代の京の刀工。長政が初陣からずっと使用し、何度も武功を重ね、とうとう筑前一国を領するまでになったため、この名が付いた。見事な三鈷剣《さんこけん》の浮き彫りの下に「八幡大菩薩」と刻む。

長政愛用としては別に黒田家伝来で「政常の槍」もある。こちらは長さ九・九センチの超小型。作者は桃山時代末の尾張国の刀工。長政が関ヶ原合戦に使用したと伝える。後の枕槍《まくらやり》、駕籠槍のようなもの。

大身槍
「一国長吉」
（福岡市博物館蔵）

槍「政常」
（福岡市博物館蔵）

15 火縄銃《ひなわじゅう》「墨縄《すみなわ》」

口径一四ミリ、長さ一二七・五センチの火縄銃。「墨縄」の名の由来は、大工が直線を引く時に使う墨縄のように真っ直ぐに弾が飛ぶことによる。筒元に「行やらで山じ暮らしつ時鳥《ほととぎす》　今一こえのきかまほしさに　墨縄」と彫られている。

文禄二年（一五九三）、朝鮮の役の最中、日本軍が碧蹄館《ペクチェグァン》で快勝した後、漢城《ハンソン》（ソウル）で無礼講の宴会が持たれた。その席で武器の話題が持ち上がり、黒田長政は言った。

「さて、各々方《おのおのがた》。鉄砲という便利な武器が発達したお陰で、昔と事情が異なり、いかに遠くにいる敵でも容易に討ち取れるようになった。鉄砲こそ一番の戦道具だと存ずる」

親しい加藤光泰が賛同すると、石田三成派の大谷吉継は弓名人の立花宗茂に目をやって言った。

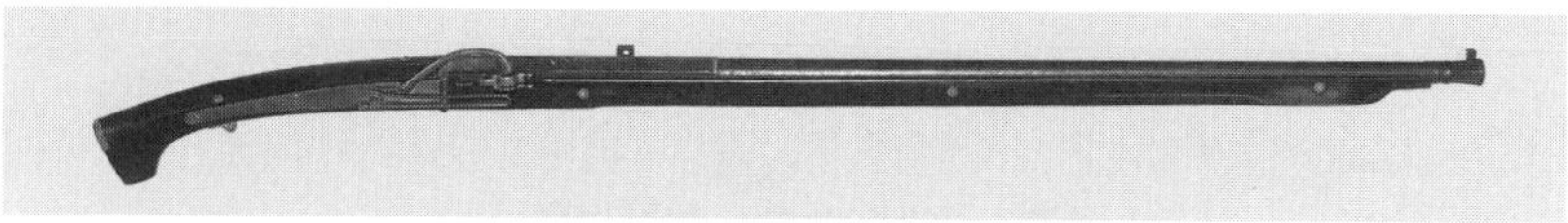

火縄銃「墨縄」（御花史料館蔵）

「さもあらん。碧蹄館の勝利も鉄砲のお陰、それに比べたら弓など役に立ちますまい」

　とげとげしい空気を察した長政は、言葉を続けた。

「いや、某《それがし》は敵を防ぐには鉄砲が勝り、破るには弓が勝っていると思う。いずれか一方だけを採るのは良くはござらん」

　秀吉の九州の役以来、仲のいい宗茂は、長政に賛同した。

「鉄砲が凄いといっても、必ず当たるわけではござらぬ。いずれにしても、戦道具は時と場所を考えて甲乙を付け難し」

　これを聞いていた宴会の主催者の宇喜多秀家は、若者らしくはしゃいだ。

「お二人はそれぞれの射手上手と聞いておる。面倒な話は止めにして、実際に試してみれば宜しかろう。一同揃って拝見つかまつろう」

　他の武将たちは退屈しのぎに賛成した。

　そこで五十歩先に笄《こうがい》を立てて的とし、長政は鉄砲で、宗茂は弓でそれを射ることになった。吉継の提案で勝った方が負けた方の道具をもらうことにもなった。

　稲富流免許皆伝の長政の弾は、的の耳下一寸に当たり、二つに砕いた。すると、塗籠《ぬりごめ》の大弓に鷹羽《たかば》の雁股《かりまた》二筋をつがえた宗茂は、より見事に的のど真ん中に命中させたのである。長政は約束通りに笑って「墨縄」を譲った。すると、小早川秀秋は宗茂の弓を所望して長政に与えた。心憎い演出である。秀秋は俗にいわれているような暗君ではなかった。宗茂の官途《かんと》が左近であったことにより、この弓は黒田家で「立左」と呼ばれて大切に

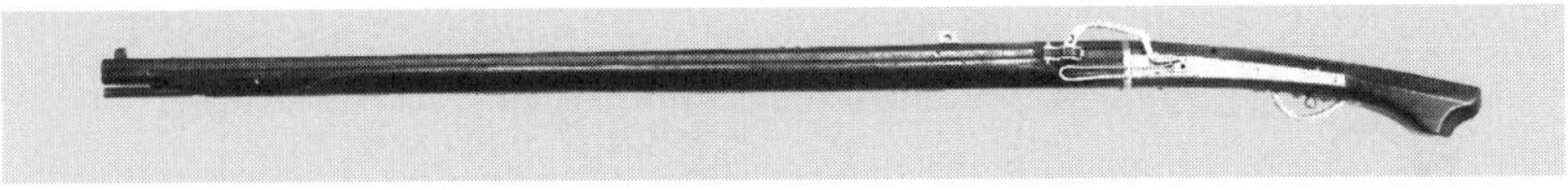

火縄銃「次郎坊御筒」（福岡市美術館蔵）

されたという。以上は立花家の伝承で、黒田家側の記録は無い。

長政愛用の弓としては「大鳥御弓」と「灯籠堂御弓」があったがこれも現存していない。

16 火縄銃「太郎坊御筒《たろうぼうおんつつ》」

口径一四ミリ、長さ一三七センチで、筒元に三鈷剣と団扇を持つ烏天狗が象嵌された長政愛用の長銃。「太郎坊御筒」というのが黒田家の正式な名称だが、福岡市美術館蔵になった際、火縄銃「烏天狗図象嵌《からすてんぐずぞうがん》」と名前が付けられてしまった。以前、筆者が「太郎坊御筒」ではないかと尋ねても、幕末の銃だと取り合ってもらえなかったものである。福岡市博物館蔵になってようやく桃山期のものと訂正された。それでも名称はそのままである。筑前国内野山で猟をした際、黒田一成が「次郎坊御筒」で大猪の胴に一発目を、長政がこの銃で二発目を撃って仕留めた。二代藩主忠之の時に家臣の杉原平助に与えられたが、三代藩主光之の時に返納されている。

17 火縄銃「次郎坊御筒《じろうぼうおんつつ》」

口径一六ミリ、長さ一三二・五ミリ。筒先に「愛宕山大権現《あたごさんだいごんげん》」の象嵌、筒元には狐に乗った不動明王の象嵌がある。「次郎坊御筒」が黒田家の正式名称だったが、福岡市美術館で「火縄

機張城（韓国釜山市）

銃不動明王像金象嵌」と名が付いた。

これは文禄の役が終わって休戦中の話。慶尚道機張城を構築中の長政は、若い家臣を連れて虎狩を行した。そして、山中で十間（約一八メートル）ばかりの所に発見。向かってくる虎に長政は「次郎坊御筒」を構えたままだった。近臣たちは声を上げて叫んだ。

「殿、早く撃ちたまえ！」

だが、長政は間一髪まで待ち続け、見事に眉間に当てて仕留めたのである。獲物は側の岩穴に転げ落ちたが、誰もが恐れて近づこうとしない。すると、小河久太夫（信章の甥）が平然と鼻に手を当て、死んでいることを確認した。

その後、菅正利と林直利も虎を仕留めている。この一件が元となり、秀吉の「虎狩令」に発展した。加藤清正の虎退治は『絵本太閤記』の作者が、長政の業績を摩り替えたもので、史実ではない。槍で倒す話は、そういう等外史料さえない。

三頭の虎の頭蓋骨は福岡城の武具櫓に保管され続けたが、第二次世界大戦で焼失。下顎《したあご》と爪一本が菅家に残されている。

18　白熊《はぐま》采配《さいはい》

文禄元年（一五九二）に始まる朝鮮の役の先手は、小西行長と加藤清正が担った。黒田長政が先手に加

亀甲地文 牡丹唐草金襴軍袍（福岡市美術館蔵）

白熊采配（福岡市美術館蔵）

えられたのは首都漢城を占領した後である。そこから先は三者交代で先鋒を務めることとなった。こうした命令を伝達するために、黒田如水は少し遅れて漢城に派遣された。その時、秀吉が長政に与えたのが本品である。采配の長さ七二・五センチ。柄の長さ一一七・八センチ。いかにも秀吉好みの派手な采配であった。近習だけで漢城へ戻った長政は、これを受け取ると再び開城《ケソン》・平壌《ピョンヤン》へ向けて出陣していった。

19 金襴軍袍《きんらんぐんぽう》

伝黒田長政所用。和洋折衷の装飾衣装でマントの要素もうかがえる。袖にはラッフル、裾の短冊形の総飾りも珍しい。ペルシャ絨毯《じゅうたん》のような模様。袴も裾すぼまりで南蛮人のズボンを連想させる。

20 雉子《きじ》羽《はね》陣《じん》羽織《ばおり》

『黒田家重宝故実』には「長政公毎々被召《ことごとにめされ》たる陣羽織」として「黒本《くろもと》紗《さ》ニ猩々緋《しょうじょうひ》御紋付黄地唐織御袖へり」というものが記されている。重

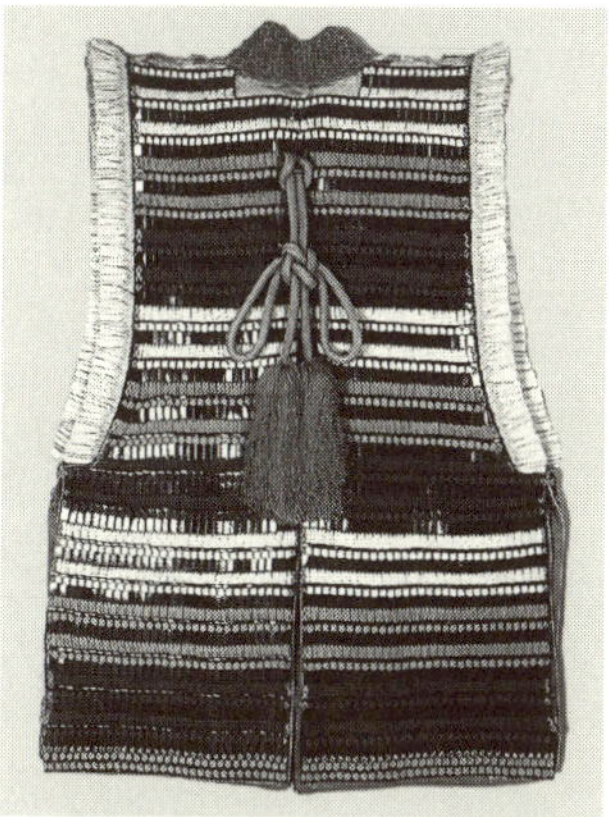
小札 陣羽織（福岡市美術館蔵）

雉子羽 陣羽織（福岡市美術館蔵）

文「黒田長政像」（口絵参照）に描かれているものだが現存しない。この陣羽織は伝長政所用。

21 小札《こざね》陣《じん》羽《ば》織《おり》

伝黒田長政所用だが、小札を利用した形式は元禄頃と思われる。「黒田長政像」（口絵参照）で描かれている具足羽織が傷んだため、同寸小札作りでそれを作り直したとも伝えている。

（注1）『常山紀談』等に名物兜として加藤清正の「長烏帽子」、蒲生氏郷の「鯖尾《さばお》」、黒田長政の「大水牛」、浦野若狭守の「小水牛」、武田信玄の「諏訪法性」、竹中重治の「一の谷」、日根野織部の「唐冠《とうかん》」、細川忠興の「山鳥」などと書かれている。

（注2）天正十九年、長政二十四歳とあるが、正しくは文禄元年、長政二十五歳である。

（注3）竹中半兵衛重治は当然亡くなっている。一子重門は幼く、重治の従弟重利がその代役として朝鮮の役で活躍している。竹中家では半兵衛の名を世襲しないが、ここでは重利を指している。

（注4）大道寺内蔵助は小田原北条氏の家臣であったが、黒田家に仕えて後、福島家に転仕している。

（注5）栗山大膳の所有する「官兵衛愛用合子の兜・唐革威の具足」を取り上げて倉八に与えたという説も江戸期からある。ただし、大膳が取り返して福岡城の御蔵に収めたという点が事実と相違する。実際は大膳は合子兜を盛岡に持ち去ってしまうのだから。

（注6）中川左平太重良（?～一六五三）は千二百石の幕臣。黒田家の他では越前松平家・鍋島家・本多家・水野家などの刀を試し斬りしている。秋月藩では、家老田代外記《げき》のものが「片手胴落」として現存（個人蔵）。

第五章　黒田家軍装拾遺

一　藩主の陣羽織

前田家や尾張徳川家には歴代当主の陣羽織がまとめて伝来しているが、残念ながら黒田家の場合、散逸してしまっている。第二次世界大戦の空襲で福岡の黒田邸・光雲神社・藩士子孫宅が焼けてしまったことにも原因があると思われる。本藩に比較して秋月藩には華やかな陣羽織が多少残っていて、朝倉市秋月郷土館に行けば観ることができる。

黒田官兵衛所用のものとしては、黒田家伝来品を前に紹介した。他に藩士子孫に伝来した品として、赤い羅紗のマントに白く石餅と藤巴を縫いつけた「緋羅紗洋套」、表に羅紗製の朱の石餅を六つ、背に大きく金箔を押した革製の十字架を背負った「十字紋・石餅紋陣羽織」が残っている。後者は、キリシタン遺物でもあるので伝黒田官兵衛とすべきかもしれない。

藩士子孫に伝来した品として、伝黒田長政所用の「藤巴紋・下藤紋陣羽織」もある。青羅紗に金糸で藤巴と下藤を描いたもので、すこぶる美しい。

二　御紋・御旗・馬印

1　御紋

黒田家の表紋は「藤巴」「石餅」、裏紋・替紋として「永楽銭」「橘」「五三桐」がある。江戸時代に「黒田藤」

石餅紋　橘藤巴紋　藤巴紋

とまで呼ばれた代表的な「藤巴」は、黒田家の旧主小寺氏の紋「橘藤巴」が原型になっている。主君の姓をいただいても、紋の使用は認められないのが当時の常、そこで黒田家は「藤巴」と「橘」を分離して使用した。もっとも「橘」の遺物は筑前国鷹取城出土の瓦くらいである。

　黒田長政が晩年日光東照宮に寄進した日本一の石鳥居には藤原氏と刻まれており、中には橘氏と記す書もある。これらはその紋からの推定で、当時は出自など不明になっていた証拠である。官兵衛が荒木村重に捕らえられた時、土牢の天窓から垂れた藤の花に勇気を与えられて「藤巴」を家紋にしたという美しい逸話は江戸期に創作された。黒田家臣となった筑前小寺氏の中にも先祖の紋を忘れ、普通の「藤巴」を使用している場合もある。

　「石餅」は石持ち（所領持ち）と通じるとして大名に好まれた。紋に色は無いが、装飾で赤くした場合は「日の丸」にもなる。

　「石餅」は竹中半兵衛から譲られたという逸話は『寛政重修諸家譜』の竹中氏の項が初出で、黒田家では伝えられていない。半兵衛が「石餅」を具足羽織に使用していたことは『太閤記』にも見えるところである。その羽織を長政がもらったとも伝える。しかし、黒田家古来の紋と断定する古書もあり、その証拠に官兵衛の弟黒田図書《ずしょ》直之（黒田二十四騎）がこの石餅紋を使用していたという逸話も残っている。

　「五三桐」は多くの豊臣大名が秀吉から頂いてうやうやしく扱われている。黒田家の場合、蜂須賀正勝の娘(糸姫)を秀吉の養女名目で長政の妻に迎えているので、使用されるようになった。黒田家の名刀の鎺《はばき》には必ずこの紋が彫られている。「永楽銭」は別項に譲る。

支藩秋月黒田家の表紋は「藤巴」、替紋は「三橘《みつたちばな》」。東蓮寺黒田家の表紋は「藤巴」、替紋は「裏菊」。

2 御旗

①天正八年(一五八〇)、一万石の大名となった黒田官兵衛は、独自の旗を制定することとなった。先祖佐々木家のものは「二尊の旗」といって、家紋「四目結《よつめゆい》」の上に「八幡大菩薩」「佐々木大明神」と書いてあった。そのままでは佐々木家と同じなので、官兵衛はその上下を黒くした。つまり、旗の寸法は二間×三幅、上下の黒みは一尺五寸。招き(旗竿の頭に付ける小旗)は三尺。これ六流と大馬印(吹貫)を作って、姫路の総社《そうじゃ》で十七日間祈禱してもらったとある。
②その後、秀吉の九州攻めで紋と文字を消し「中白《なかしろ》の旗」と称した。この御旗は関ヶ原合戦まで官兵衛が使用した。
③天正十五年(一五八七)、豊前国入封後、三間×一幅、招きが八尺の「中白の旗」となり、十八万石の大名に相応しい数として十二流に増やされた。この長幟は朝鮮の役と関ヶ原合戦でも使用される。
④また、筑前国入封後は右の長幟を二十流に増やして、五十二万石の大々名としての威風を保った。これは大坂の陣と島原の乱に使用されている。
以上が『黒田家譜』首巻による記述だが、①の旗に佐々木氏の紋と文字が入っていたというのは創作と

御旗（黒田家）

考えた方がいい。なぜなら前述した通り、黒田家が佐々木氏末裔《まつえい》を称するのは、二代目福岡藩主忠之の頃からだからである。

　また、②に関しても、それらしき絵図も遺物も伝わっていない。それどころか、全く別の旗が「宝旗」として大切に保存されているのである。

　⑤宝旗は三間×三幅の中白で、上部に永楽通宝紋を染め抜いている。黒田家伝来のものは福岡市美術館に二流所蔵されており、三奈木黒田家のものが福岡市博物館に二流所蔵されている。どちらも現在では広げられないほど傷んでおり、展示されることはない。①②に当たるものは、⑤が本物と考えられる。そして③④も二幅が正しい（注1）。

　御旗の前進・後退は、戦の勝敗を決定するほど大事な役目で、黒田家では二十四騎の一人竹森新右衛門次貞が担い、この職は子孫に世襲された。ただし、関ヶ原合戦の際は、毛屋《けや》主水正《もんどのかみ》武久《たけひさ》（二十四騎）が③の旗六流を持って長政に従い、竹森は残る六流と⑤の宝旗六流を持って如水に従った。

　なお、幕末に描かれた「関ヶ原合戦図屏風」（彦根城博物館蔵）には、黒田家の御旗として青地に「藤巴」を白抜きしたものが描かれている。それは、三代藩主黒田光之の時に登場したもので正しくない。

　また、支藩の秋月藩は上部に「藤巴」を染め抜いた中白を六流、東蓮寺藩は裏菊を染め抜いた中白を六流使用した。

（注1）明治初年の『福岡啓藩志』には、②としてこの宝旗を挙げ、一丈余×三幅と記すが、これも長さがおかしい。ちなみに実測では五四六センチある。一幅は桃山期は大きくて四五センチ。招きの一幅は女幅で一尺程度であろう。絵図を見ても「中白の旗」がきちんと二幅で描かれている。

3 幟・指物

御旗以外を幟・指物と呼ぶ。これも初めは御使番などが母衣《ほろ》や二本撓《しない》を目印として使用するくらいであったのが、織田信長の馬揃えあたりから数が増えだした。馬揃えそのものが、西洋のパレードを取り入れて始めたものであるから、当然といえば当然である。

戦によって替えたりもしたので、正確には分からないが、大坂の陣の具体例には前に触れた。御旗や指物が増えれば、似たようなものも現れる。藤堂高虎は豊臣秀長の筆頭家老で、文禄年間に伊予国宇和島城主（七万石）として独立した。そして、制定された御旗が「紺地に白の石餅三つ」、指物が「白地四半に朱の餅（または黒餅）、二尺四方」であった。石餅は藤堂家の家紋でもある。

黒田長政はこれを我が軍と紛らわしいと訴えた。黒田家の御旗は「中白」であるから、「何が……?」と筆者はずっと思っていたが、どうやら幟として似たようなものを使っていたらしい。家臣林太郎右衛門直利が虎退治の褒美としてもらった幟が「黄地に朱の石餅三つ」なのである（大馬印・小馬印各一流、指物二流と箱書にある）。以後、家臣林家の御旗となるわけだが、もともと黒田家の隊旗として使用していたものなのであろう。今ひとつ、家臣久野家にも「黄地に黒の石餅」が染め抜かれた指物が、黒田家拝領品として伝来している。

久野重勝 拝領幟
(福岡市博物館蔵)

晋州城(韓国晋州市)

結局、長政が折れて指物に石餅を織り込むのは止めたようである。それとは別に、高虎は長政に倣って別デザインの水牛兜も被っている。それは和解の証としてであろう。また、晋州《チンジュ》城攻めで黒田軍が見せた亀甲車に感激し、それに倣って地元で始めたのが「牛鬼祭り」なのである。

一方、家臣間でもトラブルは発生する。堤九郎兵衛という黒田家臣は、白の切裂撓を自分の指物として使用していた。ところが江戸期に入って、黒田二十四騎・井口吉次が似たような指物に変えたと聞いて、怒鳴り込んだ。

「石田三成挙兵の時、某はこの指物で、如水公にお供いたした。貴殿は、その時は金の半月を指されておったであろう。しかるべき時は、その方が止めたまえ!」

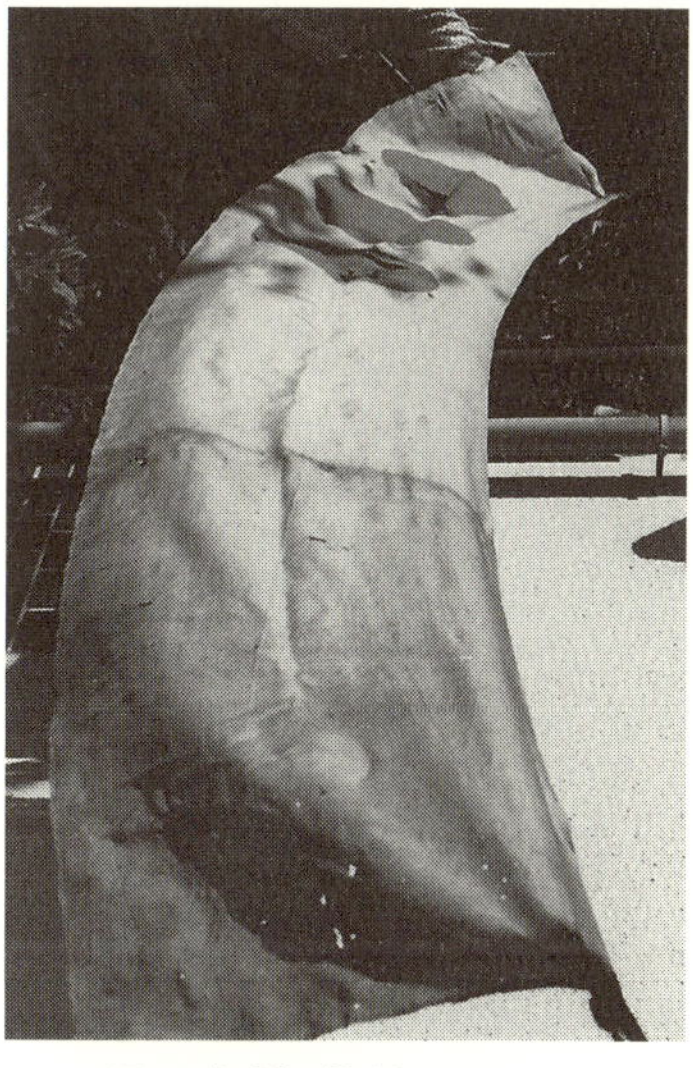

黒田家幟・指物(個人蔵)

これには勇猛で頑固な井口吉次も、折れるしかなかっただろう。

キリシタン資料によれば、官兵衛は十字架の指物も何流か使っていたようだが、当然残ってはいない。

4 大馬印

旗奉行竹森家では大馬印の登場を、黒田家の豊前入国後としている。筆者が思うに馬印が大小に分かれたのは、その頃ではなかろうか。それは『陰徳太平記』という毛利家の資料でも証明されよう。官兵衛は備中高松陣で羽柴・毛利の和平交渉を成立させ、以後、毛利氏に深く関わり続けた。「毛利殿、京より東には馬印・指物・幟がござる。中国勢も京勢と一同にし給うて宜しかるべし。来春は秀吉公御下向あるべきなれば、そのうち如何様にも定められよ」と、九州攻めを前に官兵衛は指導をしている。

その結果、輝元は一段の鳥毛の上に白熊毛を載せたもの。吉川元長は直径三尺の角取紙の輪抜に、吉吉と書かれた四半の折掛旗を頂くもの。小早川隆景は二段の鳥毛に黒熊毛を載せた馬印となった。いずれも小さい。官兵衛自身は従来の角取紙の輪抜であったともある。つまり姫路で制定したのは、後に小馬印となる四手輪であったと推定できる。なお、毛利家の御旗も黒田家の「黒の中白」を模して、「赤の中白」となった。

黒田長政と御馬印・御旗図
（円清寺蔵）

大馬印の話に戻ろう。この馬印を指す時は腰に永楽銭五貫を錘《おもり》にしても、風吹けば

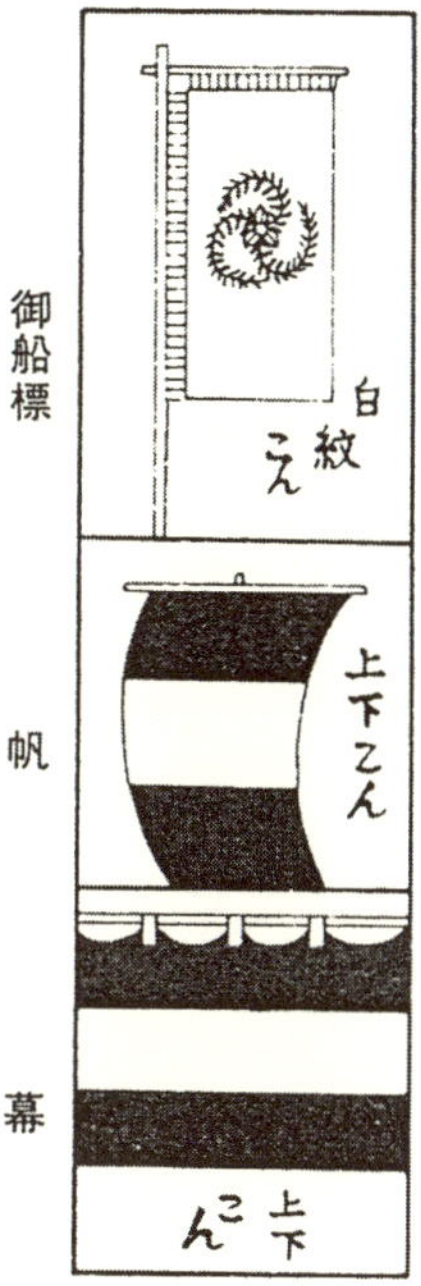

黒田家船印

なおも足が浮いてしまうので、手縄を二筋つけていつも風向きを考えて対処した。尋常の者では立て難く、角助という者が巧者であったという。

晋州城攻めの時、黒田家の大馬印の前を加藤清正の大馬印が横切ることがあった。怒った角助は、笛巻の棒でその馬印持ちの足をしたたかに叩いて転倒させた。人々は清正が怒って大変なことになると恐れたが、

「我が馬印持ちが無礼を働いたことは言語道断である。長政の馬印持ちはでかした！」

と、清正は豪快に笑ったという。

また、この大吹貫に白い「気」が立つ時は、戦に必ず勝つと伝える。中国地方における秀吉の毛利攻略で一度。朝鮮の役で三度。島原の乱を最後に合計五度、そういう現象が起きた。その「気」は八～九尺で、霧が集まるような形状であったと伝えている。

秋月藩のものはやや小型に改良されているが、それでも現代人には支えきれず、祭の時には柱に括りつけてある。

黒田家大馬印（吹抜）の寸法は、

福岡藩＝長さ四・七メートル。直径一・八メートル。乳の数十九。竹竿の長さ六・〇メートル。

秋月藩＝長さ三・〇メートル。直径一・二五メートル。乳の数九。竹竿の長さ四・〇メートル。

東蓮寺藩＝不明。

5　小馬印（黒熊毛の出シに奉書帋切裂輪貫）

数度の武功、世に知られた馬印という。筆者が思うに当初大馬印は存在せず、これのみであったと仮定している。その後は島原の乱に至るまで使用された。『黒田二十四騎画帖』では赤熊毛の出シになっている。また、関ヶ原合戦における豊後の陣で、如水は純白の四半（縦横三対二比率の旗）を馬印にしたという。真っ白な自分の心を表したというより、家康へ味方することの表明であったと思われる。

6　小馬印（黒旗ノ九段枝釣）

この馬印は、長政専用として若い時から使用されている。天正十五年（一五八七）、九州攻めの高城《たかじょう》合戦の際、長政は百人の兵で財部城を攻め取った。この時に翻ったのが九段枝釣《くだんえづる》馬印であった。また、黒田家唯一の負け戦、天正十六年（一五八八）の城井谷合戦でも、長政自身が指していた。

官兵衛の留守中に決行された、不慣れな山岳戦に敗北した長政は、そのまま敵に突っ込もうとした。

「某に御馬印をお渡し下され！」

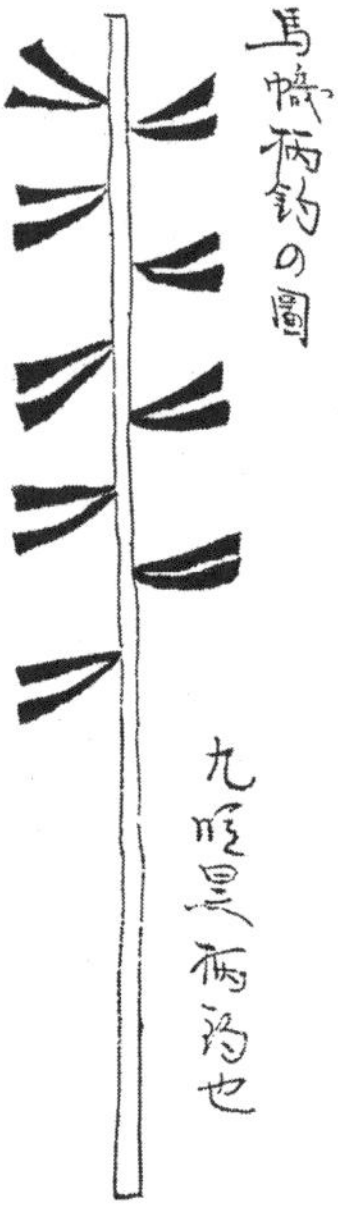

九段黒枝釣

黒田一成は、自分が影武者になろうと叫んだが、長政は聞かない。暴れたため馬印は木の枝に引っかかり、馬は泥田に落ちた。

それを見た菅正利は槍で馬印を取り、自分の馬に長政を乗せて尻を叩き居城へ走らせた。正利は泥田の中の馬を引っ張り出して乗り、貝原市兵衛が馬印を担いで持ち帰っている。黒田・毛利軍の戦死者は八百六十四人を数えた。この馬印は長政の遺物として四男に譲られたが「本陣用印」という名に変わって現存している。竹の回りに藤を巻いた立派なもので、旗竿二本の受金具が交互に九段付いている。余談であるが「御幕」は中白、上下を茜として使用することもあった。また「御船幟」は紺四半に白餅。茜《あかね》を使用することもあったと記録されている。

城井谷敗北の地（築上町）

島原の乱に出陣した黒田家臣の軍装

	氏　名	指　物	兜の立物
福岡藩	毛利左近	馬印　黒塗りの中繰り	烏毛の棒
	野村右京	馬印　鷺の蓑毛の天	黒きかん抜
	小河縫殿助	馬印　黒き引幌	黒き地扇子
	黒田惣右衛門	馬印　地黒に白蛇目の撓	黒き短冊
	飯尾甚太夫	黒白五段の枝釣	金の瓢簞
	肥塚十左衛門	黒の切裂の輪	白紙切裂の四手
	井上内記	馬印　烏毛の水車	鷺の蓑毛の棒
	黒田監物	馬印　白き角取紙	銀の船釘
	黒田半左衛門	馬印　浅黄撓黒き丸	雉子の尾攔立
	岡本惣兵衛	白半に朱の角折敷紋	金の餅
	大音六左衛門	烏毛の輪抜	銀の剣
	高橋忠左衛門	黒き撓金の餅	黒き釘
	吉田久太夫	赤き太鼓の輪	十王頭
	黒田美作	馬印　白幣日祭	大小
	小河久太夫	銀の熨斗	揚羽の蝶黒塗
	月瀬右馬丞	茜の撓たなかの文字	金の繰半月
	村山長太夫	紺の撓白山道	銀の鯛の尾
	国友惣左衛門	黒四半銀の大ノ字	銀の天衝
	花房次左衛門	鷺の毛枝釣	黒き□□
	馬杉小十郎	白撓黒き餅	銀の熨斗
	毛利長兵衛	黄黒染つき撓	山鳥の尾の攔立
	竹森清左衛門	金の四手	黒き燕の尾
	郡正太夫	烏毛風車	黒き蜘蛛の巣
	野口左助	茜の暖簾	朱の繰半月
	明石四郎兵衛	赤き唐人笠	銀の突盔
秋月藩	宮崎織部	白地暖簾	銀の満月
	田代外記	白小旗上に烏毛	銀のはり貝
	吉田斎宮	銀の四手棒	唐冠
東蓮寺藩	吉田壱岐	白き笠烏毛引廻	金切七鍬形
	明石権之丞	白き茶袋	銀の鰆の尾

島原の乱図（朝倉市秋月郷土館蔵）

左下で床几に座っているのが二代目黒田忠之。中白の御旗、大小の馬印、鳥毛一対の槍印が正確に描かれている。

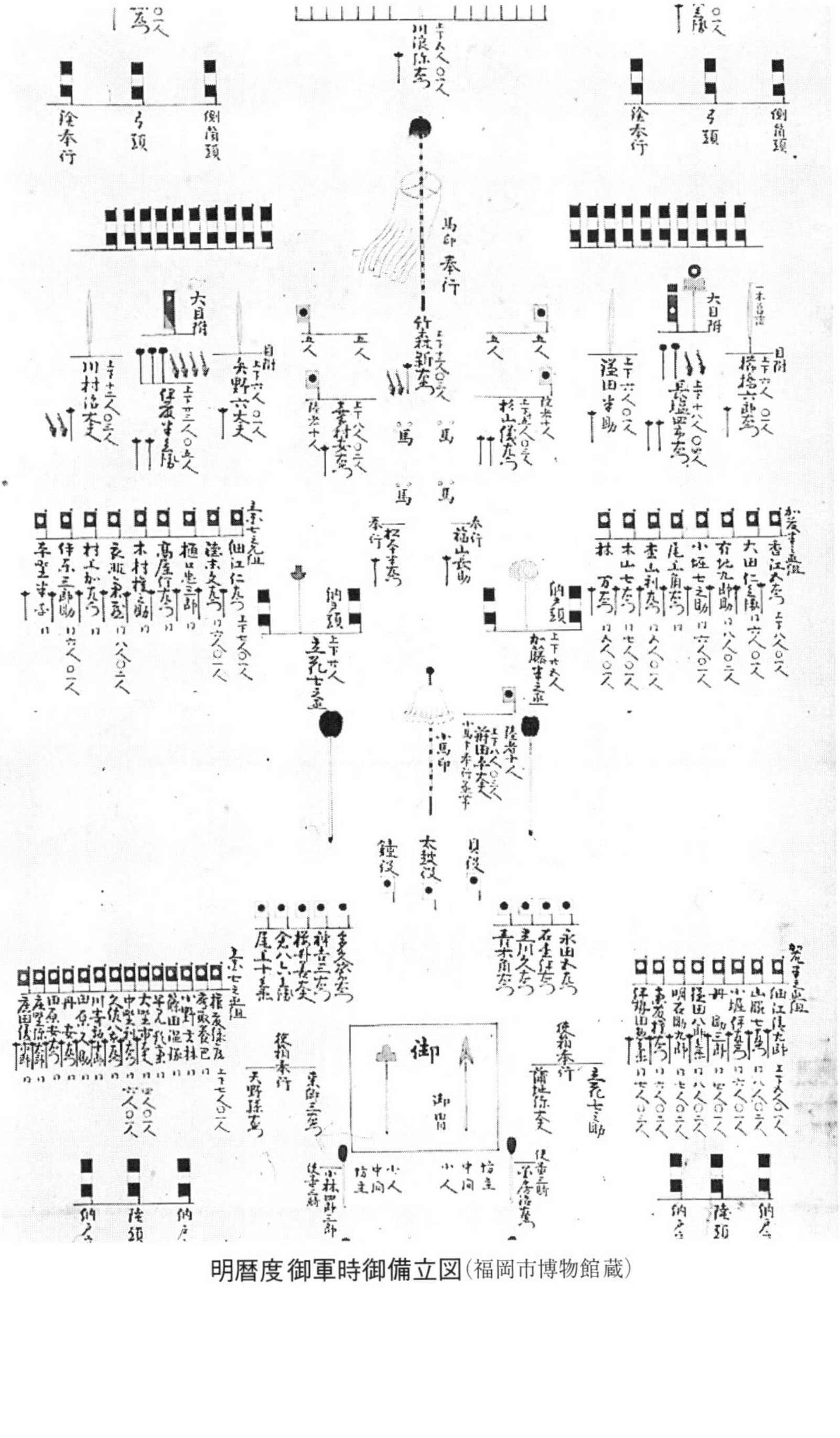

明暦度御軍時御備立図（福岡市博物館蔵）

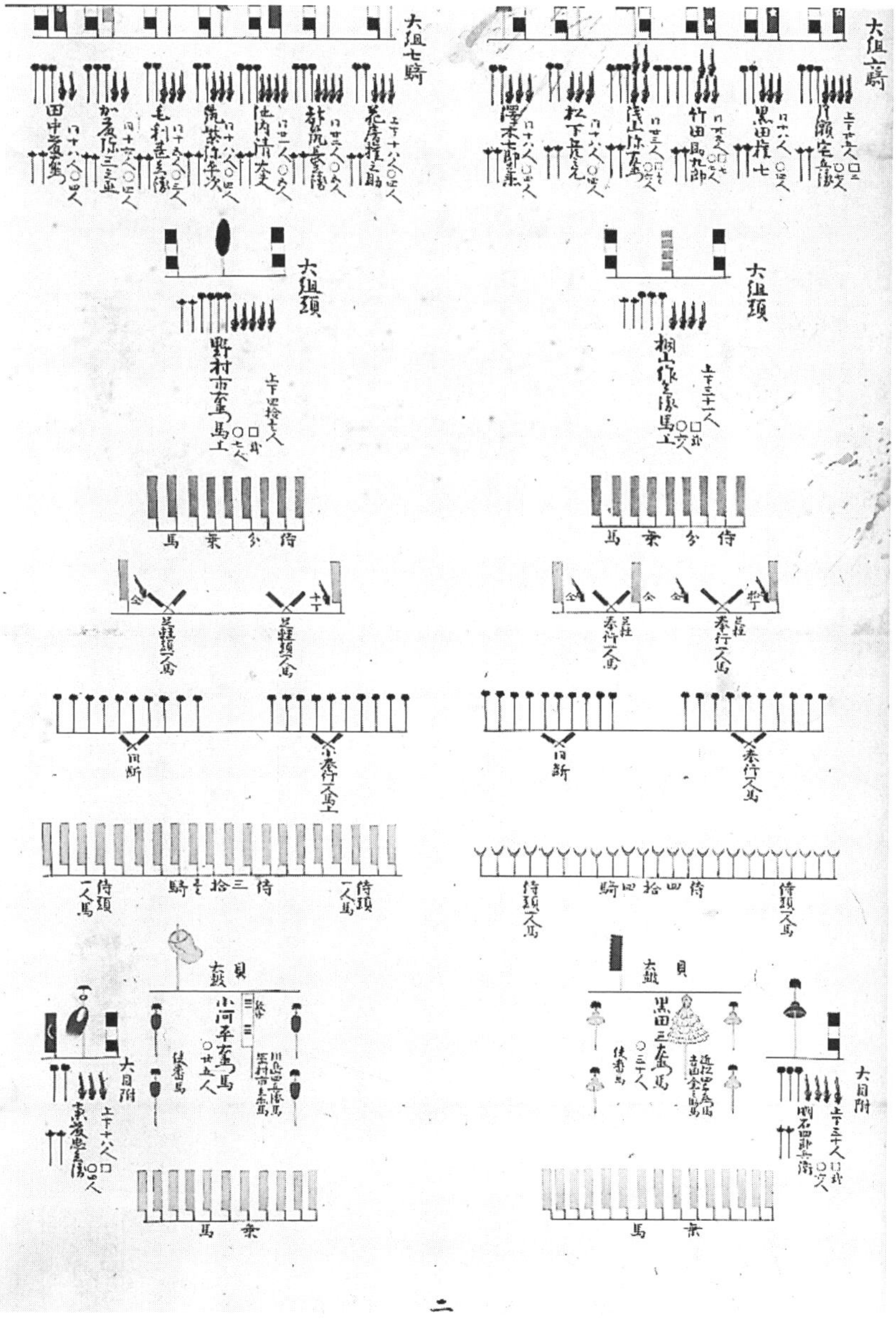
大組六騎
大組七騎
大組頭
大組頭
大目附
大目附
二

第六章　黒田二十四騎とは

黒田官兵衛孝高は豊臣秀吉を天下人に押し上げたブレーンであった。その官兵衛の手足となって働いた重臣たちを黒田二十四騎と呼ぶ。

黒田家の家老は、職隆の時代に曽我大隅守一信、官兵衛の時代に吉田喜三右衛門重生―久野四兵衛重勝と続き、豊前国に移ってから栗山四郎右衛門・母里多兵衛友信・井上九郎右衛門之房の三人体制となっている。それは十二万石（実収十八万石）の大身になったからである。

天正三年（一五七五）、黒田官兵衛は主筋の小寺政職を説得して織田信長に使いする。主筋といっても黒田家は信長の陪臣《ばいしん》ではない。小寺家は赤松本家を最後まで支えた宿老であり小領主たちの長であった。しかも、黒田家は当時小寺姓を名乗っていて一族扱いである。二年後、播州平定の司令官として羽柴秀吉がやって来た。官兵衛は姫路城を明け渡して秀吉のために尽くす。

同六年、摂津国有岡城の荒木村重が織田家から離反すると官兵衛は説得に出向き、逆に虜《とりこ》にされてしまう。その際、譜代の家来を持たぬ黒田家が、初めて家臣からの誓紙《せいし》を受け取った。それによってある程度の家臣構成が見えてくる。

職隆の家臣	久野四兵衛・井上九郎右衛門・吉田七郎兵衛・桐山孫兵衛・大野権右衛門・首藤太郎兵衛・尾上与七
官兵衛の家臣	母里多兵衛・栗山四郎右衛門・宮田次兵衛・母里与三兵衛・上原右助・喜多村甚左衛門・中村喜右衛門・篠原次郎右衛門・宮井弥助・中村与市兵衛・志方庄助・衣笠久右衛門・後藤右衛門・長田三助・小川与三左衛門・藤岡甚兵衛・金川六左衛門・尾上宗二郎・母里九右衛門・鳩岡次郎兵衛・喜多村六兵衛・市村喜右衛門・尾上右京亮

馬廻組以下《うままわりぐみ》

小河源太郎・宮内味助・東山助次郎・津田藤五郎・宮崎与太郎・河原理兵衛・鳩岡与次・桂藤三郎・山元弥助・倉与四郎・本所新六・栗山与三郎

この段階では黒田二十四騎は揃っていない。二十二名までは播磨時代に出仕した家臣だが、豊前へ移って初めて二十四名揃う。折しも秀吉の朝鮮侵略戦争と重なり、『文禄元年黒田二十四騎編次』などといった文献も出てくる。

要するに黒田二十四騎は、十二万石に相応な六千の兵を統率する大組頭《おおくみがしら》（侍大将）であった。文禄の役（一五九二〜一五九三）で四人亡くなっているので、慶長の役（一五九七〜一五九八）では一部変更があるが、そちらは黒田二十五騎とは呼ばない。この当時、官兵衛も早々と隠居して如水と号したが、まだ四十七歳。息子長政は二十五歳である。長政より若い輩《ともがら》は二名だけで、ご意見番だらけといったところか。

従来は、元文年間（一七三六〜一七四一）に福岡藩主黒田継高が、家臣原種次に功臣二十四人の撰を命じたのが起源とされていた。しかし、実際には江戸初期の絵師の落款《らっかん》のある黒田二十四騎の群像が現存している。江戸で発生して福岡に持ち込まれ、数々の二十四騎掛け軸が流布した後から、藩公認の伝記類が編纂されたようである。

では、市井で描かれた黒田二十四騎像の甲冑がそれらしく描かれているのは何ゆえであろう？　それは、五月五日に指物と兜を門脇の塀に飾る風習が、二十四騎の存命中からあったからである。

「互いに見知差合之なき様にと、誰が申付け候とも、毎年しなれ候。紙にて形を仕出すもあり。形のならぬは、其儘指物を立て申し候。新参衆又は家中の子供、初めて指物を用意の衆、町々を打回り、書付其

文禄の役	年齢（文禄の役当時）	慶長の役
黒田兵庫助利高	三十九歳	栗山四郎右衛門利安
黒田修理亮利則	三十二歳	黒田三左衛門一成
黒田惣右衛門直之	二十九歳	久野次左衛門重義（久野四兵衛重勝の子）
栗山四郎右衛門利安	四十二歳	母里多兵衛友信
久野四兵衛重勝	四十五歳	井上九郎右衛門之房
井上九郎右衛門之房	三十九歳	尾上藤太夫可保
母里多兵衛友信	三十七歳	曽我部五右衛門
後藤又兵衛基次	三十三歳	時枝平太夫重起
黒田三左衛門一成	二十二歳	黒田安太夫政重
野村太郎兵衛祐勝	三十三歳	後藤又兵衛基次
吉田六郎太夫長利	四十六歳	野村市右衛門祐直（野村太郎兵衛祐勝の子）
桐山孫兵衛信行	三十九歳	上原久右衛門
小河伝右衛門信章	三十九歳	吉田又助重成（吉田六郎太夫長利の子）
菅六之助正利	二十六歳	池田九郎兵衛正方
三宅山太夫家義	四十一歳	仙石角左衛門
野口左助一成	三十二歳	黒田惣右衛門直之

外を拵へ候」と、寛永年間（一六二四〜一六四四）に著された『古郷物語』に書かれている。

　話を戻そう。黒田継高は藩のお抱え絵師尾形美淵（洞谷）に命じて、群像ではなく各人の肖像画を描かせた。これが黒田家に伝来した「二十四騎画帖」である。美淵は狩野派の画家で、十石余が普通の絵師の石高の中、百石を食《は》む大家である。彼は早速、各子孫の家々を訪ねて甲冑・軍配等の遺品を正確に描写してまわって完成させたのである。

　また、その表情も、古い画像や木像の残っているものはそれを参考にしている。今より遺品は多かっただろうし、現存しているものを見比べると全く写実的に描かれているのが分かる。ただし断絶した家に関しては想像画であろう。それでも

益田与助正親	五十一歳	黒田吉兵衛政成（黒田兵庫助利高の子）
竹森新右衛門次貞	四十三歳	宮崎助太夫安尚
林太郎右衛門直利	二十四歳	林太郎右衛門直利
原弥左衛門種良	三十六歳	大野惣右衛門
堀平右衛門定則	三十五歳	小河喜助之直（小河伝右衛門信章の養子）
衣笠久右衛門景延	四十歳	黒田五郎右衛門
毛屋主水正武久	三十八歳	平塚甚兵衛
井口兵助吉次	二十七歳	竹森新右衛門次貞
		黒田養心（黒田修理亮利則）

文献等を参考にしてできるだけ本物に近づけようとしている資料が現存している。

さらに継高は寛政年間（一七八九〜一八〇二）、藩祖長政を祀る春日神社（北九州市八幡西区）に官兵衛と二十四騎の霊を合祀、黒田大明神とした。この際、先の「二十四騎画帖」を美淵の婿養子洞宵に模写させて、「国祖黒田大明神二十四騎〇〇神霊」と書き込んで二十四幅の掛け軸にもしている。「黒田二十四騎霊神」の神額も、家老の野村新右衛門祐文が納めた。

この春日神社は筑前六宿《ちくぜんむしゅく》の一つ黒崎宿の中心にあって、藩主は江戸往来の際に必ずここに参拝した。また同社には二十四騎を一座に並べた版画と版木が残されており、ほぼこれに近い着色二十四騎像、二十五騎像が数種出回っている。

そして、その特色は同類の武田二十四将、徳川十六将などのように画像によってメンバーの異同があったりしないという点である。画像には黒田長政が描かれる場合もあり、巷間《こうかん》では「黒田二十五騎」と呼ばれることが多かったが、文献資料類はほとんどが「二十四騎」である。最も整った「二十四騎伝記」は、文政三年（一八二〇）に十代藩主斉清が編纂させた年表形式のものだったが、戦災で焼失して八人分（栗山・久

姫路城

野・井上・母里・黒田美作・林・原・毛屋）しか残っていない。流布する期間も無かったので、特に逸話の少ない人物に関しては惜しまれる。本書はそれを再現して修正しようと試みたわけで、なかなか大変な作業であった。年号の誤りや誤伝も多く、一行書くのにも古文書を読み返したり、数多の典籍に目を通したり。宮帯出版社からの依頼が無ければ諦めていたことである。

なお、秋月黒田家伝来の掛け軸は長政に加え、秋月藩筆頭家老・宮崎織部重則（二千六百石）を足して二十六人像になっている。

ちなみに、筑前国五十二万石を拝領した直後の編成は、分限帳《ぶげんちょう》によって次の通り確認される。大組頭の数が減っているのは、家老らの大身が別個に兵を率いるためである。これで一万人（大坂の陣）の兵を動員した。半数は普段から養っている直属の士卒（侍と足軽）であり、半数は領民からかき集めた臨時アルバイトである。島原の陣では一万五千人を動かしているので臨時アルバイト率が二倍になる。食費もばかにならなかったと思われる。

家老

井上九郎右衛門・栗山四郎右衛門・母里多兵衛・後藤又兵衛・黒田三左衛門・小河喜助

一門・その他

黒田惣右衛門・黒田孫市（正喜）・野村市右衛門（祐直）・岡田三四郎（黒田監物《けんもつ》）

大組頭

桐山孫兵衛・林太郎右衛門・菅六之助・郡治左衛門（主馬《しゅめ》の子）・小河源左衛門・吉田小平治（喜三右衛門の孫）・斎藤五左衛門・中村藤兵衛・益田与助・野口左助・田代半七・平松金十郎・榊伝吉・倉八六右衛門

やがて大坂の陣（一六一四〜一六一五）では、後藤又兵衛らの脱藩もあり、長政の子忠之（一六〇二〜一六五四）に従って次の備えで出陣している。

一番右　黒田美作（三左衛門一成）・栗山大膳（四郎右衛門の子）・吉田七左衛門（又助重成）・菅和泉（六之助正利）・林掃部《かもん》（太郎右衛門直利）

一番左　黒田伯耆《ほうき》（吉兵衛政成）・桐山丹波（孫兵衛信行）・野村大学（市右衛門祐直）・毛利但馬《たじま》（多兵衛友信）・堀平右衛門

二番右　野口左助

二番左　村田出羽（井口兵助）

本陣右　加藤内匠《たくみ》・吉田宮内《くない》（喜三右衛門の子）・四宮市兵衛・井上周防《すおう》（九郎右衛門）・衣笠因幡（久右衛門景延）・黒田半左衛門

本陣左　竹森石見《いわみ》（新右衛門次貞）・吉田壱岐《いき》（六郎太夫長利）・小河内蔵允《おごうくらのじょう》（喜助之直）・宮崎藤左衛門（織部重昌）・喜多村孫之允・岡本七太夫

二十四騎を祀る春日神社

さらに、黒田長政が祐筆《ゆうひつ》に書き留めさせた『家中間善悪之帳』なるものが現存する。官兵衛のものといわれていたが、家臣らが官名を称するのは没後なので時代が合わない。大身になればなるほど人間関係も複雑化すると感じさせられる。この史料の全文は長いので一部を抜粋して左に記す。

冒頭に出てくる高橋伊豆匡順（千二百石）は播州の地侍の出で、武功も無く微臣であった（父親は城井谷で討死している）。しかし、長政の取り立てで筑前国に移ってから藩政に重きをなした。長政が没すると武断派の家臣らと衝突し、周囲の圧迫から追腹《おいばら》を切らされたという。黒田家では追腹は禁止されていたのである。墓は自らが開基した福岡市の金龍寺にある。衣笠・吉田・林の墓も同寺にあるが、衣笠は断絶。吉田・林は二代目以降、なぜか墓所を替えている。

高橋伊豆墓（金龍寺）

（仲悪《あ》しき衆）

一、高橋伊豆に悪しき衆、竹森石見　衣笠因幡　竹森清左衛門

一、村田出羽に悪しき衆、堀平右衛門　吉田七左衛門

（仲よき衆）

一、井上周防によく候は、堀平右衛門　黒田内膳　田代半七　手塚久左衛門　高橋伊豆

一、黒田美作よく候は、毛利左近　林掃部　桐山丹波　菅和泉

一、久野外記よく候は、宮崎藤右衛門　道斎（明石全登《たけのり》）　船曳杢左衛門

一、毛利左近よく候は、栗山大膳
一、栗山備後よく候は、寺田義兵衛　奥村金左衛門　竹森石見
一、村田出羽よき衆、小河久太夫　林五介　松本五右衛門

なお、『栗山大膳記』に福岡藩お取り潰しの際の籠城メンバーが記されており、その中に黒田二十四騎の名が列挙されている。しかし、すでに亡き者の名もあって信用できない。講談本は要注意である。

ところで、後藤又兵衛の講談上で「黒田八虎」なる単語が出てくる。筆者は一度だけ二十四騎像の上座八人の画を見たことがあるので、それを雑誌で紹介したところ、瞬く間に世に広まってしまった。実は一門の三騎を含まない別の八騎を集めた文献も存在していて、これは一定していない。

講談というものは実にやっかいなもので、実在と架空の人物が入り乱れて登場する。素人にはわけが分からぬし、ちょっとかじった程度の者ならば、史実の記録かと錯覚する。

講談『黒田騒動』は半ばでクライマックスの評定《ひょうじょう》（幕府裁判）が終わり、悪女お秀（大友家旧臣の子で城井鎮房の子である空誉上人の愛人）が死ぬのだが、後日談がしつこい。そして史実ではない二度目の評定となる。驚くのは、秋月分藩で犬猿の仲となった忠之の弟・黒田長興が栗山大膳を毒殺しようとするくだり。さらに大久保彦左衛門・水戸黄門まで裁判に加わる。また、ラストは南部藩ではなく、佐賀藩お預けとなる。

この騒動で毛利但馬（母里多兵衛）・野村大学・菅和泉・原伊予・衣笠因幡が断絶改易《かいえき》となって虚構の名前の中に散りばめられている。忠之によってこの人たちがそういう目に遭ったから、栗山は立ち上がっ

たのに、本末転倒といえる。

こういう怨霊伝説は読んで楽しいが、自分の好みと直感だけで、あれは史実と一方的に言い張る人たちには閉口してしまうのである。

それにしても、黒田官兵衛という人物は偉大な存在であった。その彼のためなら命を投げ出す覚悟で付き従った二十四名は、黒田武士を代表するにふさわしい。その戦いの場も、織田―豊臣―徳川の天下統一戦と一致していて興味深く、今日まで語り継がれるに値する歴史エピソードの宝庫である。江戸時代はとかく永代雇用とか楽しく空想してしまうが、ずしりと重い現実を突き付けられると、生きる厳しさも見えてくる。

第七章　黒田二十四騎伝

一　黒田《くろだ》兵庫助《ひょうごのすけ》利高《としたか》

熊《くま》毛《げ》水牛《すいぎゅう》脇立《わきだて》椎形《しいなり》兜《かぶと》・紺糸《こんいと》素《す》懸《がけ》威《おどし》具足《ぐそく》（黒田兵庫助利高所用）

兜は椎形で熊毛の水牛脇立が付く。鞠は五段、紺糸素懸威で小さな吹返し。半頬あり。胴は紺糸素懸胴で左脇に鼻紙袋が付いている。胴の表面は螺鈿《らでん》のように描かれている。草摺も毛引威で高級感がある。袖が無いので具足羽織を着せるべきだが、描かれた頃には傷んで伝来していなかったのであろう。小鰭は具足羽織を格好よく見せるために発達したものである。上級武士で二枚胴が流行るのは関ヶ原以降だからおかしい。この絵師は鎧をほとんど二枚胴で描いているのでその点は正確でない。

黒田家が江戸期に地元で作らせた甲冑には独特な技法がいくつかある。寄素懸とか胴を逆に威すとかである。また、元禄以降は采配付の環が左右にあって赤い房紐を付けるのが流行るが、そういう手法の甲冑は誰も着ていないので、考証的にはかなり正確なのかもしれない。本画像の特徴としては鏝絵《こてえ》のように黒い部分を立体に盛り上げている点がある。この迫力は「黒田二十四騎画帖」を実見しないと体感できないので公開された時には博物館まで足を運んでいただきたい。

通称は次郎、小一郎。官兵衛の弟で播磨国姫路城で生まれた。母は明石備前守正風の娘岩（一五三一～

一五五九）である。父は近衛家の歌の師匠であったといい、岩も京都桂の里で育った才女という。明石氏は小寺氏と並ぶ播磨国守護赤松家の重鎮であった。その関係から小寺政職（一五二五〜一五八二）は岩を養女として黒田職隆に配したのである。岩は周囲の期待通り長男の官兵衛孝高を産み、八年後に二男の利高を産んだ。前年から、実家の明石氏は近畿を制圧した三好長慶と交戦しており、この年になって降伏して支配下に置かれている。これを枝吉《しきつ》合戦といい、以後は細々と続くことになる。枝吉城は現在の神戸市西区にあった。

岩は利高を産んだ翌年、目の不自由な長女・香山妙春（英賀《あが》の地侍・三木清閑室）を産んだ。さらに翌年二女（虎）・秋山妙円（黒田家食客・尾上武則室、夫の没後、兄官兵衛から毛利家臣との縁談を勧められたが拒否し、筑前入国後に地元の麻生氏と再婚）を産んでいる。

黒田利高像（『黒田二十四騎画帖』）

利高の初陣は知られていないが、永禄十二年（一五六九）十六歳の時、小寺家が東の別所安治と西の龍野赤松政秀に挟撃《きょうげき》された際の青山合戦だと思われる。播磨国の合戦で、別所・龍野赤松両氏は守護赤松家から独立し戦国大名化していた。また、小寺家は守護赤松家を傀儡化して播磨中央部に勢力を保っていた。黒田家は御着城の西の守りでもあったため、夢前《ゆめさき》川と青山（兵庫県姫路市青山西）を死守した。この戦いでは叔父の井手勘右衛門友氏と職隆の後妻母里氏の一族が全滅している。その後は左備の先手として高名あり。

黒田兵庫助家紋

黒田兵庫助花押

天正五年（一五七七）、羽柴秀吉が播州に下向する。この時、利高は弟たちと共に秀吉に仕えて馬廻となった。忠節深く、ことのほか秀吉は感じ入ったという。

天正六年（一五七八）三月から同八年（一五八〇）一月まで三木城包囲に従事した。二月から四月までは第二次英賀城攻めに従軍、町坪《ちょうのつぼ》城の町坪団五郎重種を攻め、その城代となる。城は集落の南方に水濠で囲まれ東西二十八間、南北二十六間の平城《ひらじろ》であった。

天正十年（一五八二）、備中高松城水攻めから山崎合戦に至る一連の戦でも秀吉軍の一翼を担った。

同十二年（一五八四）三月、小牧・長久手の合戦時、黒田長政・蜂須賀家政・赤松広秀・明石左近・生駒雅楽頭《うたのかみ》・黒田兵庫助が和泉国で起きた一揆の鎮圧のため出撃した。岸和田の戦いである。

同十五年（一五八七）、秀吉の九州征伐の時、官兵衛の付属となり黒田家に戻る。周防国山口で官兵衛の勧めでキリシタンの洗礼を受ける。黒田長政の財部城攻めに従って高名あり。黒田家は豊前国六郡十二万石を拝領する（大分県と福岡県の一部）。

同十六年（一五八八）、兵庫助は官兵衛から一万石（異説には一万二千石とも）を拝領し、宇佐郡の押さえとして高森城代（大分県宇佐市）となった。高森城には加来彦次郎という領主がいたが落城自害したという伝説がある。城跡の発掘調査では瓦が出土している。寺院以外で瓦を使い始めたのは織田信長の安土城からといい、九州では黒田家の居城中津城が先駆けであった。その支城である高森城も、豪華な造りであったことが想像される。

ところが、国中で一揆が起こり宇佐地方も例外でなかった。他の五郡を平らげた長政は広津で兵庫助と会談し、帰り際に、「心もとなかろう」と兵を預けて高森城へ帰した。

その帰路、黒田派の宇佐城（宇佐神宮）が一揆軍に襲撃されているとの報を受ける。兵庫助は郡内の黒田派地侍、時枝平太夫と共にそこへ駆けつけて平定した。長政は時枝の城に入って後詰《ごづめ》をし、母里多兵衛を派遣している。兵庫助は思慮のある人物なので、地侍たちに情深く接してなだめたという。

さらに長政の後見となってよく諫言《かんげん》した。性格は実直で柔和、物事に動じず、知慮も厚き人であったといわれ、家中の諸士はもとより、官兵衛・長政からも尊敬されていた。また、道で駕籠に乗った長政に出会えば、馬から飛び降りて頭を地につけて平伏したという。他の家士の手本を示すよう心がけてのことであった。

中津城

この頃の逸話が『黒田家老士物語』にある。

豊前入国後、よく諸士残らず能を見物した。芝居には町人や百姓が満ち溢れてこれを見ていた。能が四番を過ぎ如水公が中入りされ、長政公はいまだ座におられた。芝居の者どもへは赤飯を支給したが、全員公平に行き渡るのは難しい。役人も芝居に入り込み、赤飯を投げて渡していた。そこへ、年の頃二十二、三の男が、自分の前に来たものはもちろん、他人の前のものも押さえて取る。しまいには、子供が持っているものまで奪い取っていた。

長政公が座を立ったので「何の御用か？」と思い、皆後に付いていった。

すると、長政公は大勢の中を分けて進み、例の男の傍らに歩み寄った。そして何の仰せも無く、男の髻《もとどり》を取って引き、脇差《わきざし》にて首を打ち落とした。長政公は首はそのまま投げ捨て、座敷に戻り奥へ入った。

芝居の者どもが騒ぎだすと、黒田兵庫殿が声高に言った。

「汝《なんじ》ら鳴りを静めてよく聞け、只今若殿の立腹は御尤《ごもっと》も至極なり、皆が見た通り彼《か》の者傍若無人なる振舞いなり。御前を憚《はばか》らぬ有様に、あやつを成敗すべきと思う所に、若殿が御手にかけし事、是非無き次第なり！」

さらに役人たちにも一言加えている。

「わしに限らず列座の諸士は手ぬるくて無念じゃ。汝らも心得よ、我が意を立て邪道を為《な》し、お上を軽蔑する者は即時に罰せよ！」

それまで西国はなかなか治まらず、町人百姓は領主を軽んじる傾向にあった。これに兵庫助が釘を刺したのである。その後、如水公と長政公が御出になり、能が三番続けられた。都合七番にて終了する。

文禄元年（一五九二）四月、兵庫助は文禄の役に大組頭として従軍、帰国後に剣豪新免無二之助《しんめんむにのすけ》一真（一五六〇～一六二二）を召し抱えた。宇喜多秀家の家臣内でキリシタン派と仏教派の対立があり、旧主新免宗貫が浪人したためという。二刀流は当時西洋で流行していて、無二の剣術は多分にその影響を受けていた。その後、無二は黒田家直参となり、筑前国でしばらくしてから辞職している（百石）。

朝鮮から帰国後、兵庫助は体調を崩した。そこで和泉国堺で養生したが、慶長元年（一五九六）五月十八日、その地で没した。四十三歳であった。墓は不明。子孫の墓所は明光寺。一応長円寺（福岡市）の開基となっている。この頃、弟惣右衛門が謹慎中であったらしく、長政に許してやるよう遺言していたという。妻は小寺家臣の斎藤仁左衛門の娘。自分の娘は黒田家臣野村三十郎と栗山大膳に嫁いでいる。

二代目以降

息子伯耆守政成（一五八一～一六三二）はすぐに父の跡を継いで活躍している。筑前国で一万四千石を拝領。夜須郡《やすのこおり》弥永に城を構え青月寺を復興。青月寺は後に福岡へ移って長円寺と改称された。寺号は長政の長と如水円清の円から採られている。三代目兵庫政一が黒田騒動のあおりを受けて逼塞《ひっそく》。四代目八右衛門義生が、改めて黒田光之に千石で召し抱えられた。以後白国を替姓として利尚―利致―利芳―利軌―利行―利武と続き明治に至っている。屋敷は城内東二の丸にあったが、四代日以降は因幡丁。紋は二重亀甲に唐花。

なお、政成の二男を政仲といい、この家系は沢辺利勝―利則―利綱―利寛―利運―利昭―利道―利誠と続き、八百石で明治に至っている。屋敷は土手丁。紋は二重亀甲の三並び。

二　黒田修理亮利則《くろだしゅりのすけとしのり》

折紙前立頭形兜《おりがみまえだてずなりかぶと》・黒糸威《くろいとおどし》桶側胴具足《おけがわどうぐそく》（黒田修理亮利則所用）

前立は本人の家紋を朱にしたもの。頭形兜は日根野であろうか、小さな実戦向き吹返しと五段の𩊱。どう威しているのかは判然としない。先端の菱縫だけ蓬糸である。胴も簡素だが何やら模様が入っている。修理亮《しゅりのすけ》は兄弟の中でも最後まで生きていたので、二枚胴を着用していたとみてもいいかもしれない。袖が無いので具足羽織を着せるべき。遺物が残っている甲冑は描写の精度が高いが、そうでないものはイマイチな感じがする。

武将画というとすぐに大鎧を着せ、大袖を付けたがるのが絵師心だが、あえてそれをせずリアルさを追求している方向性には好感が持てる。

また、変り兜のオンパレードなのがいかにも西国の戦国家臣団らしくて楽しい。それゆえに地味な人物が数人いるのもご愛嬌だろう。

黒田利則像（『黒田二十四騎画帖』）

通称は四郎太、甚吉。別の諱は長基。永禄四年（一五六一）三月四日姫路生まれ。官兵衛の異母弟で、母は神吉城主神吉民部頼定の姉である。

ある時、姫路城下の甚吉宅が放火に遭った。まだ松寿丸といった長政が駆けつけて、薙刀で盗賊を追っ払った。そして家人に言う。

「皆は家財を全部運び出せ、盗人は某が防ぐべし」

長政にとって甚吉は、親しい良い叔父であったのだろう。

天正三年（一五七五）七月下旬、黒田官兵衛は岐阜の織田信長に使いして、小寺一族で中国地方攻略の先駆けとなることを直訴した。そして、十月には京都相国寺で信長と小寺政職の対面を実現させている。

しかし、八方に敵を抱える信長はなかなか播磨国へ出兵できずにいた。

天正五年（一五七七）六月、官兵衛は叔父の小寺休夢を伴って安土に赴き、羽柴秀吉の出馬を再三懇願した。

この時十七歳の甚吉も同行していて、伏見で秀吉に召し出された。かねがね馬術を得意としていたので披露したところ、気に入られたようである。甚吉は御前で手綱を放して乗ってみせたという。この時着ていた黒毛の小袖は後々家宝として伝えられた（『間島家譜』）。

官兵衛が息子長政を人質に出したのは九月であるから、悪く言えば人質第一号である。

その翌月、羽柴秀吉軍五千と共に黒田甚吉も播磨入りし、いったんは年内に平定された。

天正六年（一五七八）、三木城主別所長治が離反し、国人《こくじん》領主たちが一斉に籠城する。秀吉は織田の援軍と共に、その仲間である野口・神吉・志方・高砂の各城を片っ端から落としていった。

神吉城は亡き母の実家であった。城主頼定は討死している。甚吉の名はこの最後の高砂城攻めで出てくる。毛利の援軍が引いた後、秀吉は中村氏家・武藤太夫・黒田甚吉・不破彦三郎らを港に派遣。海上通路を閉鎖させて高砂城を落城させたのである。城主梶原景行は剃髪《ていはつ》して降伏し、城兵の多くは三木城へ逃亡した。その後三木城も落ちて、播磨国は完全に平定された。甚吉はその後、羽柴秀吉の弟秀長に仕えて修理亮という官名を称する。

黒田修理亮家紋

天正十五年（一五八七）、黒田修理亮は羽柴秀長軍の一員として九州の役に出動。周防国山口でキリシタンの洗礼を受けたようである。中川クルスをより複雑にしたも

黒田修理亮替紋

のを替紋《かえもん》として使用している。家紋は色紙（重敷紙の紋）。指物は銀の天衝《てんつき》。兜の立物は朱の天衝八寸。馬印は赤招きの暖簾《のれん》、陣幕は色紙の紋である。黒田家が豊前を領するに及び、官兵衛の許に帰った。禄高は二千石である。

文禄元年（一五九二）に侍大将として従軍し、帰国後に養心と号した。病気のためというが怪しい。妻の実家間島氏の没落とも関係がありそうである。また、慶長の役では旗本備として四十八人を従えて参加、稷山《チクサン》で高名している。

慶長五年（一六〇〇）九月、関ヶ原合戦時には如水の留守中、修理亮が豊前国中津城を兵七百で守備した。筑前入国後は那珂《なか》郡市ノ瀬に屋敷を構え一万二千石を領し、肥前国境を固めた。また、宗像《むなかた》郡津屋崎に城を築いている。そこへは如水もよく博多から訪ねたという。屋敷は麓《ふもと》にあったのであろう。町並みから北に二・五キロ、宮地嶽神社奥の宮（不動神社）が詰の丸に当たり、巨大な石舞台（古墳）が現存している。

市ノ瀬に父の菩提を弔うために心光山正岸寺（浄土宗）を建立したが、元和三年（一六一七）に福岡へ移転して大長寺と変わった。なお、この寺には黒田職隆の肖像画があったが現存していない。

慶長九年（一六〇四）、さらに崇福寺に如水の画像を奉納。こうしてみるとキリスト教は棄教《ききょう》していたのであろうか。それとも作為的に無かったことにしているかである。

慶長十七年（一六一二）三月五日、兄弟の中では一番最後に没した。時に五十二歳であった。墓は安国寺だったが現存しない。吉祥寺に位牌があるという。福岡で没したにもかかわらず墓所が不明というのは不可解であり、キリシタンとの関連を疑いたくなる。

妻は播磨国大山館城主・間島左京亮氏常の娘。彦太郎氏勝の妹である。上月《こうづき》城の支城であったが早めに降伏したので、氏勝はその後、明石郡福中城主（兵庫県神戸市西区平野町）を経て淡路国岩屋城主（一万石）になった。文禄年間まで秀吉家臣として活躍しているので、修理亮としても鼻が高かったであろう。関ヶ原合戦で西軍に属し、敗戦後黒田家に寄食したという説もあるが詳細は不明。

二代目以降

遺領は長男修理亮正喜（長則）が六千五百石、二男市兵衛正興が四千石で継いだ。正喜は父の死んだ翌年に十九歳で病死。子の孫一も十三歳で没して断絶。正興が跡を継いでいる。

正興─起門─正義─正久─利春─利郷─興栄─正名と続いて明治に至った。屋敷は大名丁である。

また、起門の三男十郎重代は間島姓を名乗り、正良＝興定※─興明─興元─興文と続いて明治に至っている（※興定は重代の弟）。

家紋はいろいろ使っていたようで、起門の時、長男正利に色紙、二男正義に三本笠、三男重代に割菱《わりびし》（四目結菱?）、四男重之は出家して独鈷《とっこ》（カツマ）を分配している。民間流布の黒田二十四騎の掛け軸にはこの独鈷が描かれている。結果的に正義が跡を継いだので三本笠と不思議なクルスが定紋となっている。陣幕はこれも中央に十字を配した不思議なもの。

間島家の方は割菱と一本笠が定紋となっている。陣幕は猪目の中央が十字架状になったもの。両家とも屋敷は天神丁で千石を領した。

キリシタンならもっと派手でいいと思う。だからといってこの時代に、十字架などをあしらったら大変なことになるので仕方ない。遺物もキリシタンを感じさせるものは処分されてしまったのであろう。宣教師の言葉によれば多少の誇張はあるとしても、官兵衛・長政の大半の家臣がキリシタンであったと記されている。

胴は伊予札のように見えるが縫延《ぬいのべ》かもしれない。このあたりは割とリアルに描かれている。半頬の垂・鞠・草摺は毛引威で高級感が出ている。袖が無いので具足羽織を着せるべき。福岡でも南蛮胴は作られているのだが、二十四騎像では誰も着用していない。

三　黒田《くろだ》惣右衛門直之《そうえもんなおゆき》

黒短冊前立日根野頭形兜・伊予札胴丸具足《くろたんざくまえだてひねのずなりかぶといよざねどうまるぐそく》（黒田惣右衛門直之所用）

幼名は惣吉。通称は別に市兵衛ともいう。別の諱は正興。官兵衛の異母弟で、永禄七年（一五六四）三月十八日、姫路に生まれた。母親は職隆の三番目の妻で母里小兵衛の末亡人である。同腹の妹が一人おり、後に一柳直末に嫁いだ。直末は小田原攻めで戦死し、その遺児は官兵衛の養子になっている。

天正五年（一五七七）、播磨入りした秀吉に十四歳で仕えた。兄官兵衛の幽閉や三木城包囲の時代を秀吉の小姓・馬廻として過ごしたことになる。やがて兄の修理亮と同じく秀長に転仕して大和の郡山《こおりやま》に住む。

黒田直之像（『黒田二十四騎画帖』）

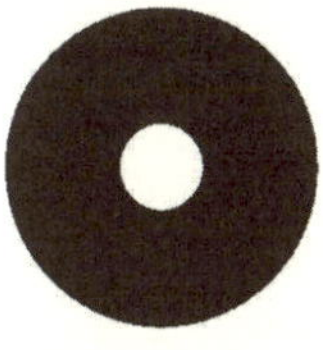
黒田惣右衛門家紋

黒田惣右衛門花押

家老藤堂高虎とは隣家であった。

　天正十四年（一五八六）、官兵衛の九州出兵に伴い黒田家に戻った。家紋が同じ石餅で紛らわしいと長政に言われ、中央に点を入れて蛇の目に変えた。翌年三月二十九日、通過地点である豊前国中津ではキリシタンたちが盛大な復活祭を行った。官兵衛は下関からペドロ・ゴメス神父（イエズス会日本準管区長）を招き、大友宗麟の子義統（コンスタンチノ）とその妻子に洗礼を受けさせ、父宗麟と不和となっていたのを仲直りさせた。家臣の宗像掃部鎮統も洗礼を受けている。

　また、毛利元就の九男小早川秀包（シマオ・フィンデナリ）や、輝元の重臣熊谷豊前守元直（メルキオル）も洗礼に導いた。さらに、ここで官兵衛の息子長政がダミアン、そして惣右衛門がミゲル、妻がマリアの洗礼名を受けた。惣右衛門は、初めのうちはそれほど熱心でもなかったが、徐々に目覚めて官兵衛以上の熱烈な信徒となった。マリアは小田原の陣で出会った由良信濃守成繁（新六郎）の娘（一五六四～？）である。

　文禄元年（一五九二）、朝鮮出兵に侍大将として出陣。五月二十一日の長政書状では、栗山四郎右衛門・黒田惣右衛門・母里多兵衛・後藤又兵衛・衣笠久右衛門・吉田六郎太夫を黄海道への先手武将と定めている。

稷　山

秋月城

慶長の役では花岡鎧に蛇の目紋という出で立ちで百十二人を従えて旗本備を務めた。稷山の戦いで高名している。また、黒田如水が梁山《ヤンサン》籠城で明軍八千を千五百人で撃退した際、衣笠久右衛門と共によく働いた。帰国後、四千五百五十六石を拝領。兄修理亮以上の扱いである。

慶長五年（一六〇〇）、関ヶ原合戦時には如水に従い、九月二十三日、第二次富来《とみく》城攻めで惣右衛門・黒田吉兵衛（兵庫助の子）・母里多兵衛が先陣を務める。惣右衛門と吉兵衛は北手崎の海辺に陣を取り、ある夜密かに人数を出して攻め込んだが、反撃に遭って退却した。如水から、大将の下知無く軍法に背く行為であるとたしなめられた。

しかし、十月十四日の肥前国久留米城攻めで活躍した。城主は小早川秀包であるが西軍に与《くみ》して城代・桂民部が守っていた。勝敗はすでに決しており、如水は家族やキリシタンたちを助ける目的で降伏を説いた。城代は鍋島直茂の軍勢が攻めてくる前に降伏し、如水殿ならばと城を明け渡した。

如水は秀包の妻マセンシアと子供たちを周防国へ逃してやると、惣右衛門を城番として置いた。キリシタンの家臣や領民がまだまだ、たくさんいたからである。まさに最高適任者であった。人質として残された秀包の娘（母は大友宗麟娘）は、惣右衛門の養女となっている。成長後は、黒田家臣吉田六郎太夫の子重成に嫁ぎ、福岡に香正寺を建てた。「黒田のお姫様の墓」

梁山城（韓国梁山市）

がある寺として今でも有名である。

慶長六年（一六〇一）、黒田家が筑前国を拝領してから、惣右衛門は秋月において一万二千石を給された。館は後の秋月城の地に置かれたが城は築かなかった。そこにはかねてから教会があり、キリシタンも多くいた（城跡から十字架瓦が出土している）。山深い秋月の里を保護区にしようという如水の政策だったのかもしれない。宇喜多家旧臣ジョバンニ（明石掃部全登）やフランシスコ（毛利秀包の嫡子）の姿もあった（博多・甘木・黒崎でメダイも発掘されている）。

同七年（一六〇二）、如水・長政・惣右衛門は連名でフランシスコ・ザビエルゆかりの博多教会堂の再建許可を出した。如水は死後そこに葬られることを望んで千クルザードの寄付もしている。二年後の三月二十日、如水は伏見城下の藩邸で世を去った。

遺体は船で博多那珂川岸の教会堂跡に運ばれた。そしてその晩、葬儀が遺言にのっとってキリスト教形式で行われた。葬儀の際、弟のミゲル（惣右衛門）が十字架を掲げて柩《ひつぎ》を先導し、息子のパウロ（左平次直基）とダミアン（長政）が松明《たいまつ》を手に持って墓所まで遺体に付き従ったという。

その幻想的な情景を見守った家族たちは感激して、以後、キリスト教に好意を持ち始めている。如水の存命中、かたくなに浄土宗を信奉していた妻・照福院（光の方）までもがキリシタンに理解を示し始めていた様子であった。秋月教会堂の主任ガブリエル・デ・マトス神父は惣右衛門と親しく、わざわざ参列して葬儀の様子を書き残している。

黒田のお姫様の墓（香正寺）
右は明光寺から移転された黒田直之の墓

教会堂は戦乱で焼失していたが、黒田如水の遺体が埋葬された上に、長政の寄付（米千俵）等があって、教会堂が再建された。堂の正面入口にはイエズスの名の大きな浮き彫りがあったという。

さて、惣右衛門は秋月に引き籠ったわけでない。図書助という官名を名乗り、他の大名とも交わり、布教活動に邁進《まいしん》している。京都から福岡へ帰る途中、福島正則に働きかけて広島城下の教会堂を再建する許可をもらったという。そして自費で建ててしまった。

慶長十四年（一六〇九）、健康を害して養生のため大坂に滞在していたが、二月二日に念願通り神父から「臨終の聖体拝領」を受けた。これはキリストの血と肉であるところのワインとパンを身体の中に受け入れることをいう。

惣右衛門は翌日、身辺の不熱心なキリシタンにこういう話をした。

「もし、あなたが救われたいのなら、大いに信心の業《わざ》を行い、デウスの掟《おきて》を完全に守りなさい。このような道を取れば、あなたも救いを得られるだろう」

そして、畏敬の目を十字架のキリスト像に向けながら、イエスとマリアの名を唱え静かに息を引き取る。遺言によって遺体は長崎のキリシタン墓地に埋葬された。時に四十六歳であった。

同家の菩提寺明光寺に一応仏教式の墓石があった。しかし、近年、供養する子孫がいないということで放棄されかかっていた。平成二十二年、惣右衛門の養女（小早川秀包娘）の墓がある香正寺が、心を痛めて費用を負担してこちらに移築されている。

二代目以降

長男の長門守直基（一五八九～一六一二）は如水の葬儀の後、江戸屋敷で暮らしていた。妻は黒田三左衛門一成の娘であった。重臣の子らはたいてい人質を兼ねてそうしていた。父の死後、直基は福岡へ呼び返される。そして遺領を受け継ぐ条件として棄教を迫られたが、父の遺書にはこう書いてあった。

「私の息子の名に恥じないよう、一生の間キリシタンの教えを守って、決して信仰を捨てることのないように。弟たちと家臣にもその教えを説いてやるように」

直基は当然、棄教を拒否したために八千石に減封されている（このうち千石は二男正直の分）。さらに追い打ちをかけるように、直基は不可解な死を遂げた。

直基は死罪に当たる家来を成敗したが、成敗された家来の配下が階段の下から刀で両足を薙《な》ぎ払った。油断して自分も致命傷を負ってしまったのだ。罪の許しを得ようと神父を呼んだが間に合わなかったという。長政は秋月領を没収して三男長興に与えた。

二男正直（洗礼名不詳）は福島正則の許へ退去して一万二千石を給されたが、その改易で小田原に隠棲《いんせい》。千三百石で福岡藩に呼び戻された。三男七郎（イナシオ）は広島の代表的なキリシタンとなったが、その後は不明である。母のマリアは京で神父をかくまっていたが、やはりその後は不明である。

正直―永明―由良直定―直明―直良―直貞＝直央―直―直信と続いて明治に至っている。屋敷は下の橋。

四　栗山四郎右衛門利安《くりやましろうえもんとしやす》

枇杷葉前立《びわはまえだて》椎形兜《しいなりかぶと》・桶側胴具足《おけがわどうぐそく》（栗山四郎右衛門利安所用）

栗山家は断絶したので、ちゃんとした遺品は画像が描かれた当時無かったかもしれない。したがって空想画ではなかろうか。吹返しが少し派手である。袖も大きめに描かれている。枇杷《びわ》葉の前立は由来がある。

胴は質素極まりなく、足軽のものかと思わせるほどである。袖と草摺を毛引威にすることで高級感を出している。菩提寺には合子兜と並んだ肖像画があるが、よく似た絵である。そちらは兜は同じだが胴は大鎧風に描かれている。息子大膳の肖像画は大変よいが、栗山四郎右衛門は残さなかった。井上九郎右衛門、母里多兵衛、黒田三左衛門は残っているのに残念である。

幕末に復活した栗山家に伝来した兜と裃《かみしも》が、伝栗山四郎右衛門所用として現存している。

栗山氏は赤松八十八家の一つといわれ、赤松円心―範資―光範―師範―栗山利宗―利貞―浄順―利安（備後）と続いている。利宗の時に足利尊氏から姫路近郊の栗山の地を賜い姓とした。ただし、この系図は数代足りない（『奥州栗山系図』）。

三木城の別所氏に与して帰農した栗山氏の系図には、円心以前の赤松季房から分かれたように記す。

栗山利安像（『黒田二十四騎画帖』）

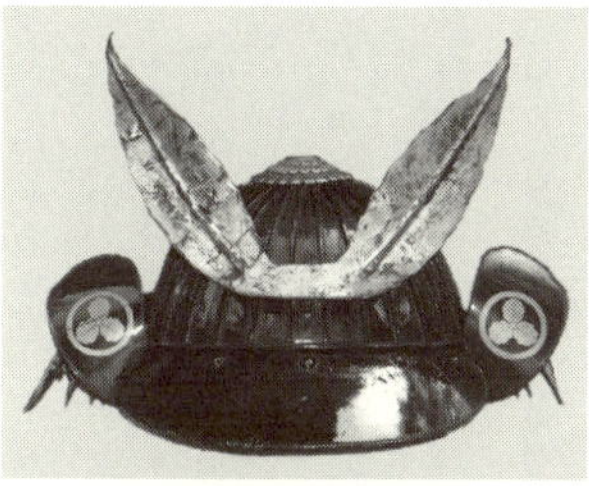
枇杷葉前立 椎形兜

赤松季房―季利―頼則―則景―上月景盛―盛時―盛忠―栗山景行―景重―政行―備後守吉久―越中守行久―越中守政久―久直。これも数代足りず、前の栗山系図と一致しない。困るのは生没年の合わぬ久直に無理やり、栗山四郎右衛門利安の業績を書き込んでいる点である（『播州栗山系図』）。

ただし、「三代目栗山政行の時、栗山から豊地に移り、五代目行久は別所軍として三木合戦で没した」という流れは大まかには正しいのではないかと思われる。政久は天正五年（一五七七）に父に先立って没している。豊地城は兵庫県小野市にあって別所重棟（長治の叔父）の居城として知られている。別所氏が戦国大名化する波に飲まれ、家臣に転じていったのであろう。『赤松大系図』にも全く別系統の栗山氏がいて宍粟《しそう》郡で続いているが、それは無関係である。

つまり栗山四郎右衛門、当初の名を善助泰重というが、その生誕地候補は、一に豊地城ということになる。二に『栗山大膳記事』に淡河《おうご》城（兵庫県神戸市北区）で生まれたと明記されており、三は豊地へは移動せずに土着した一門の子として、姫路市栗山が挙げられる。同書によれば父浄順は淡河定範の家臣である。三者は甲乙付け難いが、本人の覚書の冒頭は次の通りである。

「永禄八年（一五六五）十五歳の夏、心に思いけるは、赤松氏の威すでに衰えれば

栗山利安生誕碑

栗山産湯の井戸

頼るすべ無し。黒田氏は秀でて大国の主とも成るべき世間の風説なれば、主君に頼まんと官兵衛が許に来たり仕え奉る」

はるばるやって来た善助を官兵衛は直ちに召し抱え、親に通知を届けたという。十五歳の子供が栗山から歩いて来ても誰も感動はしない。近過ぎるのである。さらに善助の一族らしき者が黒田家臣にいない。伝説ではあるが、酒屋灘菊が栗山構跡であるといい、四郎右衛門産湯の井戸も残っている。しかし、そこならば、自然と黒田家臣団に組み込まれていたであろう。

父栗山善右衛門（浄順）は加東郡東条谷の小沢城主依藤太郎左衛門に属していて武功ありと伝える。また、その宿敵、別所氏の家臣栗山越後も一族であると『黒田二十四騎伝記』には記されている。栗山越後とは『播州栗山系図』の栗山越中守の誤伝であろうか？ 依藤氏は結局、別所氏に滅ぼされているので、父や兄弟のことはそれ以上知れない。善助は次男坊ゆえに自由に主君を選択できた。

善助は官兵衛の命名といわれているが、父譲りの名である。とにかく正直者にしてけなげであり、武道もよくした。

永禄九年（一五六六）、栗山善助は十六歳で初陣。合戦というより私闘レベルであったかもしれない。

永禄十一年（一五六八）、逆臣大町某の仕物を命じられ、黒田家重代の森田が刀を預かり、これを誅す。

栗山四郎右衛門花押

仕物（誅殺）は生涯で四回行い、このうち二人は秀吉が官兵衛に命じたものであったという。

永禄十二年（一五六九）八月、青山合戦において二人を討つ。一人は朱柄の槍を持つ豪傑だった。また戦後、官兵衛から初めて八十三石相当の禄を賜う。当時は貫高制だった。この年、母里多兵衛が出仕して官兵衛より義兄弟の誓いを立てるように命じられる。多兵衛は幼い時から手の付けられない利かん坊だったので、善助を呼んで、

「お前たちは見所がある。善助は分別者、多兵衛は無分別じゃ。そこで二人は義兄弟になって助け合ってくれ」

と誓紙を二枚書かせ、一枚は自分の懐に収めた。

「これは証拠としてわしがもらっておくぞ」

天正五年（一五七七）五月、善助は英賀合戦において鎖鎌《くさりがま》使いとして名高い房野弥三郎を倒した。十一月、秀吉に従った初戦、高倉山城攻めで分捕《ぶんどり》高名。

栗山四郎右衛門家紋

天正六年（一五七八）四月、別府城の戦いで敵二人を討ち取り、野口城の戦いでも弓を使って手柄を立てた。この年の冬、黒田官兵衛は摂津国有岡城で幽閉されてしまう。家臣一同、誓紙を書いて提出する。栗山善助も署名した。

天正七年（一五七九）、母里多兵衛・井上九郎右衛門らと有岡城へ赴き、官兵衛が牢の中で生存していることを確認する。特に善助は何度か濠を泳いで官兵衛と直接話

をした。ある時、敵に見つかり鉄砲で撃たれ、弾が刀の鞘《さや》に当たったこともあった。

同年十月、有岡落城の中、官兵衛を救出し秘蔵の馬を与えられた。

天正八年（一五八〇）九月、黒田家が揖東郡で一万石の大名になると、善助はそれまでの功績を称えられて二百石に加増された。

天正九年（一五八一）十一月、秀吉の淡路国出兵に際して、官兵衛は秀吉から田村又左衛門康広の仕物を命じられた。官兵衛はこれを善助に委託する。

「斬るのではない、ただひたすらに突け！」

それが官兵衛自らの体験による助言であった。

田村は淡路国十人衆の一人で、信長に楯突《たてつ》くかなり厄介な存在だったらしい。善助は見事に仕物をこなした。遺骸は明石の海岸に磔《はりつけ》にされ、秀吉自身が見物して語った。

「天下の仕物を知るべし！」

また、淡路国平定中、雑賀《さいか》党の鈴木孫市と官兵衛が酌み交わした盃を善助が拝領したという。

天正十年（一五八二）五月～六月、備中高松城水攻めから中国大返し、山崎合戦に従い、明智勢の逃げ込んだ勝龍寺城で一番首を挙げた。相手は枝弦に金の短冊の指物を差した武者であった。

天正十一年（一五八三）三月、賤ヶ岳で善助は味方と一番二番を争って御首級《みしるし》を挙げた。また、別の敵と槍を交え、小刀を手裏剣のように投げて倒してもいる。

天正十二年（一五八四）三月、和泉国岸和田の戦いで分捕、堺表で分捕。一日に二度の合戦で高名した。分捕とは戦場で、敵の首に、身につけた大小刀、兜などを添えて取ってくることである。善助は戦後、長政の供をして小牧・長久手へ行き、秀吉に拝謁している。

天正十四年（一五八六）、豊前国香春岳《かわらだけ》城攻めに戦功あり。翌年の日向国財部城攻めでは一番乗りをして薩摩兵を斬った。

天正十六年（一五八八）、長政の城井谷攻略戦には官兵衛に従っていて不在。暮れの長岩城（大分県中津市耶馬渓《やばけい》町）攻めには参戦している。城主野仲左京大夫は谷の入口で一戦、その後退いて籠城に徹した。この城は天然の要害で長政も攻めあぐねた。官兵衛は、長岩城は善助の一隊に任せて下毛郡平定を先に攻略する計画に転じた。

「あの大軍を我が小勢で打ち負かすことはできませぬ。どうか別の隊にやらせて下さい」

あまりの無謀な命令に栗山は訴えた。すると官兵衛は怒鳴った。

「汝だから選んだのじゃ、臆するな、善助！」

いかにも戦国らしい、荒っぽい主従のやりとりである。結局、善助は引き受けて時間をかけて調略することにした。するとやがて内応者が出て城主は切腹した。

善助はその旧領六千石を拝領。四郎右衛門と名を改めて平田城代となった。久野四兵衛に代わって国中・家中の仕置《しおき》を一人で請け負っていたが、一老栗山四郎右衛門・二老母里多兵衛・三老井上九郎右衛門という体制にもなった。

文禄元年（一五九二）四月、黒田長政軍六千は三番隊として釜山《プサン》に上陸。金海城を攻めた。朝鮮軍は半弓が発達していて数多の矢が飛び交い、四郎右衛門の兜の枇杷の葉の立物に数本刺さったという。同年六月、平壌城でも栗山家臣がよく戦う。戦後、首都漢城（ソウル）と平壌を結ぶライン上の出城の守将を任された。

平壌（小西行長）―鳳山（大友義統）―竜泉（小河伝右衛門）―江陰《カンウム》（栗山四郎右衛門）―白川（黒田長政）―牛峯（小早川秀包）―開城（小早川隆景）―漢城（毛利元康）。

栗山四郎右衛門は江陰一帯数郡の民を慈愛をもって手なずけた。他の武将が来ると合戦の準備を始める人々が、栗山の馬印（奉書紙の切裂）を見れば安心して解散したという。

文禄二年（一五九三）、明の援軍十万人の南下により小西行長が敗北。最前線に立った黒田家臣小河伝右衛門が竜泉城でいったん敵を退けるも江陰城へ退却、栗山四郎右衛門の許には黒田惣右衛門・母里多兵衛・後藤又兵衛・衣笠久右衛門など約三千。とても歯が立たない。

一月九日、明軍は早くも江陰城に至って攻撃をしかけてきた。栗山四郎右衛門は白川城の長政に救援を求めようと注進状を書いた。しかし、白川までの道のりは往復八里（約三二キロ）もある。とても援軍が来るまで持ちこたえられないと悟り、これを最後の暇乞《いとまごい》状として飛脚を走らせた。

　敵夜中に川を越此方の陣所へ取懸候間、只今及㆓一戦㆒、お手前は可㆑安㆓御心㆒

　　急度致注候

長政はこの書状を手にすると兵を率いて一気に江陰城へ突き進んだ。その頃、栗山たち江陰の兵は、死ぬ覚悟で明軍に立ち向かい、敵を川向こうに追い返していた。夜のことゆえ相手も、こちらの兵力を推測しかねたのであろう。長政が到着すると一応、合戦は収まっていた。そこで長政は負傷者たちを慰めてまわり、全員一団となって白川に退いた。

文禄二年（一五九三）六月二十九日、晋州《チンジュ》城の攻撃に栗山家臣竹井次郎兵衛が先登《せんとう》した。

慶長二年（一五九七）九月、稷山の戦いに右備一番として明軍と戦う。

慶長三年（一五九八）三月、西生浦《ソセンポ》城に入城したが井戸が無くて難儀した。そこで四郎右衛門は二の丸に湿った所を見立て、管を刺して水槽を作り用立てた。

慶長三年（一五九八）冬、朝鮮の役が終了して帰国後、栗山四郎右衛門・井上九郎右衛門と宇佐神宮の造営に携わる。

慶長五年（一六〇〇）、黒田長政は、徳川家康の養女（保科氏）を娶《めと》る。栗山四郎右衛門と母里多兵衛も家康に召され、腰物を授かった。そして、長政は国許から送られてきた五千余の兵で上杉征伐に従軍。母里多兵衛と栗山四郎右衛門は、大坂城下黒田邸（天満屋敷）の留守居となった。人質にされるであろう如水・長政夫人を守るためである。

この時、石田三成（西軍）は反徳川（東軍）の狼煙《のろし》を上げ、人質の囲い込みに出た。母里多兵衛は、両夫人を俵に詰めて脱出し、栗山四郎右衛門は上方の情報を集めて、別路で帰国。如水は領内の老人子供を集め、浪人を傭《やと》って九千余人の大部隊をこしらえた。朝鮮の役で秀吉の怒りを買い、領地を失っていた大友義統が、西軍として豊後国で挙兵したためである。

豊後国の一部を飛び領地としていた細川家（東軍）の杵築《きつき》城を援護する目的で、如水は国東《くにさき》半島に進軍する。先鋒二千を山道から杵築に直行させて、如水自身は海岸ルートを進んだ。

同年九月十三日、通過した安岐《あき》城の兵（西軍）が追撃してきた。殿軍だった栗山四郎右衛門隊は待ち受けて敵四十八人を討ち取った。その首は初戦の成果として、中津城へ送られ高瀬川に晒《さら》されている。

また、如水が石垣原において大友義統を下すと、九月十六日から十九日まで代将として森高政（西軍）領の玖珠《くす》郡へ派遣される。栗山四郎右衛門は本拠日隈《ひのくま》城（大分県日田市）を囲み、母里多兵衛が支城の角牟礼《つのむれ》城を囲んだ。やがて関ヶ原合戦の勝敗の知らせが届き無血開城され、城番を残して再び如水に合流している。

同年十一月、如水と共に薩摩国境まで進軍し、佐敷城（熊本県葦北郡芦北町）に陣を構えた。しかし、徳川家康の島津義弘（西軍）攻撃中止命令を受けて中津に帰陣する。

筑前入国後、朝倉郡一万五千石を拝領して上座郡左右良《まてら》の城代となる。息子大膳分も含めると二万石になり筆頭家老としての立場は揺るぎない。屋敷は城内であった。ちなみに豊前時代の三老は揃って一万五千石。黒田惣右衛門が一万二千石、後藤又兵衛が一万四千石、黒田三左衛門が一万二千石、小河喜助が一万石を拝領している。

如水は亡くなる直前に、栗山四郎右衛門と母里多兵衛を呼び出した。

「今に至るまで義兄弟の誓いを破らずに来られたのは神妙であった。これからもその意気で長政を見守ってくれ。これは二人の若い時に書かせた証文じゃ。今ここで返そうと思っていたが、頼もしき証文だからあの世に持っていくことにした」

また、母里多兵衛を下げて長政を呼び出すと、栗山四郎右衛門に向かって、

「わしが最後の一戦で用いた合子兜と唐皮威の鎧を、その方に与えようと思う。本来長政に譲るべき品だが、思うことあって四郎右衛門に取らせる。つまり、わしが没したら四郎右衛門はあの甲冑をわしと思

い、長政をおのれの子と思って補佐してほしい」

と頼み、長政に向き直った。

「そして、おまえは四郎右衛門に対して、この如水が若くなったものと思って諫言を聞くようにせよ」

長政と栗山四郎右衛門は大きくうなずいた。

慶長九年（一六〇四）三月二十日、黒田如水が五十九歳で没した。この時まで受領名を名乗る家臣は無く、栗山・井上・母里・後藤らは長政の勧めで借用受領称号を名乗るようになる。栗山四郎右衛門は備後守を称した。

大坂の陣（一六一四～一六一五）では嫡子大膳と共に忠之に従うも合戦には参加できなかった。戦陣にての高名は十一度に及び、このうち五度は匹夫の働き、残りは采配を振るっての手柄であった。傷はといえば、朝鮮において左の小脇をかすめた半弓の矢の跡だけだった。生涯で討ち取った首数は五十七級という。

元和九年（一六二三）八月二十九日、黒田長政が五十六歳で没した。これを機に四郎右衛門は、家老職を勇退した。隠居号を一葉斎卜庵という。

華美を好まず、常に倹約を良しとし、道で傍輩《ほうばい》と行き会えば、必ず下馬して礼を厚くしたという。卜庵は没する前日の朝より意識不明となり、ただ呼吸するのみとなった。ところが、子供たちに見守られる中、突如目を大きく見開いて、

「馬よ！　鉄砲よ！　彼方に敵が出でた。味方の人数を揃えてあの山に鉄砲を放て！」

と大声で叫びだした。看病の者たちはあまりの恐ろしさに肝をつぶしたという。一夜に五度までこうし

た有様を見せ、明け方に没した。生前、卜庵はしみじみ語っていた。

「自分の一生で嬉しかったのは小者一人をもらった時と、初めて領地を頂いた時、二百石より六千石に加増された時の三度だけだった。とかく人間とは付け上がるものだ」

時に寛永八年（一六三一）八月十四日。八十一歳であった。墓は如水の冥福を祈るために領地に建てた円清寺（福岡県朝倉市）にある。

前室は明石正風娘（実は但馬国の村尾氏娘）。豊前国平田城で五兵衛利章（大膳亮）を産んだ。五女がいて、黒田三左衛門・小河久太夫政良・堀平右衛門・中間六郎右衛門らに嫁いでいる。

後室（一）は毛利秀元娘（実はその臣植田六郎娘）。益田与助の養子となる縫殿介《ぬいのすけ》を産んだ。二女がおり、一人は加藤主殿《とのも》成忠に嫁ぐ。

後室（二）は吉弘加兵衛の娘。石垣原合戦後零落していたのを迎えたものと思われる。女子一人を産んでいる。

二代目以降

利章（一五九一～一六五二）は暴君忠之を諫《いさ》めるために、黒田騒動を起こした栗山大膳としてあまりに有名である。事件後、陸奥国盛岡藩へ配流となっている。妻は黒田兵庫助利高娘。大吉利周と吉次郎を産んだ。女子が四人あり、中間六郎太夫・井上主馬正友らに嫁いでいる。

利周は盛岡藩士の娘を妻とし、子孫は母方の姓を名乗って、内山姓となり明治に至っている（二百石）。

吉次郎は盛岡で没して子孫はいない（『内史略』）。

嘉永六年（一八五三）、福岡藩において遠縁の者に同姓を名乗らせて、六百石で栗山家を復興したが、そのまま明治を迎えた。

五　久野《ひさの》四兵衛《しへえ》重勝《しげかつ》

水牛脇立《すいぎゅうわきだて》三十二間筋兜《さんじゅうにけんすじかぶと》・桶側胴具足《おけがわどうぐそく》（久野四兵衛重勝所用）

久野四兵衛も早くに亡くなっているので遺品類は少なかろう。兜はしっかり描けているのに胴はよく分からない。草摺に威糸も見えない。上級武士で二枚胴が流行るのは関ヶ原以降だから疑問である。

兜はこれによく似たものが太宰府天満宮にあって織田信忠所用とされている。どう見ても江戸期に福岡で作られた甲冑なのだが、どうしてそのような伝説が生まれてしまうのか謎である。史料価値の低い『甫庵信長記』に信忠が大水牛兜を被っていたという描写があるためかと思う。

久野氏の先祖は藤原南家為憲であるらしい。駿河国久能（静岡市）を本貫地とする。久能《くのう》は「久野」とも表記され、久野氏は代々今川氏の家臣であった。戦国時代にそこから分かれたのが播州久野《ひさの》氏の家祖と思われる。あえて読みを変えたのは分家という意識からだろうか。当の久野家がこうした伝来を欠いて、赤松氏の流れとしてしまっているのだから仕方がない。紋は抱沢瀉《だきおもだか》。

久野重勝像（『黒田二十四騎画帖』）

久野四兵衛家紋

久野四兵衛花押

家祖を彦次郎則重（?～一五一二）という。加東郡久野村出身というが、そういう地名は見当たらない。置塩城主赤松政則に見出され、偏諱を受けて金釣瓶《かなつるべ》城主（兵庫県小野市）となった。妻は片岡三左衛門信重娘という。同城は中村氏の居城であったが、嘉吉《かきつ》の乱（一四四一）で没落している。赤松氏の復権とともに久野氏が三代在城したことになるが、地元では史料空白となっている。

二代目は式部重敬（一四八四～一五八一）といい妻は伊丹七郎右衛門の娘である。二代目までの墓は金釣瓶城の地にあると記録されているが、現状は分からない。いったん土地を離れたが、別所氏の滅亡によって郷里に埋葬されることを望んだのであろう。

三代目善五郎重誠（一五二一～一六三七）は、天文十四年（一五四五）に家を継いだ。妻は尾上右京亮可親娘である。その後、三木城主別所安治の攻撃を支えきれずに小寺則職を頼った。

四兵衛重勝は初名を右馬之助《うまのすけ》といい、父が家督を継いだ年に金釣瓶城で生まれている。そして一族で御着へ移住した。

永禄十二年（一五六九）、久野善五郎・四兵衛父子は黒田職隆に仕えている。この時、四兵衛は二十五歳だった。同年八月、青山合戦において久野父子は一の先手を務めた。善五郎は敵の大将別所刑部《ぎょうぶ》と組討して首を取った。しかし、深手を負ってしまい息子に家督を譲る決断をする。また姉婿の南畝《のうねん》三卜入道も活躍した。

天正五年（一五七七）、五月から十二月まで、英賀合戦・高倉山城攻め・上月城攻めで戦功あり。

天正六年（一五七八）十一月、黒田官兵衛の入牢中の誓紙に家臣の長として署名血判を押している。この頃、曽我大隅一信・吉田喜三左衛門重生に次いで三代目家老になっていたことが分かる。ちなみに四兵衛の妻は吉田重生の娘である。重生はこの時に没したわけでなく、播磨で七百石。中津で千五百石を領してそこで亡くなった。

天正八年（一五八〇）春、別所長治の三木落城に際して武功あり。翌年の秋、長水山城攻めも官兵衛に従った。山崎合戦・賤ヶ岳合戦もしかり、戦国時代の家老は決して留守番ではない。

天正十四年（一五八六）冬、九州平定の魁《さきがけ》として黒田官兵衛が毛利輝元軍

六十二間阿古陀形筋兜・
茶糸威胴丸具足
（福岡市博物館蔵）

米粒形脇立兜・
紫糸威二枚胴具足
（北九州市立自然史・歴史博物館蔵）

金釣瓶城

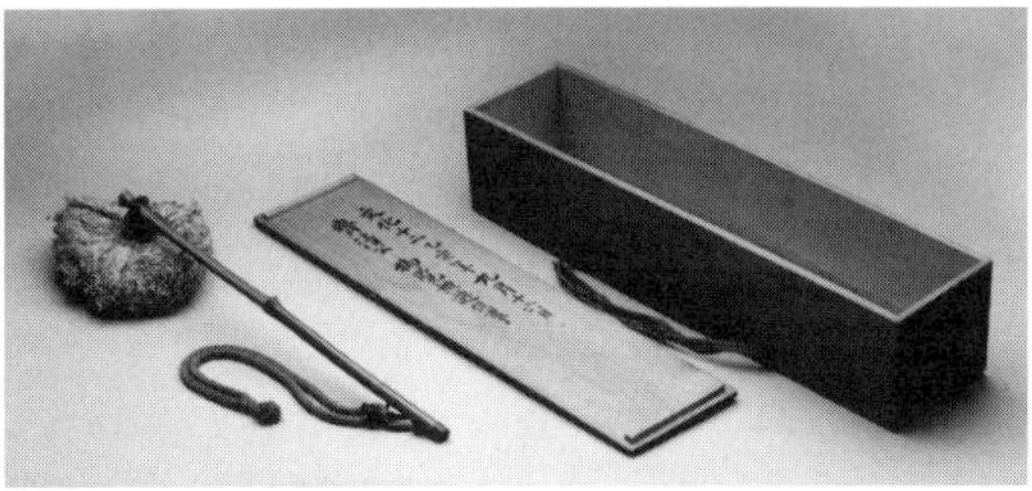

久野重勝 拝領采配（福岡市博物館蔵）

と豊前国へ渡ると、四兵衛も従い、小倉城攻め・宇留津《うるづ》城攻めに参加。地元の立花宗茂と合流して筑前国へ移動した。そして高祖城《たかす》（福岡県糸島市）を毛利軍に攻めさせる。この時、官兵衛は四兵衛を目付として添えた。

すると、四兵衛は鴾毛《つきげ》の馬に跨《またが》って城に向かって一番駆けをした。驚いた城主原田五郎右衛門信種はあっけなく降参してしまう。

「あれは誰ぞ？」

毛利の大将小早川隆景の質問に近臣が答えた。

「黒田の家人、久野四兵衛にございます！」

この話はたちまち京の秀吉の許にも伝わり、感嘆した様子が毛利輝元宛の文書にも記されているという。

天正十五年（一五八七）六月十一日、秀吉・秀長の九州平定が終わった帰路、秀吉は黒田官兵衛に筑前国博多の復興を命じた。それまでの戦乱でこの商業都市は灰土と化していたのである。

官兵衛に呼ばれた四兵衛は、どこからどのように手をつけたものかとしばし思案し、下人に持たせていた永楽銭を取り寄せた。そして秀吉の御前で銭を並べて、即時に町割を再現した。官兵衛はそれを見て所々を修正する。二人の様子を眺めていた秀吉は大いに感心し、その案が採用された。

久野の案はまず、草に埋もれた古井戸を元に旧町割を想定し、宗教的見地から「七条の袈裟」になぞらえて南北に四条、東西に三条、合わせて七条の幹線道路を区割するというものであった。

現場も任された四兵衛は、筥崎宮《はこざきぐう》門前の者たちに高草を刈らせたら、たった一日で綺麗になった。そこで、唐津などに避難していた博多町人らに戻ってくるよう触れを出したところ、数日で帰ってきた。工事は吉日の十三日から始められたという。

筥崎宮の氏子城戸左右兵衛尉清種は、久野四兵衛の宿を申し付けられていたので、町割の模様を逐一見ていた。博多の禅門徒の老人らは、半切り桶に乗って博多に還住した。それを見ていた四兵衛が、上方ではこんな乗物を見たことがないと言い、町割の間中おかしそうに笑っていた。そして自らも乗ってみたりした。

久野家隊列図
（部分、宗像市教育委員会蔵）

やがて、現場は四兵衛の手を離れ、滝川三郎兵衛・長束《なつか》大蔵・山崎志摩・小西行長・石田三成の五人が奉行となって本格的に作業が進み、十二月二十一日までかかって博多の町が完成したという。

それより前、黒田家の新領地豊前国における領国経営が始まっており、油断できない状態になっていた。国人一揆である。それは秀吉の大軍が本州に戻れば必ず起こり得るものであった。

十月二日、最初に起こった姫隈《ひめくま》城と高田城の反乱の鎮圧に四兵衛は黒田長政に従って参加。十二月下旬、大畑城攻めで新納外記《にいろげき》を討ち、その甲冑を持ち帰った。

天正十六年（一五八八）十一月、領地六千石（二千石は与力分）と黄地に黒

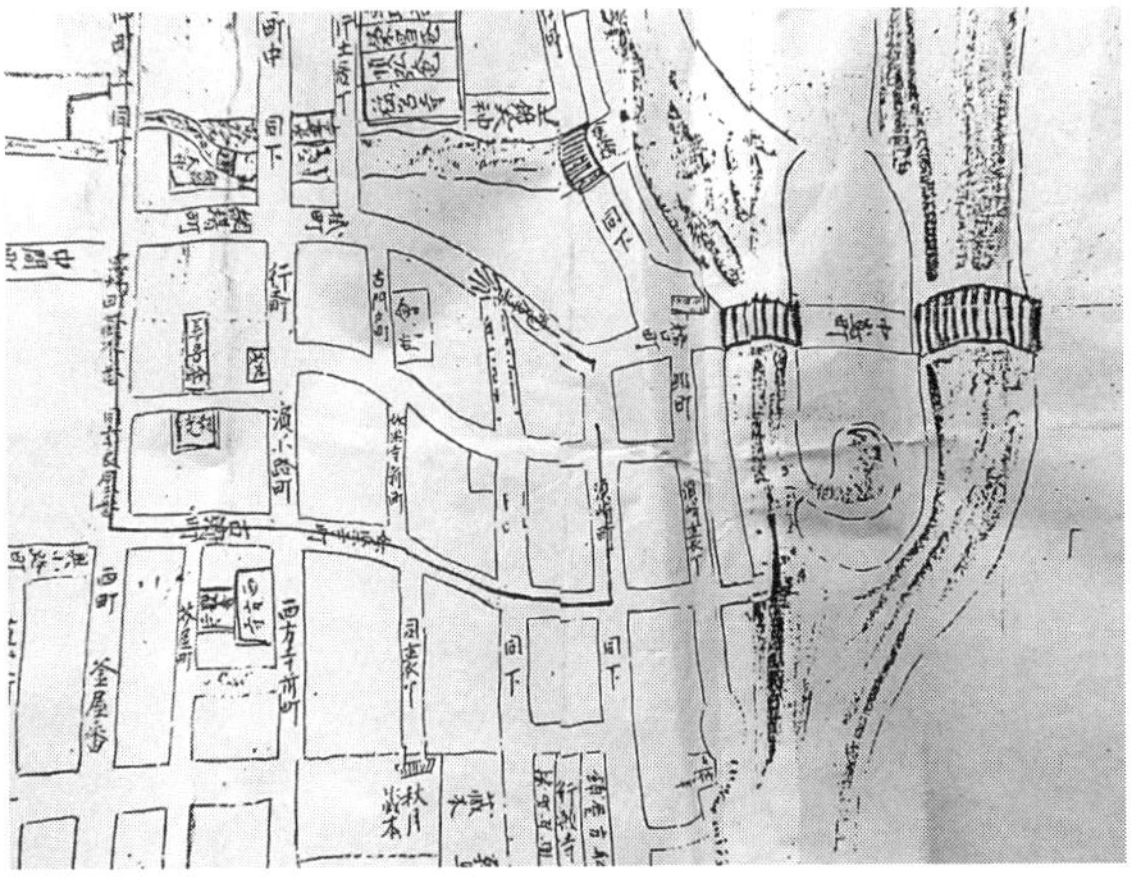
博多町割（古図）

餅紋の入った指物を拝領した。時に四十四歳、この時点で黒田家の家老が栗山・井上・母里の三人体制となった。次席家老としての役務は続くが、一応お疲れ様という感じであろうか。

天正十八年（一五九〇）二月、小田原攻めにわずかの兵で参加した如水に従って陣役を務めた。

天正十九年（一五九一）十月、秀吉の大陸出兵の前線基地として肥前国名護屋《なごや》に築城が開始される。この時、諸大名の陣屋割りが定まらず、設計担当の如水は四兵衛を招いた。四兵衛は再び小銭を用いて即時に指図を作り、問題は解決した。四兵衛は常に従者に一貫ずつの銭を持たせていたという。

文禄元年（一五九二）四月、朝鮮へ渡海、先陣を務める。

同年六月十二日、第一次平壌城の戦いで四兵衛は歩哨《ほしょう》に出て敵と出遭う。これを難なく倒して帰陣したところ、自分も傷を負っており、翌日悪化して帰らぬ人となってしまった。

「父よ、先立つ不孝を許し給え！」

享年四十八歳であった。豊前国中津の寺院に葬られ、高野山の赤松院に位牌が安置された。四兵衛の弟には、五兵衛昌直・次郎太夫・勘助一友・志方惣太夫の四人がいる。久野五兵衛は藩の剣術指南新免無二之助の免許皆伝であった。

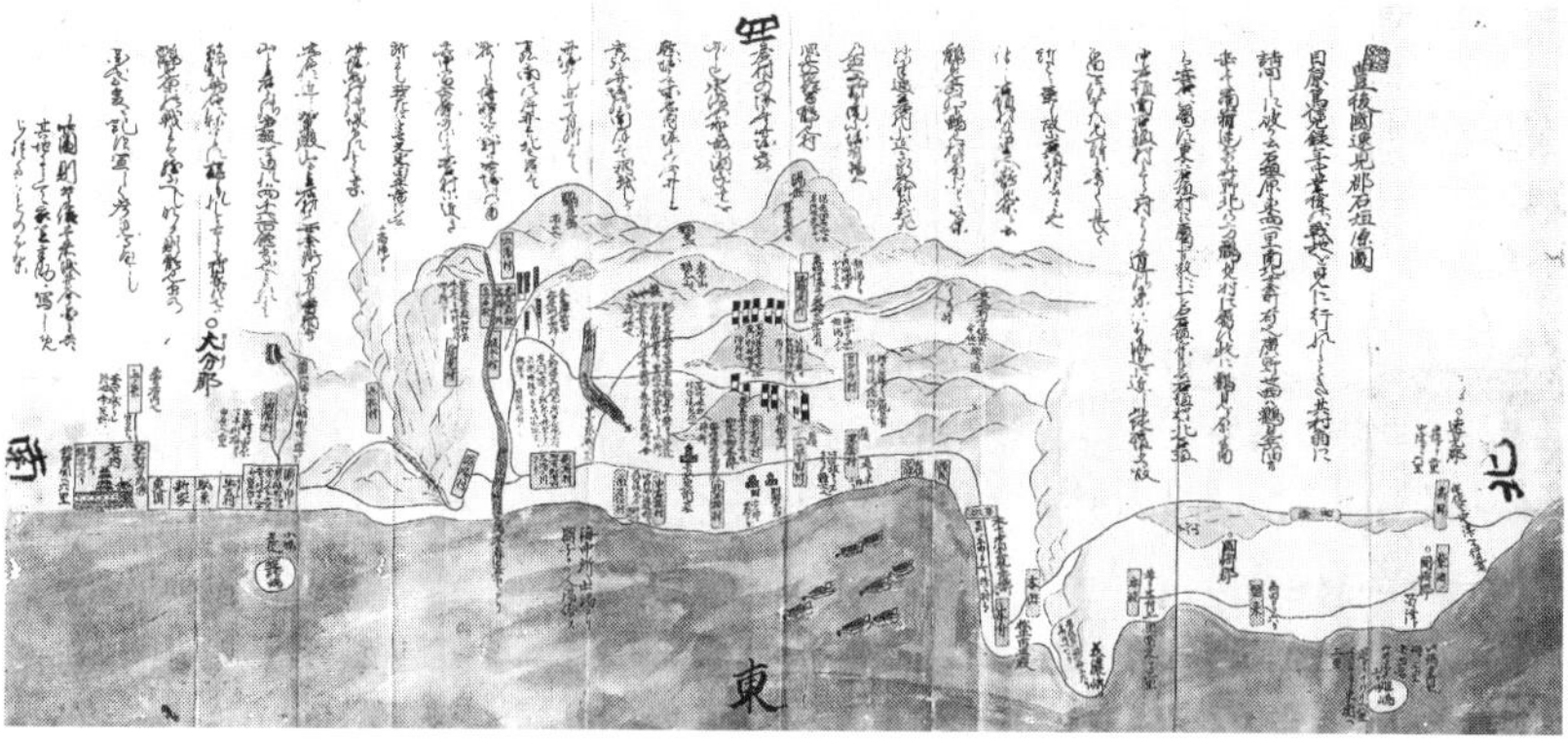

石垣原合戦図（個人蔵）

二代目以降

嫡子次左衛門重義は十六歳で父の遺領を相続、慶長の役に出陣した。野村祐直と同じ敵を追って出し抜かれ、以来遺恨を持って常に武勇を争った。関ヶ原合戦の時は如水に従う。

時に慶長五年（一六〇〇）九月十三日、石垣原合戦で黒田軍が大友義統軍に追い込まれた時、次左衛門は金の半月の兜に大太刀を振るって叫んだ。

「退けば敵は調子付く、久野家の者共は我に続けーっ！」

敵将の宗像掃部を討ち倒したが、宗像の家来たちの繰り出す三本の槍で落馬。次左衛門は十九歳の命を落とした。この時、久野家臣の麻田甚内・久保庄助・下田作右衛門・稗田九蔵・光留立右衛門・山本勝蔵が共に討死し、後に「久野の六神」と呼ばれている。

遺領は弟の外記重時（重綱）が相続、黒田一成娘を妻とした。その長男は一成を継いで黒田三左衛門一任となり、二男の一重が久野家を継いだ。以後、一貞―一通―一誠―一敬―一親―一徳―一篤―一鎮―一致（切腹）と、五千石前後の石高で幕末まで続いた。屋敷は城内、墓所は安国寺であった。

六　井上九郎右衛門之房《いのうえくろうえもんゆきふさ》

黒漆塗《こくしつぬり》唐冠形兜《とうかんなりかぶと》・畦目綴《うなめとじ》桶側胴具足《おけがわどうぐそく》（井上九郎右衛門之房所用）

兜は別姓子孫である頭山家に伝えられていた。いわゆる一般的な唐冠形兜。そのシンプルさゆえ、伝来を信じてもよさそうである。額の部分に四本の皺《しわ》があり、眉庇の正中には一筋の鎬《しのぎ》があって、古い形式を伝えている。唐冠形兜は秀吉が天下を取ってから被り始め、諸将に伝播した。特に蜂須賀家などは藩主が好んで使用している。井上がいつから被りだしたかは不明だが、石垣原合戦では使用された記録がある。井上家は断絶しているので遺物に乏しく、おそらく胴は空想画と思われる。袖と草摺は茶糸の毛引威、胴は黒っぽい鋲留《びょうどめ》に見える。

井上九郎右衛門所用の十文字槍と吉弘加兵衛所用の朱柄槍が別府の旧家に伝来している。伝承ではあるが、合戦当時を偲ぶには良い遺品である。

井上氏は鎮守府将軍源頼宣の二男井上三郎頼季に始まる。信濃国高井郡井上（長野県須坂市）が発祥の地とされる。その子孫が播磨国飾東郡松原郷植村（兵庫県姫路市白浜町）に移り住み、弥三郎清之（洗閑）―平兵衛之正（洗祐）―九郎右衛門之房と続いた。松原神社の北東五〇〇メートルの所に松原構の跡地がある。紋は舞鶴。後に旗本になった井上家は井桁《いげた》。

九郎右衛門は松原で生まれた。幼名を九郎次郎または弥太郎といった。父之正は赤松義祐の被官で永禄の頃、武功ありと伝える。九郎右衛門の姉は大和国大神神社の神主三輪善順に嫁ぎ、その子弥左衛門善房は福岡藩士になっている。三輪氏は手柄山に領地を持っていたのでその結び付きと思われる。

九郎右衛門は赤松氏でなく、黒田職隆に仕えて小姓となった。行儀は良いし武勇の心掛けも熱心であったが、「丈低く力も劣りたり」とある。青山合戦ではまだ幼く、参戦していない。

天正六年(一五七八)冬、摂津国有岡城に官兵衛が幽閉された際、職隆の家臣として誓紙に署名血判を押している。また、栗山善助・母里多兵衛と共に有岡城下に潜伏して、牢の近くまで行って官兵衛の安否を探った。職隆がいかに九郎右衛門を重用していたかは、官兵衛の妻光姫の妹(実際は光姫より若い叔母)を妻として配しているのでも分かる。光姫は櫛橋伊定の人質として小寺政職の養女になっていたので、この女性も従者として御着に来ていたのであろう。

井上之房像(『黒田二十四騎画帖』)

天正十三年(一五八五)八月、職隆が没する。この時、息子官兵衛に九郎右衛門を託した。

「この者、後には用に立つべき者なり。召し使ってやってくれ」

遺命により、官兵衛はそれまでほとんど軍功の無い井上九郎右衛門を重臣として迎えている。

天正十四年(一五八六)十一月、秀吉の九州征伐の先駆け

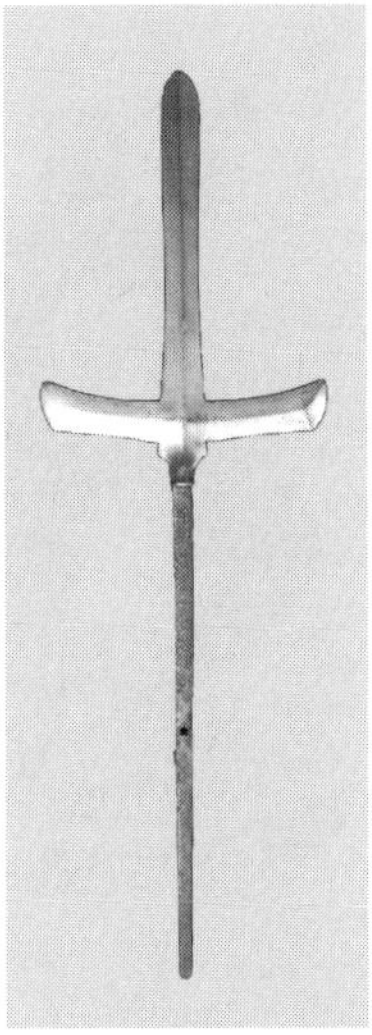
井上九郎右衛門 槍
（個人蔵）

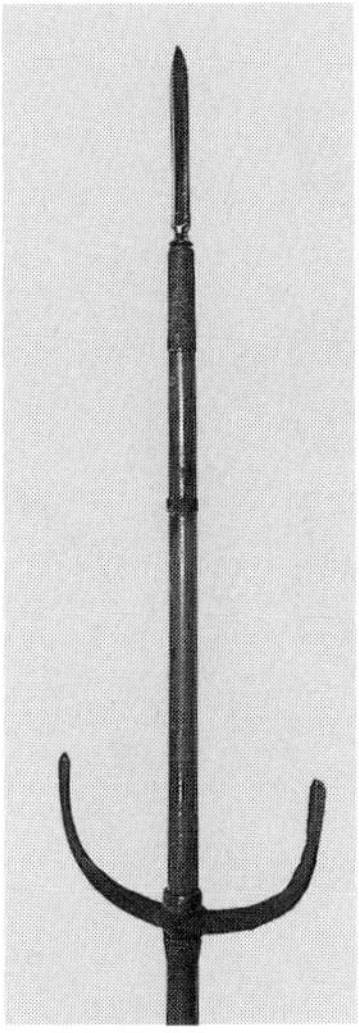
吉弘加兵衛 槍
（個人蔵）

として関門海峡を渡った黒田官兵衛は、毛利勢と一緒に豊前国宇留津城を力攻めした。この際、井上九郎右衛門は分捕高名したとされる。翌年の暮れ、黒田家は豊前国六郡を拝領した。

天正十五年（一五八七）十月、秀吉の大軍が九州を引き上げると各地で国人一揆が勃発。官兵衛の留守中に、長政は兵二千人を率いて一気に攻撃した。井上九郎右衛門は姫隈城攻めに貢献、さらに背後から後詰に現れた如《ね》法寺《ほうじ》孫二郎久信の攻撃を防いだ。

また、一揆最大勢力の城井鎮房を長政が攻めようとするのを諫めた。だが、血気盛んな長政は応じずに翌日出撃。井上九郎右衛門も仕方なく従ったが大敗北を喫してしまう。

官兵衛は帰国すると直ちに城井谷を封鎖して、他の一揆勢を先に平定させる。井上九郎右衛門は犬丸城攻めに参加しているが、もちろん自身の働きというものは無い。

天正十六年（一五八八）十一月、領地を完全掌握して検地も済ませた官兵衛は井上九郎右衛門に六千石を与え、三老という立場に置いた。父職隆の遺言を実践した形である。

天正十八年（一五九〇）二月、父之正が中津において六十五歳で没した。九郎右衛門はそれを看取ったが、弟の平兵衛之正は官兵衛改め如水と共に小田原にいた。豊臣秀吉の北条征伐である。半年後に如水は氏政・氏直に降伏を諭すために小田原城に入った。その時、矢文を城内に射込んだのは平兵衛である。

彼は後に望まれて小早川秀秋の家臣となり、河村越前と称して千石を領する。

文禄元年（一五九二）五月、首都を捨てて北へ逃亡した朝鮮国王と二王子を追って、加藤清正・小西行長・黒田長政は開城を攻めた。黒田隊が先鋒で井上九郎右衛門もよく働いた。この後加藤は二王子を追って成鏡道に向かい、小西・黒田は平壌を目指す。

同年六月、小西行長と黒田長政は平壌城を攻めて落とした。この戦いにも井上九郎右衛門は参戦している。国王はさらに明国へ逃れ、やがてその大軍が南下して戦局は悪化する。

慶長二年（一五九七）九月、明軍の提督麻貴は漢城を守るべく副将の解生を南下させた。一方、黒田長政は稷山に至り解生隊と遭遇し合戦となった。ここでも井上九郎右衛門は活躍したという。

慶長三年（一五九八）一月、加藤清正の籠る蔚山《ウルサン》城を明の大軍が包囲。黒田長政は日本勢を集めて救援に向かう。井上九郎右衛門は手柄を立てたというが具体的な話は伝わっていない。帰国後、栗山四郎右衛門・母里多兵衛と三人で荒廃していた宇佐神宮の造営奉行を務める。

伝井上之房所用唐冠形兜・
朱漆塗革包二枚胴具足
（北九州市立自然史・歴史博物館 蔵）

慶長五年（一六〇〇）九月、天下分け目の合戦時はずっと中津で如水の傍らにいた。如水は九千人の兵を集め、隣国豊前国へ打って出る。文禄の役で秀吉の不興を買い失領していた大友義統が、挙兵したからであった。また、上手く

井上九郎右衛門家紋

いけば天下を取る野望があったとされている。

如水は備えを八グループに分けた。一番隊母里多兵衛・二番隊黒田吉兵衛（兵庫助の子）・三番隊栗山四郎右衛門・四番隊井上九郎右衛門・五番隊野村市右衛門（太郎兵衛の子）・六番隊母里与三兵衛（母里武兵衛の子）・七番隊久野次左衛門（四兵衛の子）・如水本隊である。

途中、味方の木付城（大分県杵築）が攻撃されていることを知った如水は、四〜七番隊二千人を山道から先行させて、自らは海岸ルートを進んだ。先発隊となった井上九郎右衛門は実質的な先手総大将である。

一方、木付城を攻めていた大友勢三千は、後方の石垣原に布陣して黒田軍の到着を待ち構える戦法に出た。そして黒田の先発隊と激突した。真っ先にいた黒田の六番隊は退却し、七番隊は壊滅した。遅れて到着した井上九郎右衛門ら四・五番隊は、総攻撃をかけて油断した大友勢に大泡を吹かせた。

井上九郎右衛門は敵の実質的総大将の吉弘加兵衛と一騎打ちとなった。加兵衛は朱柄の槍を持つ大男である。だが朝から戦い通しで疲れていた。九郎右衛門の胸板に二度までも月剣の鉾先を当てたが貫通せず、井上の十文字槍で顔と鎧の隙間を突かれて落馬した。そして駆け寄った徒歩《かち》の者に首を取られた。

皮肉なことにこの二人は朋友であった。すなわち大友家が領地没収となった時、如水はこれを招いて食客《しょっかく》とし井上九郎右衛門の領地に預けていたのである。やがて彼は父方の従弟立花宗茂（柳川城主）の所で

井上九郎右衛門花押

二千石を給されたが、大友義統の再挙を聞いて馳せ参じていたのである。真の忠臣であった。大友勢はこの戦いに五百余人を失い立石城に引き籠った。

如水は遅れて到着すると実相寺山に陣を構えてこれに対峙《たいじ》する。それを見て大友の兵士は次々と逃亡し、義統は翌日の夕刻剃髪して如水の軍門に降りた。奇《く》しくもこれは関ヶ原の結着がついた日であった。如水は国東半島の西軍の諸城を潰《つぶ》して北上する。

井上は筑前国の麻生次郎右衛門宗氏を味方に付けて小倉城攻めの先手としている。その甲斐あって小倉城はあっさりと降伏した。如水はそのまま南下して西軍の久留米城・柳川城を攻略。あとは薩摩国の島津義弘を残すのみとなる。しかし、徳川家康からの中止命令が来て如水は九州平定を断念した。

同年十二月、長政の関ヶ原での活躍で、黒田家は筑前国五十二万石への栄転となった。そこで旧領主の居城名島城を請け取りに黒田修理が向かう。井上九郎右衛門はこれに付き従った。

ある時、母里多兵衛が人々を前に武辺話をした。「九郎右衛門は分別面ばかりしていて見たくもない顔なのだ。軽はずみなことはしないし、喧嘩《けんか》もしない。戦場でも自身の働きは無かったではないか。ところが石垣原合戦では、一人狂言をやってのけおった！」

「一人狂言とは、どういうことです？」と誰かが尋ねた。これに母里多兵衛は答えた。「それはな、あの合戦で九郎右衛門は人をよく使い、自由に駆け引きをし、その上自身で槍を突き、余すところなく働いたのだ。シテ（仕手）・ワキ（脇）・ツレ（連）までを一人でやったのだから、それこそ一人狂言ではないか！」

そう言って九郎右衛門のことを褒め上げたという。これは能の用語で主役・相手役・助演者のこと。

黒崎城

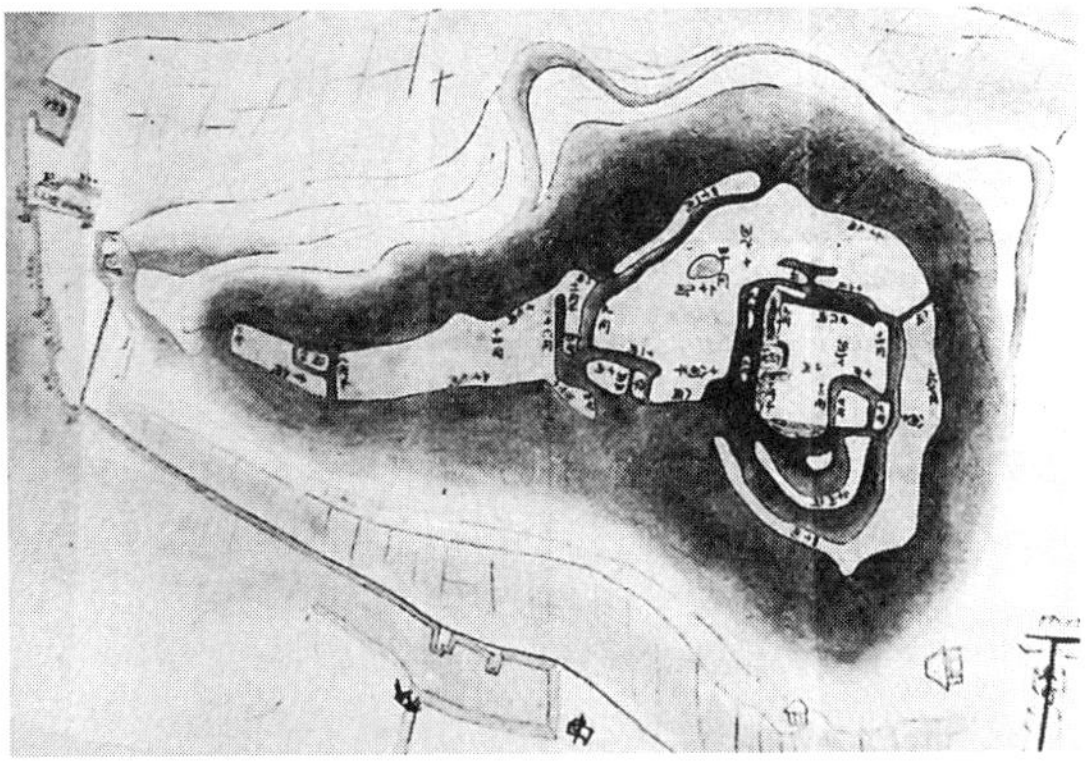

黒崎城（内閣文庫蔵）

猪武者のイメージしかない母里多兵衛だが、能の教養はあったのである。

　慶長六年（一六〇一）春、井上九郎右衛門は如水と京都伏見城へ行き徳川家康に拝謁する。その後、長政の使いとして江戸に下って秀忠にも拝謁。十二月になると領地一万六千石を給され、黒崎城代（福岡県北九州市）となった。後には二男の左近一利の領地を含めて二万石となっている。九郎右衛門は館を陣原《じんのはる》に構えたという。跡地は現在舎月庵と呼ばれ、十一面観音菩薩が安置されている。

　慶長七年（一六〇二）、この年、井上九郎右衛門は長政の命令で筑前国内各地を飛び回って、黒田領の検地に精を出した。

　慶長九年（一六〇四）、如水が逝去したため、その画像を描かせて大徳寺春屋に賛を頼んだ。その掛け軸を龍昌寺に納めている。

　慶長十一年（一六〇六）、井上九郎右衛門の長男庸名《もちな》（十四歳）を人質として江戸屋敷へ送る。そして徳川秀忠に近侍させる。この年、陣原の旗指《はたざし》神社を復興して旗頭《はたがしら》社とする。

慶長十二年（一六〇七）、九郎右衛門、黒田長政の使いとして江戸へ行き、徳川秀忠・家光父子に拝謁して、麻毛の馬を賜わる。この後、周防守を称するようになる。

慶長十三年（一六〇八）、駿府城の天下普請が始まる。黒田家分担箇所の奉行に母里多兵衛と井上周防が任じられる。

慶長十五年（一六一〇）、井上庸名が従五位下・淡路守になり五千石の旗本となる。

慶長十九年（一六一四）十月〜十二月、大坂冬の陣に黒田忠之が兵一万人で従軍。井上周防も一隊を率いて参加している。忠之の供をして十一月十八日に家康に拝謁。休戦となったために外濠の埋め立てを手伝って翌年の二月に福岡へ帰国する。

元和元年（一六一五）六月、一国一城令が公儀より発布され、各藩の支城は壊されることになる。井上周防も黒崎城を破却した。他の六端《はじろ》城も同じ運命をたどることになる。

元和六年（一六二〇）三月、二男の一利が早世する。大坂城の天下普請始まる。井上周防・栗山備後・小河内蔵允が黒田家分担箇所の奉行に任じられる。

元和九年（一六二三）十一月、一万三千石を孫の主馬正友に譲る。正友の妻は栗山大膳の娘である。周防は隠居領として二千石、剃髪して半斎道柏と名乗る。

寛永九年（一六三二）二月、黒田忠之が江戸で公儀より藩内のもめ事について詰問される。六月になって栗山大膳は城内の屋敷から退去して豊前府内城の竹中重義の許に転がり込んだ。そして、黒田忠之を幕府に訴え出た。

寛永十年（一六三三）三月、栗山大膳と黒田忠之の対審が江戸で行われる。老中土井利勝・井伊直孝・酒

井上九郎右衛門墓（龍昌寺）

井上之房妻（櫛橋氏）（弘善寺 蔵）

井忠勝・永井尚政・稲葉正勝が列席、栗山大膳は立会人の竹中重義と着席した。向かいの上席には黒田美作、次席に佞臣《ねいしん》の倉八十太夫が座り、勝手の間に井上道柏・小河内蔵允が控えた。ここで五十数ヵ条に及ぶ大膳の訴えが審議された。

結果、倉八十太夫の追放と栗山大膳の配流が決まった。忠之へは注意と勧告で問題解決された。

寛永十一年（一六三四）十月二十二日、井上周防没。八十一歳であった。墓は自らが開基した龍昌寺にある。そして高野山恵向院にも位牌がある。龍昌寺には周防の弟河村越前の墓もある。越前の子孫は川越と改姓して黒田藩内で二百石で幕末に至っている。

また、弘善寺には公開されていないが夫人櫛橋氏と娘の墓がある。さらに夫婦の各画像・木像と位牌もある。

二代目以降

黒田騒動では黒田忠之を弁護して主家を守った井上氏であったが、嫡孫正友は栗山大膳の婿のため失領、遠賀《おんが》郡に幽閉されて没した。その弟俊清は同じ時に逐電《ちくでん》。結果、周防の三男元顕が三千五百石で直系となるわけだが、これも後に忠之の勘気を被り京に出て死去した。旗本井上氏もまた無子断絶となり、ここに宿老栗山家と同じく完全廃絶となった。ただし、道柏の長女は頭山次郎兵衛に嫁ぎ、四百石で明治に至っている。

黒田家では幕末期（嘉永二年）久留米藩士有馬内蔵助の所に寄食していた子孫九郎右衛門之敏を招いて六百石を給した。

また同じ頃、黒田美作の族、山口孫右衛門の三男権三郎に六百石を与えて栗山四郎右衛門利和と名乗らせ、ここに晴れて両家を大組として並び立たせたのである。六百石は大組の下限で上に中老、下に馬廻、無足《むそく》、城代、門弟家業などがある。以上が士族であって、この下に藩主に拝謁できない半礼、無礼の卒族（足軽・小役人など）が続くのである。しかし、双方たった一代で明治維新を迎えてしまった。

七　母《ぼ》里《り》多《た》兵《へ》衛《え》友信《とものぶ》

黒漆塗《こくしつぬり》　桃形《ももなり》　剳半月前立兜《くりはんげつまえだてかぶと》・紺糸威《こんいとおどし》　六枚胴具足《ろくまいどうぐそく》（母里多兵衛友信所用）

直径七〇センチの巨大な前立は、画像では小さめに描かれている。妹婿の野口左助と同寸にせよと黒田官兵衛に命じられていたという。左右分解式で角元は二本ある。形に合わせた収納櫃《びつ》あり。独特の角ばった桃形鉢の中央の鎬は二本に分かれているが、前立で全く見えない。隠れたお洒落なのだろうか？　桃山時代特有の豪快な眉と皺が打ち出されていて、吹返しがやや長め。䩋は畝《うね》って いて五段で白糸の素懸威。

胴は基本的には五枚胴と同じ、官兵衛・長政に倣ったと思われるが革は使用せずに叩き塗りである。取り外し式の草摺で最下段は革の覆輪《ふくりん》になっている。巨体であったと伝わっており、噂通りやや大きめ。胸板・脇板は覆輪で、桃山期の特徴もある。ただし、この胴には揃いの別の兜が現存している。

黒漆叩塗桃形熊毛（水牛）脇立兜と呼ぶ。縄目覆輪の付いた吹返しに家紋である釘抜紋の金具が付き、畝った五段の𩊱は紺糸の素懸威。一本角元で前立を欠く。

袖が無いので具足羽織があったはずであるが現存しない。面頬《めんぽお》（半頬）も残っているが、残念ながら脛当は紛失している。子孫によって大正時代に菩提寺に納められた。一度盗難にあったため、公開されることはめったにない。

多兵衛は黒田職隆の家老、曽我大隅守一信（一五一六～一五七七）の二男として、弘治二年（一五五六）に母の実家・妻鹿で生まれた。幼名を万助という。母は黒田重隆の弟・佐々木与右衛門久連の娘である。兄は妻方の婿養子となり母里小兵衛といい、一家揃って妻鹿に移住していた。同所には功山城があり、『太平記』で活躍する妻鹿孫三郎長宗の子孫が住んでいた。その子孫は八代目祐国の時、加西郡と神東郡に跨る高峰山城へ移転となっている。

代わって功山城主になったのが母里三郎右衛門秀友で加古郡母里から移動してきた。この頃、守護赤松氏領内では国人領主の移動が頻繁であった。同家は尼子氏の流れという。山陰の八ヵ国を領した尼子晴久が播州へ乱入したのは、それから約三十年後の天文六～七年（一五三七～一五三八）である。孫の能登守（?〜一五七五）は当然それに同調したと思われる。能登守の跡を継いだ母里小兵衛は黒田職隆の従弟に当たった。小兵衛の長男を雅楽助義時（一五五〇〜一六二六）といい、職隆は浦上宗景の家臣・江見河原氏の娘を養女とし、義時に配している。二男は武兵衛という。

永禄十年（一五六七）冬、江州佐和山出身の天台僧・沢蔵軒が領内を荒らし、万助の兄曽我太郎兵衛が討死。母里雅楽助が、黒田官兵衛の目前で仕留めた（太郎兵衛は二年後の青山合戦で討死したともいう）。

同十二年八月、龍野城主の赤松政秀が姫路を襲撃した。当時、播州は東に三木城主別所氏、中央に御着城主小寺氏、西に龍野城主赤松氏が力を持っており、黒田家は小寺に属していた。官兵衛の指揮で夢前川へ追い返すも、母里武兵衛ら母里一族二十四人が討死した。母里雅楽助はこれを不満に思い、武士をやめて京都へ去っている。結果的に黒田職隆は功山城を姫路城の支城とした。そして万助（十四歳）を母里家の跡取りに推挙した。血縁は無いが母里多兵衛の誕生である。この家系は曽我氏の流れであり「藤原系母里氏」と呼ぶ。

母里友信像（『黒田二十四騎画帖』）

多兵衛の多の字は弟が太郎兵衛を称したため、混同を避けてのことだと推察される。自著と古めの記録は全て多兵衛で統一されている。

多兵衛の一本気で無分別なのに気付いた官兵衛は、先輩格の栗山四郎右衛門（十九歳）と義兄弟の約束をさせている。このため、主君にさえ噛みつく多兵衛も、分別のある栗山には

夢前川と瓦山（母里氏24人が討死）

母里友信 生誕碑

一生逆らわなかった。

天正元年（一五七三）秋、今度は別所長治が姫路を襲撃して城下を焼いた。退却する別所軍を黒田軍は撃退している。この時、多兵衛（十八歳）と弟の小辰郎（十四歳）が揃って初陣した。

成人した母里多兵衛は、人となり剛強にして、六尺五分（一九〇センチ）と背が高く、色白で男振りよく、髭が濃かったという。また、柄三間の朱槍（穂先二尺四寸）を振り回し、二、三人の敵を田楽刺しにしたと伝える。黒田家では、一日に首七つ取らねば朱塗の槍は許されなかった。

天正五年（一五七七）、黒田官兵衛の招きで播磨に出兵してきた羽柴秀吉は、多兵衛を自分の家来に所望したが固辞した。また、官兵衛の家来でありながら、秀吉から直接鞍馬を拝領することもあった。

天正六年（一五七八）、別所長治が織田家から離反、四月に毛利の援軍が海岸の別府城を襲う。この戦いに多兵衛が活躍。秀吉は信長拝領の「富士山の鞍」を官兵衛に下賜。官兵衛は、

「今日の勝利は母里多兵衛の働きがあればこそ」

と、さらに多兵衛に与えた。

また、冬に摂津国有岡城主の荒木村重も織田家から離反、官兵衛が村重を説得しに行くも虜となってしまう。この時、多兵衛らが中心になって連署起

母里多兵衛花押

請文を黒田職隆に提出、栗山四郎右衛門らと有岡城に潜入して、官兵衛が土牢の中で生きていることを確かめた。

一方、近江国長浜城に人質となっていた官兵衛の子長政（十一歳）を訪ね、具足始《ぐそくはじ》めの儀式も行っている。

天正七年（一五七九）暮れ、織田軍の猛攻に有岡城は落ち、官兵衛は丸一年ぶりに救出された。その後、官兵衛は秀吉にますます重用され、多兵衛は中国攻めから四国攻めと常に先手を務めた。

天正十一年（一五八三）、賤ヶ岳の戦いでは、よき敵を見立てて長政（十六歳）にあてがい、初首を挙げさせた。おそらく長政は槍で突いた程度で、多兵衛が首を取ってやったのだろう。

長政は晩年、次のように語っている。

「初陣の時は弱い相手を選んでやるべきだ。勇気とは少しずつ養うものである」

天正十四年（一五八六）、九州攻めでも、宇留津城・財部城攻めで高名。大友宗麟の娘（妾腹）を娶った。

母里多兵衛家紋

多兵衛には先妻があって、吉太夫という長男がいたが、朝鮮の役の最中わずか十六歳で溺死している。長政の弟熊之助らと勝手に渡海して嵐に遭ってしまったという。

天正十五年（一五八七）、黒田官兵衛が豊前国中津城主（十二万石）になるや、多兵衛は領地五千石（後に六千石）を給され、黒田家の三家老の一人となった。そして城の西御門内で首供養を行った。当時は首三十三を取ると七宗の僧を集めて盛大に首供養をするという風習があり、黒田家では秦桐若丸《はたのきりわかまる》、吉田六郎太夫に続いて三人目で

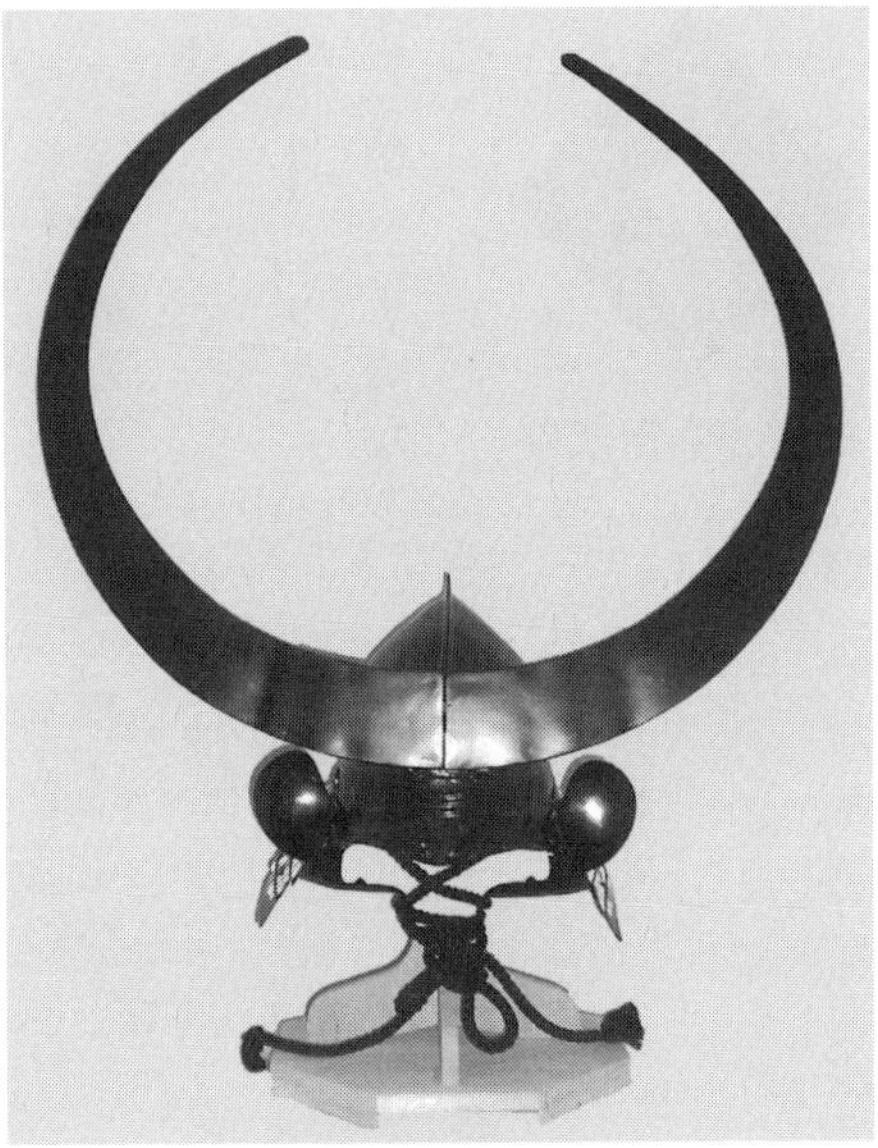

大中刳前立 桃形兜 写（個人蔵）

あった。生涯で七十八級を挙げたというから、藩内首取りナンバーワンでもあった。

また、秀吉から抜き身の槍十五本の陣中携帯を許されてもいる。これは、かつて信長が抜き身の大太刀百振りを供に持たせていた故事によるもので、大変名誉なことであった。映画などでは、槍はいつも抜き身だが、本来は鞘が付いていないのはおかしいのである。

文禄元年（一五九二）に始まる朝鮮出兵では、後藤又兵衛・黒田三左衛門と三人交代で先手を務める。特に多兵衛が先陣を切った時、敗れることはなかった。黒田軍六千のうち、二百六十余人を指揮している。

この戦陣で黒田長政は、大水牛脇立兜を着用し、母里多兵衛は黒熊毛の中型水牛脇立兜を使用した。ところで、異国での七年間の戦闘中、一度休戦し帰国しているが、その間に伏見の築城があり、諸大名に土地が割り当てられた。黒田家は北東の大亀谷、福島家は城の西側に屋敷が建った。この時、多兵衛が使者となって福島邸に行くと、そこは酒宴であった。多兵衛がご相伴にあずかると、酒乱ぎみの正則は、多兵衛の飲みっぷりに感心した。

そして大きな鉢をどこからか持ち出して、それで飲むように強要した。多兵衛は鉢を見て、

「これはもってのほかなる大盃でござる。いかに某とてこのようなもので飲み干せましょうか」

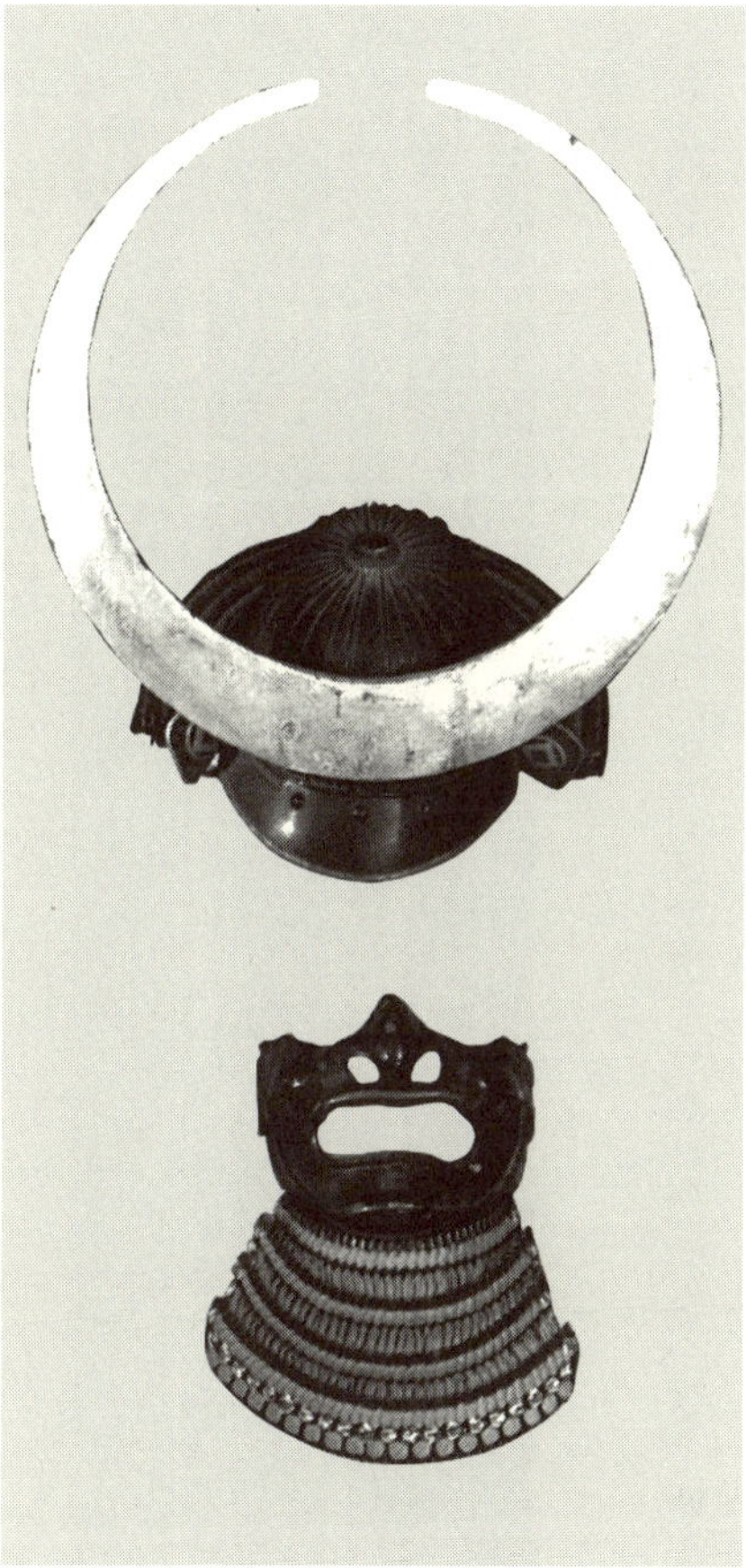

母里家の兜（個人蔵）

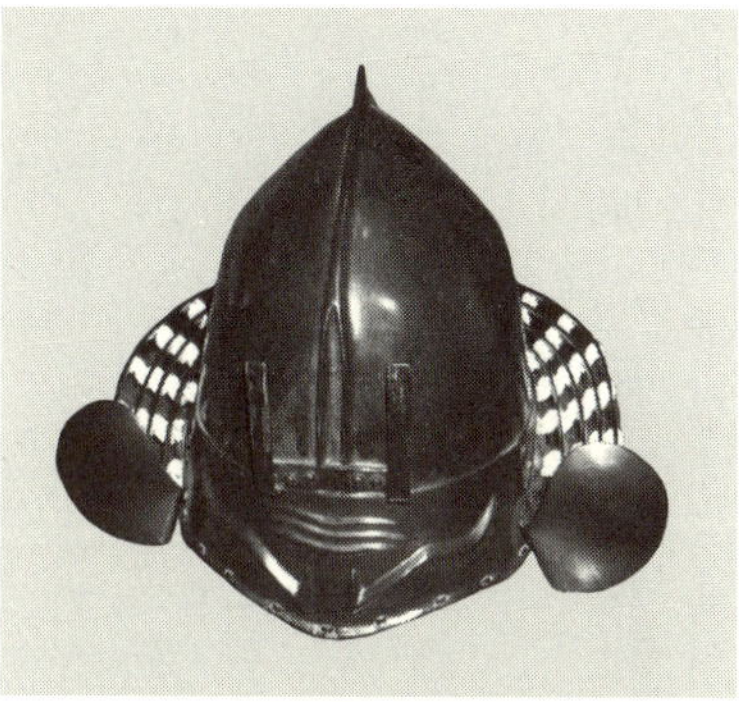

母里家の兜（個人蔵）

と辞退した。

　すると正則はなおしつこく迫って、

「この鉢にて酒を飲み干せば、その方の望みの品を何なりと取らそう」

と豪語した。多兵衛はかねがね「日本号の槍」に魅了されていたので、床の間に飾ってあるそれを指さして言った。

「もし、あの槍を賜りますなら、この鉢にて飲み干してみせましょう」

　正則はかなり深酔いしていたので、それが秘蔵の槍であることさえ忘れていた。

「しからば、その槍を与えようぞ！」

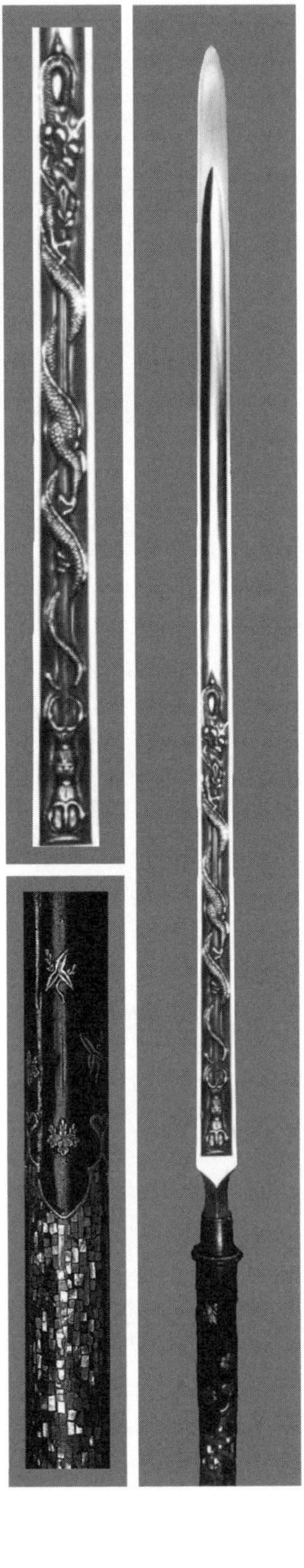

大身槍　号「日本号」（福岡市博物館蔵）

と答えた。

そこで多兵衛は、この大鉢になみなみとそそがれた酒を一気に飲み干して、意気揚々と黒田邸に帰っていった。もちろん「日本号の槍」を手にして。

翌日、酔いからさめた正則は槍の無いことに気付き大騒ぎとなった。家来から昨日の失態を聞くと驚いて黒田家に使いを立てる。

「あの槍は、その方も周知のように太閤殿下より賜った重宝なので、他人に譲ったとあっては殿下に合わす顔がない。なんとか返してほしい」

と再三返還を求めたが、頑固一徹な多兵衛はそれに応じない。

これによって、藩主同士もおかしくなり、長政と正則がお互いの兜を交換して仲直りするという事態に発展する。脇差の交換はよくある話だが、兜の交換は他に例がない。この時代、各大名はパフォーマンスとして独自の兜を着用した。長政の大水牛は最高のデザインであったが、正則の一の谷も竹中半兵衛譲りの名品であった。

「酒は呑め呑め〜、呑むならば〜、日の本一のこの槍を〜、呑み取るほどに呑むならば〜、これぞ真の黒田武士〜」

これが民謡「黒田節」に唄われる「日本号の槍」、俗に「呑み取りの槍」といわれるもの。

二尺六寸の穂先に龍の彫刻がなされ、七尺五寸の青貝螺鈿の柄が付属する。無銘であるが、作者は大和国金房と推定されている。所有者は正親町《おおぎまち》天皇、足利義昭、織田信長、豊臣秀吉、福島正則、母里多兵衛と転々とし、世に三位《さんみ》の位を持つ日本無比の槍という。大名の位がだいたい従五位あたりであるから、殿様以上に偉い槍なのである。戦前はこの「日本号」「蜻蛉切《とんぼきり》」「御手杵《おてぎね》」を天下三槍《てんかさんそう》といった。

母里家の鎧（個人蔵）

多兵衛はこの槍を、さっさと異国の戦場に持っていってしまった。武士はいつ死ぬか分からない。留守宅に秘蔵などしないのである。

講談では、多兵衛がこの槍で虎を刺し、動けずにいるところを後藤又兵衛が助けて横取りする話になっているが、もちろんフィクションである。後藤家がこの槍を所持したことはない。また、俗書『夢幻物語』は江戸藩邸の出来事に作って

母里多兵衛像（博多駅前）

いる。

慶長三年（一五九八）冬、朝鮮の役が終了して帰国後、栗山四郎右衛門・井上九郎右衛門と宇佐神宮の造営に携わる。四方の門のうち、西大門を母里多兵衛が担当した。国宝の本殿、勅使門などと共に宇佐神宮の景観を象徴する建物となっている。

慶長五年（一六〇〇）、黒田長政は、徳川家康の養女（保科氏）を娶り、五千余の兵で上杉征伐に従軍。母里多兵衛と栗山四郎右衛門は、大坂城下黒田邸（天満屋敷）の留守居となった。人質となっていた如水・長政の夫人を守るためである。

この時、石田三成は反徳川の狼煙を上げ、人質の囲い込みに出た。母里多兵衛は、両夫人を俵に詰めて脱出し、加藤清正夫人とも合流して海路如水のいる中津城へ戻った。

如水は九千余人の大部隊をこしらえた。朝鮮の役で秀吉の怒りを買い領地を失っていた大友義統が、隣接する豊後国で挙兵したためである。

如水はこの大軍を率いて、豊後国石垣原で大友軍と激突して討ち負かした。大友軍の降伏は奇しくも関ヶ原合戦当日であった。義統は義弟に当たる母里多兵衛を頼って降伏している。

慶長六年（一六〇一）、筑前国五十二万石を拝領した黒田長政から、多兵衛は一万六千石を給された。息子左近が別に二千石を給されたので、合算一万八千石である。播磨時代の主君小寺政職の子氏職《うじもと》（有庵）に、如水は六十四石、長政が二百石を与えていたが、母里多兵衛もまた、自分の領地から独自に二百石を与えている。

長政は居城を福岡に定め、重臣に六端城を築かせた。多兵衛の鷹取城は特に堅固で、最近の発掘で見事な石垣と瓦が出土している。長政は質素に作るよう命じたが、多兵衛はそれを聞かなかったというエピソードが残っており、それを裏づけている。尾根続きの福智山（標高九〇一メートル）が富士山より高いと言い張ったほど頑固な男であった。山裾の永満寺が屋敷跡で鉄砲町という地名も残っている。

慶長十年（一六〇五）暮れ、長政嫡子・忠之（四歳）の袴着《はかまぎ》の儀式で、母里多兵衛が親役となる。この時こう説いた。

「侍は何も要らず、武辺が専一なり。父様《ととさま》よりは、よくし給え」

それを聞いた長政は刀を抜いて激怒。栗山四郎右衛門が間に入ってなんとか収まったという。猛将といわれる長政だが、母里多兵衛から見れば赤児同然だったのであろう。長政にも何か負い目が無ければここまで無分別にはなるまいと思う。長政の初首は母里多兵衛からの貰《もら》い首。財部城では大小姓の井上伝次からの貰い首だった。殿様の手柄はこうした事例が多い。竹中半兵衛の弟久作の姉川の手柄も、実は家老不破矢足からの貰い首なのである。

慶長十一年（一六〇六）春、後藤又兵衛の脱藩で、その跡地に母里多兵衛の領地が移された。これにより、大隈の益富《ますとみ》城主となるも、江戸城の天下普請が始まって奔走。天守台石垣を担当した。多兵衛はこの頃、長政から「但馬守」の借受称号を与えられた。以後、母里但馬守と名乗る。

同年九月、徳川家康は天守台完成の労に報い、母里但馬に刀を与えた。この時の書状が「毛利」と誤っていたために、長政の命により以後、母里姓を改めて毛利但馬守友信となった。

この頃、林羅山は毛利但馬を次のように評している。但馬殿は武技ばかりの人物で、聖人の教えからは程遠いと聞いている。しかし、それは学者の働きよりは勝っている。

慶長十三年（一六〇八）、毛利但馬は桐山丹波信行と協力して領内長崎街道の冷水峠《ひやみず》（内野宿―山家宿間）の整備を開始。四年後に完成する。

慶長十七年（一六一二）、長政の嫡男忠之の具足始めの儀式も毛利但馬が行う。甲冑を着せ筥崎八幡宮に参詣した。竹森石見次貞が中白の御旗六流を立て、近習《きんじゅう》二十人ばかりがお供をした。

慶長十九年（一六一四）四月、武運長久を願い、領内大隈の若八幡宮拝殿を再建。

母里家長屋門

同年八月二十三日、継母が益富城内で没し、但馬はその城下に福円寺を建てて墓所とした。但馬はとても面倒見がいい。寺伝では伊東日向守祐清三女だが、該当する人物は秀吉家臣の伊東豊後守祐兵《すけたか》しかいない。祐兵は大友家旧臣で姫路に難を逃れ、やがて秀吉に仕えて日向国飫肥《おび》城主に返り咲いた謎多き人物である。関ヶ原合戦時に如水の別働隊として日向国で異様な働きを見せたのは、この血縁関係に起因していると思われる。

元和元年（一六一五）四月、大坂夏の陣では長政の子・忠之が兵一万を率いて従軍。毛利但馬・左近父子は福岡城の留守番を仰せつかっている。

ある時、長政が江戸から戻って近習を集め、習ってきた観世流の謡《うたい》を披露した。家老その他は褒めちぎったが、毛利但馬だけは頬に落涙して言った。

「謡に感動しているのではございませぬ。悲しいから泣いておるのです」

長政は怪訝《けげん》そうに但馬の顔をうかがった。

「どういう意味じゃ?」

毛利但馬は答える。

「鉢が開かん事を悲しむべし。以前は善悪正直にものを申す家臣ばかりでござった。それが武勇も忠節も忘れ、こんな下手くそな謡を褒めるなどとは……これでは御家は滅亡でござる!」

長政が興ざめして奥へ入ると、家老たちは揃って但馬の率爾《そつじ》を叱った。すると、長政が脇差を手に戻ってきたので、皆は息を飲んだ。ところが、但馬の横に座って長政も泣き出した。

母里多兵衛墓（麟翁寺）

「只今の諫言、我がために甚《はなは》だ忠節であった。父如水が蘇ったら感悦したであろう。この脇差を褒美として取らすぞ!」

毛利但馬の名言「鉢が開かん事を悲しむ」は、乱世の言葉らしい。先頭に立つ者がこれではいけないという意味合いである。

但馬も老いて涙もろくなったのか、大隈の自邸に栗山備後利安が訪ねてくると、

「義兄弟の誓いがあればこそ、拙者は貴公の折檻《せっかん》を受け、人となれ申した」

そう言って、手を取って泣いたという。栗山もそれを聞いて、互

いに号泣したと伝えられている。この言葉を最後に毛利但馬は世を去った。

時に元和元年(一六一五)六月六日、六十歳であった。一生のうち、自身の怪我は一度も無かったという。一国一城令で益富城が破壊されるのは没後で、領地支配のための屋敷はそのままあった。その隣接地に息子左近が麟翁寺《りんのうじ》を建立し墓を建てた。

二代目以降

長男吉太夫は早世。遺産配分は、二男左近友生に一万石、三男市郎右衛門に二千石(断絶)、娘婿(明石市右衛門)に二千石となっている。

実質的な嫡男左近は島原の乱後、黒田忠之の勘気を被って浪人し、寛文十一年(一六七一)大坂で没した。その子太兵衛友清には五百石が給されたが、目が不自由になり素庵と号して僧になっている。このため四代目で三百石に減じて、以後直系は消滅する。

左近の二男生敬は伯父黒田市兵衛正興の養子になった。しかし、正興に実子が生まれたため跡を継がずに忠之から新知七百石を拝領した。以後は友敬―信盛―友武―信意―友賢―友直―母里友諒と続く。三代目以降太兵衛を通称にしたため、初代の多兵衛を太兵衛と誤る書が多い。これが明治まで続いた天神丁毛利家(藤原系母里氏)であり、一系で分家は無い。近くの安国寺が代々の墓所となった。

現代に残る毛利但馬の画像と甲冑(現麟翁寺蔵)、日本号の槍(現福岡市博物館蔵)は、同家に伝来したものであり、大正時代に菩提寺に預けて福岡を去っている。したがって福岡に残っている母里さんは全て次に記す佐々木系母里氏か、姓をもらった関係者子孫である。

母里家の紋は三巴である。佐々木家と合体したためか、多兵衛は四目結の一つを採って釘抜《くぎぬき》を使用した。また、デザイン的には隅立《すみたて》地抜き三巴紋や石餅地抜き釘抜紋も使用されている。

佐々木系 母里氏

青山合戦後、官兵衛は母里武兵衛の妻おいち（尾上武則二女）に百石を給し続けた。息子は母里与三兵衛正勝（浄甫）といい、黒田家に仕え続けて筑前国で二千四百石になっている。その息子久勝は百石に減じて直方《のうがた》藩士になった。

京で暮らしていた母里義時は、筑前国に呼び返されて七百石を給された。その長男・四郎左衛門義貫（一五七六～一六二九）は三百石、二男七右衛門堅連は二百石、三男次郎右衛門は百石と分配され、明治に至っている。墓所は金龍寺。

その他

毛利但馬・母里正勝・母里義時の存命中に筑前福岡で五百石の母里五郎左衛門という謎の人物がいる。二代目以降八十五石に減じて明治に至る。嘉の字を諱の一字に組み込む一家系で、毛利但馬の子孫でもないし、右の佐々木系母里氏との関連も不明である。

八　後藤又兵衛基次《ごとうまたべえもとつぐ》

金石餅紋前立《きんこくもちもんまえだて》 頭形兜《ずなりかぶと》・黒糸威《くろいとおどし》 胸取《むねとり》 桶側胴具足《おけがわどうぐそく》（後藤又兵衛基次所用）

兜は金箔の石餅紋前立が付いているため派手に見えるが一般的な日根野鉢で地味である。ただし実戦ではこの程度の出で立ちだったと思われる。胴は段替、鞠・袖・草摺が黒糸の毛引威で高級感を出している。又兵衛は黒田家を出奔して滅んだため遺品は少ない。妹婿吉田又助重成に十王頭形兜を譲っているが現存しない。『常山紀談』によると、大坂の陣では銀の三尺大天衝の兜と黒母衣を着用していたというが、そういう派手めの甲冑像も見てみたかった。

また、逆に講談のヒーローとなったために偽物も多い。子孫に伝来した甲冑が松江城天守に飾ってあるが、復古の要素が入っていて明らかに後代のものと分かる。二代目・三代目のものが初代のものと誤伝してしまうのは、よくあることである。

後藤氏は藤原秀郷の流れといわれる。遠祖・後藤新兵衛基清は源頼朝に仕え、建保年間（一二一三〜一二一九）に播磨国守護を務めた。その子孫が神崎郡福崎の春日山城にあって基明―基景―基利―基阿―基治―基信―尚基―純基―伊勢守基信と続いたとされる。

嘉吉の乱（一四四一）で一度滅んだが、六代基信が復興した。天正六年（一五七八）五月十一日、同じ諱の伊勢守基信の時に羽柴秀吉に攻められて居城春日山城は落城したという。その弟を将監《しょうげん》基国といい、その子が又兵衛基次だという。ただし将監基国は講談上の名前であるし、春日山落城の時期も秀吉が但馬国へ乱入した永禄十二年（一五六九）ではないかと思われる。いずれにせよ、又兵衛は春日山城の支城・南山田城（兵庫県姫路市）で後藤氏の傍系として生まれたことは確かである。時に永禄三年（一五六〇）四月十日であった。幼名は弥八。家紋は屶《なた》で本家の紋（下り藤）とは明らかに違う。

後藤氏は別所氏の案内で秀吉に滅ぼされ、又兵衛の父新左衛門は小寺家を頼った。しかし、病死したため、官兵衛はその遺児又兵衛をあわれんで養育した。元服して役に立ち始めた頃、官兵衛は荒木村重の有岡城で捕らわれの身となってしまう。

天正六年（一五七八）冬、家臣一同は黒田家に対して誓紙を提出したが、又兵衛の伯父藤岡九兵衛（余田の出身）が応じなかった。そこで一族追放となる。この時、又兵衛は十九歳であった。

後藤又兵衛は仕方なく仙石秀久に仕えたが、四国の陣で官兵衛と出会ってしまい、所在がばれてしまった。そして、九州征伐を前に長政によって呼び返されるのである。官兵衛は謀反人の一族を身近で使うわけにはいかぬと、初めは又兵衛を栗山利安に百石で預けた。

南山田城跡

天正十四年（一五八六）十一月、官兵衛は九州征伐の初戦として宇留津城を攻めて落とした。この時、又兵衛は母里・栗山・井上・野村・久野・林・吉田らと先登して高名する。

天正十五年（一五八七）四月、財部城攻めで高名。長政は又兵衛を右の腕、

後藤基次像（『黒田二十四騎画帖』）

小河久太夫良実を右の脇腹と言って重用するようになる。同年十月、城井谷攻略に従軍。途中で又兵衛と吉田六郎太夫とで長政に不利を説いて退却を勧めた。だが、長政は聞かずに大敗北となる。同年十二月、長岩城攻めで力戦し瀕死《ひんし》の重傷を負う。そのためか翌年早々の城井鎮房暗殺では活躍していない。息子の太郎助基義が参加している。

文禄元年（一五九二）四月、文禄の役の際、黒田長政は兵六千人で三番隊を務める。後藤又兵衛・母里多兵衛・黒田三左衛門の三人交代で先手を務めた。同年六月、平壌の大同江にいた三千の白装束の朝鮮兵に向かって吉田六郎太夫と争って一番駆けをする。又兵衛は金の二本菖蒲の立物の兜に大身の槍、六郎太夫は白熊の棒の立物に鷺《さぎ》の丸の指物姿であった。大乱戦の中、吉田六郎太夫の子又助重成は兜首一つを取ると一番首だと信じ、後藤又兵衛に見せた。すると又兵衛は、

「はや敵を討ち取ったか、若いに似合わず大した働きだ！　しかし残念ながらわしの方が早かった」

後藤又兵衛家紋

後藤又兵衛花押

と言って、背中に隠してあった兜首を見せたという。又助は又兵衛の妹婿である。

文禄二年（一五九三）一月、江陰城の戦いで優れた働きをする。また、六月の晋州城の戦いでは亀甲車に乗り込んで一番乗りを果たした。これにより後藤又兵衛の名は天下に知れ渡った。

慶長二年（一五九七）九月、黒田長政軍は先鋒として公州城から稷山に向かった。この時、明の大軍と遭遇する。野戦であるため、数の少ない長政軍は苦戦したが、後藤又兵衛は背後の高台を駆け回って砂埃《すなぼこり》を立てて味方を大軍に見せる工夫をした。

慶長三年（一五九八）一月、蔚山城の戦いで日本勢が総攻撃をかけようと決めた日の早朝のこと。又兵衛は長政に命じられて物見《ものみ》に出る。そして、川を渡って敵陣近くまで行こうとした。すると、川上から日本の鐙が流れてくるではないか。又兵衛はすぐに戻って長政に報告した。

「日本勢の大将がすでに川を渡っています。我らも急がねばなりません」

「よし、出陣じゃ！」

又兵衛の機敏な行動で黒田隊

廻り鉢六十二間小星兜
（川越歴史博物館蔵）

総髪形兜・丸龍蒔絵
二枚胴具足（大阪城天守閣蔵）

益富城

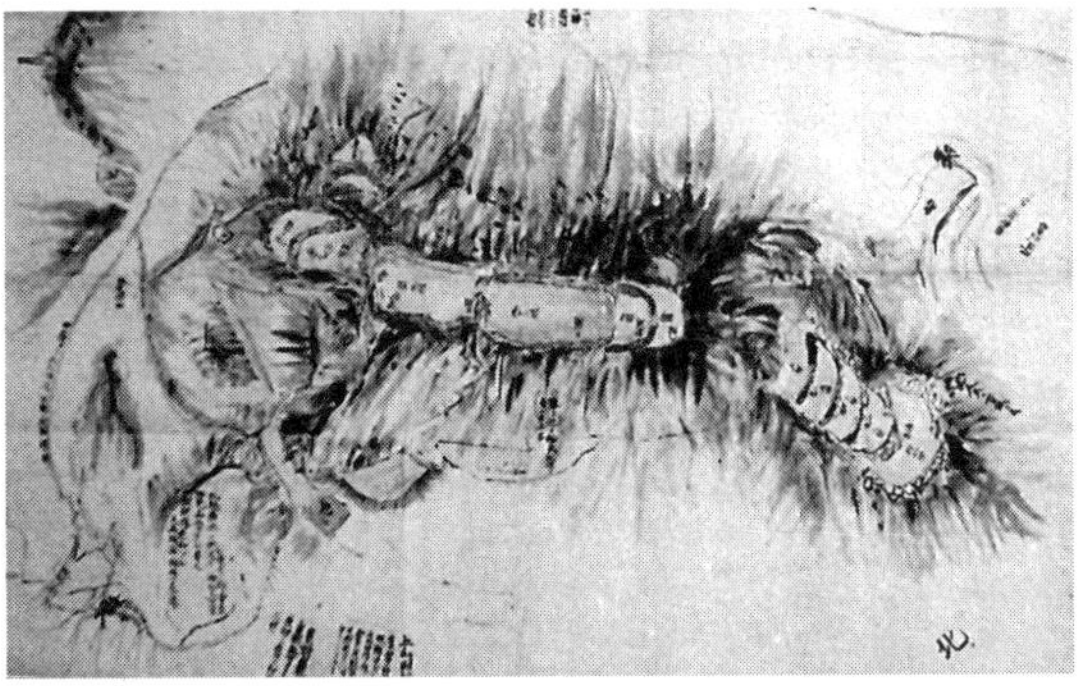
益富城 古図（内閣文庫蔵）

は諸将に出遅れずに総攻撃に加われたという。明軍は総崩れとなって敗走し、加藤清正・浅野幸長らを救うことができた。

慶長五年（一六〇〇）九月、天下分け目の戦いでは、又兵衛は長政に、息子太郎助が如水に従うことになる。又兵衛は黒田三左衛門と先手を務め、合渡《ごうど》川で先陣の名乗りを上げた。三左衛門が再三、

「今日、合渡川の先陣は黒田甲斐守なり」

と叫んだのに対し、又兵衛は、

「甲斐守内後藤又兵衛、今日の先陣なり」

と自己アピールに徹していたという。これはいずれ自立しようと考えていた証であると、後になって皆が気付くのである。しかし、関ヶ原の本戦は大混乱で個人プレーの活躍はできなかった。細川家の記録によれば、又兵衛は負傷し、長政の求めで医師が送られたとある。その後、後藤又兵衛は石田三成の居城佐和山の番を任されているから、大した傷でもなかったのであろう。

慶長六年（一六〇一）、筑前国において後藤又兵衛は、嘉穂《かほ》郡一帯の一万五千石を拝領した。彼の居城大隅は別名益富城とも呼ぶ。城主なのか城代なのか、この時代の区分は曖昧《あいまい》である。

さて、支城を預けた者たちであるが、彼らは一年のうち五ヵ月ほどは現地で生活するという態勢だった。そして十日から二十日くらいに一度は使いを出して様子の報告を受けていた。当時、家臣たちは直接領地を支配していたから築城と統治に忙しかったということもある。

慶長九年（一六〇四）、黒田如水が五十九歳で没した。この頃から幕府が武家官位で大名を統制したように、藩内でも借受称号が使用されるようになる。又兵衛は隠岐守《おきのかみ》を名乗るが、その期間はすこぶる短かった。浪人が隠岐守を名乗ってはおかしいのである。

慶長十一年（一六〇六）の春、大隈城の後藤又兵衛が家臣ともども忽然《こつぜん》と姿を消した。この出奔は用意周到で、福岡城下で人質になっているはずの妻子も病気療養と称して、出国させてあった。母親もしかりである（大隈には死んだ母のために寺を建てたという伝承があるが矛盾する）。

元来、又兵衛は逆臣の族であった。それを長政が家老にまでとりたてたのである。講談にあるように、如水が死んだので長政に見切りをつけたわけではなかろう。では原因は何か？　又兵衛は大隈城主になるや否や、直接他国の大小名たちと手紙のやりとりを始めたのである。

すっかり独立した一人の大名気取りであった。これから一族手を取り合って領国経営をしていかねばならぬ時期に、これは危険な行為である。長政はそれを知ると諫めた。その結果がこれである。長政は四方に人をやってその行方を尋ねた。すると又兵衛は小倉城主・細川忠興の所に身を寄せていることが分かった。長政は、

「世上にて後藤又兵衛、細川家へ召し抱えられしとの風聞、客分扱いであろうと我が一分立たざれば、是非に追い出されよ！」

と激怒して忠興に迫った。長政が怒り出すのも当然であった。

対して細川忠興も、戦国武将の中でも最も狂暴な大名といわれる武将である。たちまち双方火花を散らして険悪な状態となった。そこで又兵衛は自らそこを退き、船で京に出た。そして、福島正則、結城(松平)秀康、前田利長に仕えようとしたが、全て成功しなかった。長政がことごとく手を打ったためという。これを「奉公構え《ほうこうがま》」という。

その結果、又兵衛は故郷姫路に帰り、三浦四兵衛という武士宅に身を寄せた。四兵衛は池田輝政に仕えていたので、その縁から又兵衛は輝政の食客となる。

輝政は、無役《むやく》五千石(無役とは役職、従軍の必要がない特別待遇である)を給した。長政はこれを知ると家康に訴えたが、輝政の死までそれは続いた。

慶長十八年(一六一三)六月、輝政の跡を継いだ利隆は、長政の要請を受けて又兵衛を領外に追放した。そこで又兵衛は大和国郡山に浪宅し、貧窮して家人も分散してしまったという。

慶長十九年(一六一四)九月、豊臣秀頼の招きの密使が到来し、大野治長の書翰《しょかん》を受け取った。

「大坂城に来て下されば、浪人衆の総大将になっていただきます」

との内容である。

後藤又兵衛はこれに応じた。講談では長政を徹底的に悪者にして、又兵衛のこの行動を豊太閤に対する忠義のように書き立てている。しかし、後藤家は秀吉によって滅ぼされたのだから本末転倒である。

大坂城に入った又兵衛は、総構えを見学し弱点に気が付いた。それは、関ヶ原合戦時に徳川家康に楯突き、冷や飯を食っていた真田幸村も同じ考えだった。玉造口に砦《とりで》を作って強化しないと破られるとい

道明寺合戦図（『大坂陣図絵巻』部分、個人蔵）

うことである。又兵衛は幸村にこれを譲った。真田丸砦がそれである。幸村も講談師が作った諱であるが、便宜上使わせていただくことにする。

そして、いざ徳川家康軍と戦ってみると、豊臣秀頼はあっさりと講和に応じ、まんまと外濠を埋められてしまう。

元和元年（一六一五）、家康・秀忠は四月下旬に引き返して京の二条城に入った。そして早くも四月二十九日、大坂の樫井で豊臣・徳川両軍の兵が小競合《こぜりあい》を展開する。

夏の陣の始まりであった。冬の陣では江戸で謹慎していた黒田長政が、今度は五十騎の従者だけで出発した。そして五月五日、河内国星田に到着し加藤嘉明（二十騎）と共に家康に従った。

一方、城を丸裸にされた大坂方は野戦に持ち込むしかなく、軍議の結果、後藤又兵衛の意見が通った。すなわち道明寺（大阪府藤井寺市）で大和方面から来る徳川勢を迎え撃とうというものであった。

そこは大坂城の東南二〇キロの地点で奈良、紀伊、山城に通じる要路である。又兵衛の姿は上り藤の紋を付けた総白の旗に、黒熊毛の頭形兜（前立は獅噛《しがみ》）、黒糸威の鎧を着用。馬印は黒半月、太刀は熊の皮。鞘と羽織は黒かったと『難波戦記』にある。

翌六日の午前零時頃、又兵衛は二千八百の兵を率いて松明を連ねて道明

後藤又兵衛と吉村武右衛門の碑
（玉手山公園）

寺へ出た。松明をつけたのは大軍に見せるための工夫である。又兵衛としては、真田幸村・森勝永と兵を合わせて、大和国境で迎撃するつもりでいた。しかし、意外にも徳川勢の行動が速く、先陣の軍勢がすでに峠を越えて小松山一帯に陣を布していたのである。

遅れをとった又兵衛は、本隊の到着を待たずに夜明け前に攻撃を開始した。そして、小松山の徳川勢を追い散らすと兵の一部をそこに留める。さらに残りの軍勢を二手に分けて、平地に駆け下り奮戦した。

しかし、徳川勢は水野勝成・伊達政宗・本多忠政・松平忠明ら二万三千の大軍である。雨のごとく飛び交う銃弾の一発が、又兵衛の胸板を貫き、どっと落馬した。黒田家以来の従者・吉村武右衛門が駈け寄って助け起こすと又兵衛は、

「わしの首は決して敵に渡すな！」

と、命じた。

そこで、武右衛門は泣く泣く介錯して首を泥の中に埋めた。又兵衛は援軍の到着まで自分の死を秘して士気を下げまいとしたのである。五十六歳であった。体には五十三ヵ所も傷があったという。

翌日の正午、再び戦いの火蓋が切られた。家康・秀忠は主戦場天王寺に面して布陣し、黒田長政・加藤嘉明はその間に備えを構えた。大坂城攻防最後の時である。十五万五千対五万五千。三倍の兵力の差に豊臣側は全くの完敗であった。真田幸村も討死し、夕刻になると大坂城二の丸は陥落した。次いで本丸が炎上。八日になって秀頼と淀君は自害して果てた。

こうして豊臣家と秀吉の大坂城は滅んだのである。この時、黒田忠之（長政の子）は一万の軍勢を従えて兵庫に駐屯していたが、知らせを受けると、近習だけを連れて大坂へ馳せた。黒田二十四騎の生き残りは又兵衛の死をどう捉えていたか、知る由も無い。

又兵衛の母は神崎郡福崎町余田の藤岡氏。又兵衛と共に小倉へ逃げたことが長政の手紙で確認できる。又兵衛には妹が二人おり、吉田又助重成室・神吉氏室となっている。又兵衛の墓は鳥取の景福寺にある。これは又兵衛の孫・三浦正敏が建てたものである。また、かつて領地だった大分県耶馬溪町にも縁の者が建てたと思われる別戒名の墓がある。

二代目以降

又兵衛の妻については情報が無い。藩内の者ではないのであろう。長男を太郎助基義、二男を左門基則、三男を弥八郎、四男を又市郎という。女子は二人いて黒田家臣の野村祐直と曽我部徳蔵に嫁いだ。

基義は京都で禁足。その子正利が尼崎藩に仕えた。基則は毛利家に預けてあって自刃。弥八郎は加藤家で切腹。又市郎は細川家に預けてあったが十二歳だったので死をまぬがれた。細川忠興は元服と同時にこれを五百石で召し抱え、明治に至っている。

後妻は姫路池田家の家臣・三浦兵衛の娘で、又兵衛の死後、為勝を産んだという。三浦為勝―正敏―後藤刑馬―主膳―主教―数馬―弥右衛門―刑馬と鳥取藩で続いて明治に至っている。

九　黒《くろ》田《だ》三《さん》左《ざ》衛《え》門《もん》一成《かずしげ》

銀大中刳《ぎんおおなかぐり》　大盔旗脇立《おおたてものわきだて》　頭形兜《ずなりかぶと》・鉄錆地《てつさびじ》紺糸威具足《こんいとおどしぐそく》（黒田三左衛門一成所用）

画像では小さめに描かれているが、周高一〇三センチのこの大脇立は、黒田長政の大水牛以上に圧巻である。騎上の姿は様になるが地上戦では邪魔で使えなかったと思われる。自身は「兜は小立物よし」と述べている。

兜の鞠は五段、吹返しの無い紺糸の毛引威で実戦的。左右の角元は巨大な脇立を支えるために土台が刻苧《こくそ》で固めてある。関ヶ原合戦では石田三成家臣の鉄砲名人に狙われたという逸話も残っている。

揃いの胴は現存せず、晩年の別物が描かれている。紺糸を菱綴にした山道の五枚胴で、胸板に三つの銀の髑髏《どくろ》の金具が鋲留として使用されている。甲冑に髑髏を使用した例は、伝明智光春所用具足（東京国立博物館蔵）や立花家の兜（立花家資料館蔵）に見るくらいで非常に珍しい。これは島原の陣に使用された遺品で、揃いの兜も現存している。

大小銀磨頭立置手拭形兜という。大きな円形の表裏に大小の文字を描いた頭立を持つ雑賀兜で、小さな吹返しと五段の毛引威の鞠で構成されている。地元福岡製の甲冑だが、兜鉢は紀州和歌山から取り寄せたものであろう。

大小の文字をあしらった具足羽織も現存するが、画像は青く実物は淡い黄色である。

先祖は藤原北家の加藤氏である。加藤景廉―伊丹景親―雅永―頼興―雅盛―兵庫頭雅頼―安芸守親保＝加藤又左衛門重徳―図書吉成と続く。本家の伊丹氏は摂津の国人領主である。父加藤重徳（一五二〇～一六〇二）はその伊丹親興に仕えていた。

永禄十一年（一五六八）九月、織田信長が将軍足利義昭を奉じて上洛すると、伊丹親興は直ちに傘下となる。信長は伊丹親興・和田惟政・池田勝正を摂津国の三守護として優遇した。

元亀二年（一五七一）、伊丹において重徳の二男として三左衛門は生まれた。幼名を玉松丸という。母は伊丹親興の弟親保の二女であった。

天正二年（一五七四）十一月、将軍義昭派であった親興は信長と対立し、荒木村重に伊丹城を明け渡した。荒木村重は伊丹城を有岡城と改めて大改築し、加藤重徳はそのまま荒木家臣となっている。その村重もやがて信長と対立し、反旗を翻して籠城する。

天正六年（一五七八）十月、黒田官兵衛は荒木村重を説得しようと有岡城に入り、土牢の中に放り込まれた。この時、牢番を務めていた

黒田一成像（『黒田二十四騎画帖』）

黒田三左衛門花押

のが加藤重徳である。丸一年に及ぶ牢生活で栗山四郎右衛門が何度か潜入したが、重徳が見て見ぬふりをしてくれていた。

「もし生きて帰れたら、貴殿の子供を一人預けてくれまいか。黒田の姓を授け、我が子同様に立派な武人に育てたい」

と官兵衛は申し出た。

そこで、重徳は落城後に玉松丸を差し出したのであった。本人は長男と一緒に宇喜多秀家、小西行長に仕えている。

天正十二年（一五八四）三月、黒田玉松丸は岸和田の戦いに十四歳で初陣して首を取った。黒田二十四騎の最若手である。官兵衛は備前景光（六寸七分）の脇差を与えて元服を祝っている。黒田姓を与えてはいるが、紋は許していないので養子ではない。

天正十三年（一五八五）七月、官兵衛に従い玉松丸は四国の陣につく。

天正十五年（一五八七）四月、玉松丸は財部城攻めに諸人より先に一番駆けした。そして、小丸川を渡り切ると、馬上より槍で敵一人を突き倒した。

黒田三左衛門家紋

また、緋威の鎧に金兜を着た大男が石の上に腰掛けていた。玉松丸が馬から降りて槍で突くと、大男は手でつかみ、自分の薙刀で斬り付けてきた。玉松丸は槍を手放し、刀を抜いてそれを払うと、薙刀が半分に折れた。相手も刀を抜いて振りかぶってきたが、玉松丸は受け流して斬り込んで倒した。
この刀は長さ二尺二寸二分、備前祐定作という。この後、玉松丸を改めて三左衛門と称した。

同年十月、姫隈城攻めで井上九郎右衛門・衣笠久右衛門と一緒に活躍している。また、城井の一族如法寺孫二郎が後詰に駆けつけると、三左衛門は敵二人を突き伏せて高名した。

次いで第一次城井谷攻略の時、長政は死ぬ気になって突進しようとした。しかし近習たちは馬の口を押さえて制すると、鞭《むち》で馬を叩いて後退させた。そのため、峰から走り降りた長政の馬は、深い泥田の中にはまって動けなくなってしまった。これを見た黒田三左衛門は真っ先に駆けつけて、

「某が影武者となり申す、御馬印をお貸し下され、そして我が馬を召されよ！」

と、下馬して勧めた。しかし長政は、

「今日の敗軍は無念である。わしはこの場で死ぬまで戦うつもりだ！」

と言って、槍を構え動こうとしなかった。三左衛門が困っていると、

黒田一成所用 銀大中刳大盔旗脇立 頭形兜
（福岡市博物館 蔵）

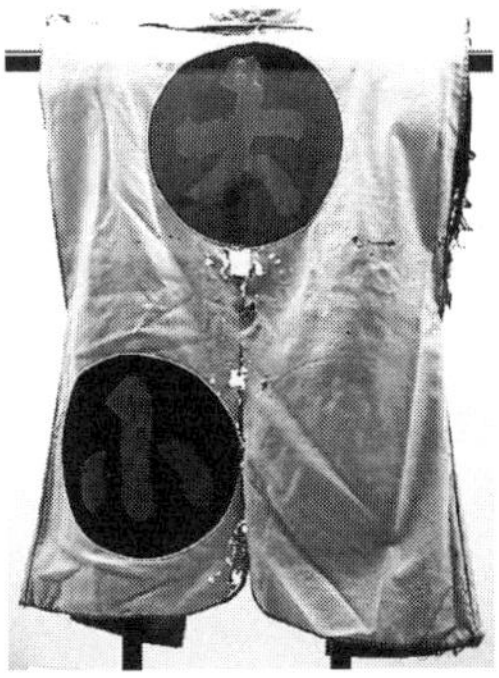
黒田一成所用 丸の内大小の文字鼠羅紗陣羽織（福岡市博物館蔵）

三宅山太夫が駆けつけて無理やり長政を退却させた。

この時三左衛門が出遅れた。先ほど、馬の面懸《おもがい》が外れてしまっていたのである。

「ここに我が弟同然の三左衛門を捨て置かば、敵に討たれてしまう！」

と、長政は馬を三回乗り回して、追いつくのを待った。この情に三左衛門は後々まで涙したという。

同年十一月、黒田長政は三千の兵で上毛《こうげ》郡を平定する。この際、観音原で鬼木掃部らの一揆軍と戦った。三左衛門は二人の敵を相手にして、一人を槍で突いて蹴倒し、久野四兵衛の家人に首を与えた。今一人も突くと大軍の中に突入し、長野兵部という武将も討ち取った。とにかく勇敢で強い。

天正十六年（一五八八）四月、城井鎮房暗殺の時は急遽《きゅうきょ》表へ出てその郎党を多く討ち取ったという。また、鎮房が残した大弓を引こうとしたが誰も引けなかった。そこで三左衛門が試してみると、見事に矢が巻藁《まきわら》に刺さったという。三左衛門は六尺もの巨漢で剛力だったことは、晩年の画像や現存する甲冑を見てもうなずける。

天正十八年（一五九〇）六月、領地二千四百八十八石を拝領。遅い仕官でありながら、若くしての大出世である。後にさらに二千石加増されている。

文禄元年（一五九二）四月、朝鮮半島へ出兵し、上陸してすぐの金海城攻めで大手よりの一番乗りを果たした。次いで昌原城攻めでも高名している。長政は信頼する母里多兵衛・後藤又兵衛・黒田三左衛門を交代で先頭に立たせ、朝鮮国の首都・漢城入りを果たした。

その後、黄海道を平壌に向かう時も同じで、途中で鉢合わせした敵を討ち取ること多しという。

同年六月、平壌の大同江でも三左衛門は敵と戦って勝利を得た。

文禄二年（一五九三）一月、小西行長が平壌で敗退して漢城へ逃げ戻ったため、黒田長政の守る白川城が明の大軍の矢面に立った。この戦いに三左衛門は活躍した。

同年六月、ゲリラ活動を続ける晋州城を秀吉の命令で日本軍が集結して攻撃。後藤又兵衛と黒田三左衛門の活躍を加藤清正が見ていて絶賛したという。

慶長二年（一五九七）九月、稷山の戦いは慶長の役における北限の戦いである。明軍は漢城を守るべく兵を南下させた。一方、右軍の先鋒黒田隊は北上して稷山に至り明軍と遭遇した。数に勝る明軍に押されて黒田隊は苦戦を強いられる。双方の間には一本の土橋があった。

「敵の大軍があの橋を渡ったら、長政公の本陣に突き掛かり、一人残らず討ち取られてしまうだろう。ならば、十死に一生の覚悟で防ぐべし！」

遠くで見ていた後藤又兵衛は後にこう言ったという。

「あの小勢であそこで立ち向かうとは危うき事なり。貴殿が討たれなかったのは不慮の幸いなり」

しかし、後続の吉川・毛利隊が駆けつけて事無きを得た。感謝すべきか、遅いと怒るべきか？　普段、手柄話をしない三左衛門であったが、この戦いの時の話だけは何度もしたという。

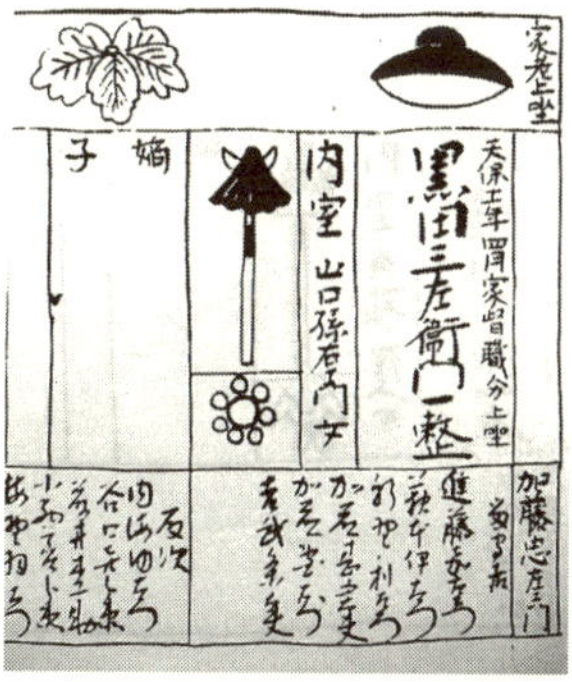

黒田三左衛門（『福岡武鑑』天保12年、九州大学付属図書館蔵）

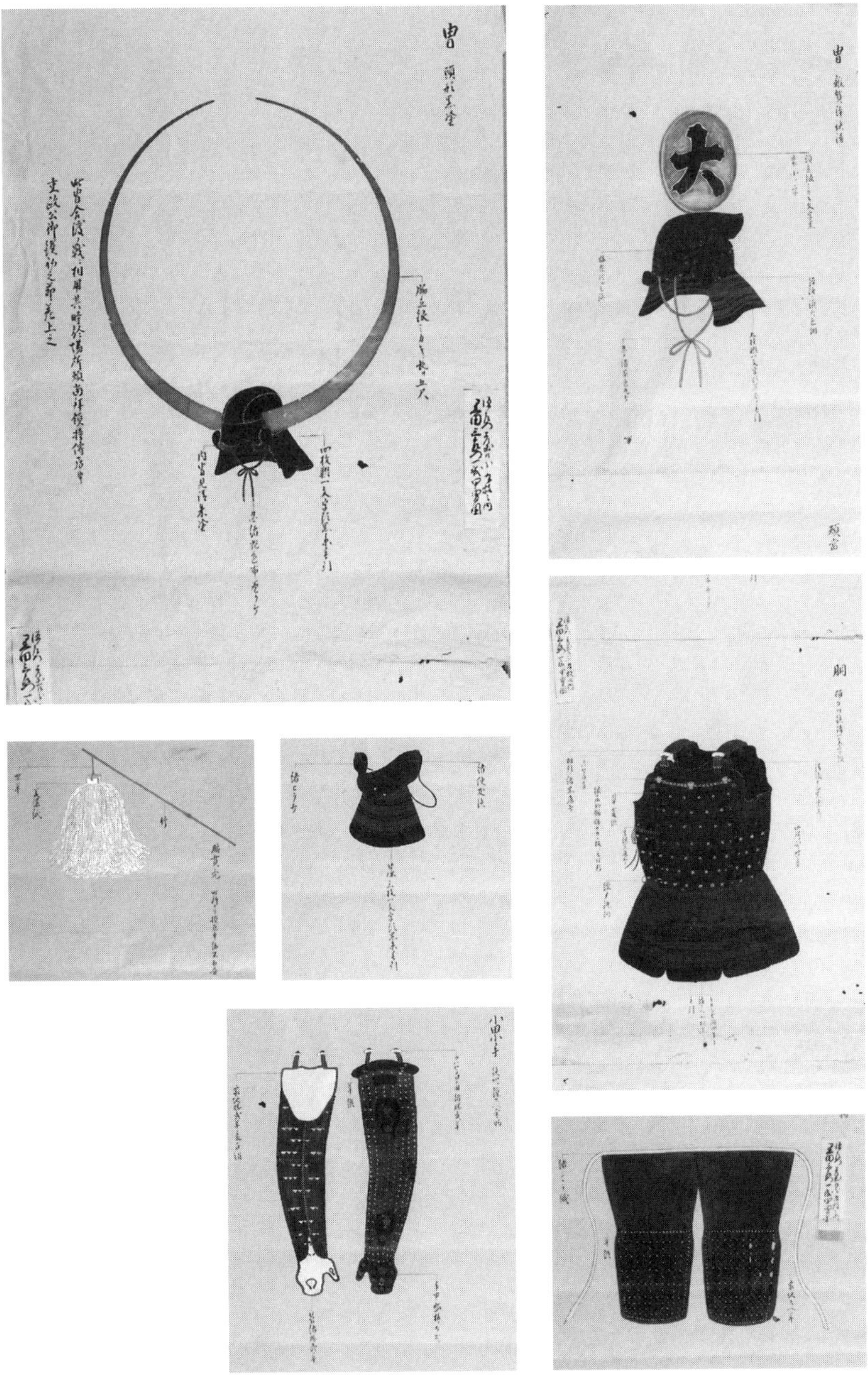

黒田一成 甲冑図（福岡県立美術館蔵）

またある時、黒田三左衛門と野村市右衛門祐直、後藤又兵衛が一緒になったことがある。その向かいには矢を三本持った明兵が一人いた。三人はこれを討ちとろうと争い、又兵衛が一番に馬を近づけたところ、腹部に矢を射られ、二番手祐直も矢に当たって倒れた。三左衛門も刀を振り上げたとたんに右手に受けた矢が肘まで貫いて刀を落とした。だが、三左衛門はそのまま組み伏せて明兵の首を掻《か》っ切《き》ったという。彼の傷は一生の中でこれ一つであった。

この年、如水の二男熊之助・母里多兵衛長男吉太夫・三左衛門弟吉松丸、いずれも十六歳が朝鮮に渡ろうとして溺死した。

慶長三年（一五九八）、加藤清正が蔚山城へ移動し、黒田長政が清正のいた西生浦城へ入った。そこでは朝鮮の義勇軍に度々城を攻撃されて悩まされている。

ある時、敵が光明朱の棒で三左衛門の刀を打ち落とした。そしてその刀で斬り掛かってきたので刀の取り合いとなり、なんとか組み伏せて首を取ったという。この奪った相手の兜が現存するというのだが、これがなんと純然たる西洋兜である。裏側に古式な朱が塗ってあり、それと光明朱とが混同されてこうした誤伝が生まれたのだろうか。ちなみに兜の内側に朱を塗るのは、主に関ヶ原以降であるが、この兜のそれは古式である。

慶長五年（一六〇〇）八月、合渡川の戦いで黒田三左衛門は巨大な刳半月脇立の兜を着用していた。馬は長政が小山会議で徳川家康から頂いた、二頭の馬の片割れである。面頬をしていないので長政が尋ねた。

「いったい、いつになったら面頬をするつもりじゃ？」

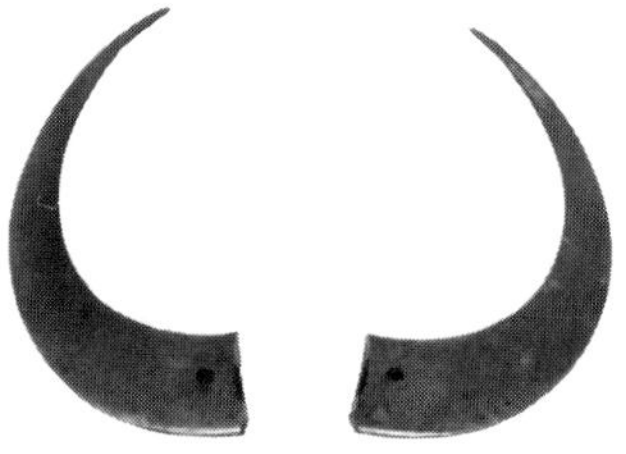

朱漆塗 水牛脇立
（福岡市博物館蔵）

「某はいつも致しませぬ」

素っ気ない返事に長政はこう言った。

「それは普通の武者の場合じゃ。その兜だと面頬無しではぐらついてしまうだろう」

そして自分の予備の面頬を三左衛門に寄越したという。

やがて、川の両側から鉄砲での撃ち合いが始まった。三左衛門は白撓いの指物の武者を鉄砲で撃ち殺すと、その傍らにいた朱の枝釣の指物をさした大将に目をつけて言った。

「次はあの者を討ち取ってご覧に入れまする！」

「おこがましい広言を吐くものではない。戦乱の中では思い通りになるものではなかろう！」

と長政はたしなめたが、三左衛門はもう戦闘態勢に入っていた。

長政の命令で黒田軍はひっそり川を渡り始める。濃霧がこれを助ける。敵は気付くと次々と鉄砲・矢を放ってきた。これに怯まず真っ先に渡河したのは黒田三左衛門であった。

「本日合渡川の先陣は黒田甲斐守なりーっ！」

と叫ぶと、三左衛門は例の敵を探し求めて見つけ、槍を交えた。しかし、決着がつかず組み討ちとなり、とうとう首を掻っ切った。この兜首と朱の枝釣の指物を首実検に添えると、長政は驚き、そして褒め讃えた。生け捕りの者に尋ねると石田三成の家臣で村山利介という者だった。三左衛門は予告通りの成果を挙げた。これを毛付の高名という。

石田三成は後方の大垣城にいたが関ヶ原へ後退。黒田長政ら東軍は赤坂で集結して徳川家康の到着を待った。そこで三左衛門は思わぬ来訪者と出会った。父の旧主伊丹親興である。黒田家に陣場借りをして手柄を立て、お家再興を夢見ていた（荒木村重に殺されたという俗説は真っ赤な嘘）。

やがて家康が到着すると、関ヶ原の合戦が始まる。伊丹親興は高齢だったが発奮して一番槍を交わす。相手は石田隊の侍大将・安宅作左衛門であった。やがて槍を捨てて組み討つが膠着《こうちゃく》してしまう。様子を心配していた三左衛門は馬で駆けつけると、上から相手を槍で突いた。

「親興殿、首を取られよ！」

そして自らは走り抜け、兜の引回しに鷺の蓑毛《みのげ》を付けた鳥毛羽織の武者と渡り合う。互いに馬上から落ち、最後は組み討ちして首を取った。石田家臣の蒲生将監という者であった。安藤伊賀守守就の弟である。

伊丹親興は相手の首を掻っ切ったものの、自分も痛手を負って息絶えていた。三左衛門は戦場跡を走り回って死体を捜し出し、土を盛って葬った。四十九歳だったという。親興の息子は家康の許にいて無事だった。子孫は黒田家に仕えている。

黒田一成所用 大小銀磨頭立 置手拭形兜・鉄錆地 紺糸威 胴丸具足
（福岡市博物館蔵）

慶長六年（一六〇一）十二月、三左衛門は下座郡一万二千石（後に

黒田一成と家臣像（福岡市博物館蔵）

二千七百石加増）を拝領した。三奈木に館を構えたため、三奈木黒田と呼ばれることになる。さらに領内の春日神社や清閑寺を復興する。また、父と兄を呼び寄せている。

慶長七年（一六〇二）三月二十二日、父重徳が八十三歳で没した。聖福寺の塔頭に葬られる。

慶長十九年（一六一四）十二月、大坂冬の陣に黒田忠之は一万人を率いて福岡から出陣、外濠の埋め立てを手伝って帰国する。黒田美作も携わる。これより以前に美作守と称していた。

元和元年（一六一五）三月、黒田忠之の供をして兵庫まで従軍。大坂の落城を聞く。五月二十一日、母親の伊丹氏が福岡で没。少林寺に葬られた。

元和六年（一六二〇）、江戸赤坂見附の石垣工事を黒田美作が担当する。北斗の構えといい外郭の中で最も堅牢な造りであった。

寛永十年（一六三三）三月、黒田騒動の決着がつく。美作は仕方なく忠之側として働いた。

寛永十三年（一六三六）、江戸赤坂見附の石垣工事を再び黒田美作が担当する。翌年は江戸城の新しく築き直した天守台を小河内蔵允と担当する。

寛永十五年（一六三八）二月、島原の乱に従軍。江戸幕府の軍奉行・松平伊豆守信綱は黒田美作を軍議の席に招いた。

「戦経験の多いご老公にお伺いしたい。一揆勢の籠る原城へはいつ攻め入るのが上策でござろうか？」

　伊豆の質問に美作は答えた。

「力攻めすればすぐにも落ちるでしょうが、食料と玉薬を消耗させてからがよろしいかと存じます」

「なるほどのう。もっともでござる！」

　知恵伊豆と呼ばれた幕府の重鎮にこう言わせたのだから、美作はなかなか大したものである。佐賀藩の『葉隠《はがくれ》』でも美作は褒められている。その後、隠居して睡鷗と号した。性格は温柔にして激しからず、しかし敵に対しては従容として動かず、自ら絵筆をとり、花鳥風月を愛し、歌人でもあった。遺訓として次のようなものもある。

「小身の士は自身の働きを専らとするなれば、甲冑諸道具に至るまで手軽くして、各々その力量に応じて製すべし。兜は小立物よし。但し諸士は対の印を用いれば、強いて立物などは好まず、具足は軽く短きがよし。少しでも力量より重いのは身の働き成り難し。行くべき所にも行く事ならず、後れを取る事あり。身重くては主人への不忠の事多し」

　戦功は数限りないが、平生武功を誇らず、ただ長政の下知《げち》に従って利を得ただけだと慎んだ。『黒田長政記』を書き残し、「黒田長政像」や「大坂夏の陣図屏風」の制作にも携わった。

　明暦二年（一六五六）十一月十三日、福

洗米紙形兜・紺糸威 胴丸具足
（福岡市博物館蔵）

黒田三左衛門墓（崇福寺）

岡で八十六歳の生涯を終えている。家臣二人が殉死した。彼は黒田二十四騎中最後まで生き残った人物であった。忠之とは不仲で大徳寺の江月《こうげつ》和尚（春屋和尚の法弟）が三奈木まで来て仲直りの労を取ったこともあった。墓は崇福寺。本来は塔頭の正伝庵にあったが、現在は無く、崇福寺に吸収されている。

屋敷は城内。紋は蔦《つた》で、これは荒木村重のものを受け継いだという。二代目以降は市目笠。陣幕は八曜であった。妻は栗山四郎右衛門利安の娘。兄の家系は二千八百石で幕末に至っている。幕末に加藤司書という勤皇派の志士が出ている。

二代目以降

黒田騒動の前後、ほとんどの大身が分限削除を受けたわけであるが、一人高禄を保ち続け、その領地から三奈木黒田家と呼ばれて幕末に至った。美作には娘しかなく、久野四兵衛の子外記重時と結婚。その間にできた子が一任で、三奈木黒田家の二代目を継いだ。以後は兄弟相続や再び久野家からの養子などがあるものの、血脈は続いている。

一任―一貫―一春―一利―一照（一誠）―一興―一康―一定（清定）―一整―一美。

十　野村太郎兵衛祐勝《のむらたろうべえすけかつ》

一《いち》の谷頭立兜《たにずだてかぶと》・胸取《むねとり》 茶糸威具足《ちゃいとおどしぐそく》（野村太郎兵衛祐勝所用）

竹中半兵衛は二頭の一の谷を有しており、一つは野村家に譲ったと記録がある。なるほど野村太郎兵衛がそれを被っていてもおかしくはない。長政に伝わった一の谷は大振りだが、こちらの兜はシンプルで素朴である。半兵衛は一の谷合戦をイメージして製作させたという。

胴は段替で左脇に鼻紙袋が付いている。はて、こうした鎧が文禄年間にできていたのであろうか？　妙法院に伝わる総金箔の秀吉の甲冑は確かに段替胴である。ただし、流行るのは大坂の陣あたりからで、基準資料とは決していえない。だからこの胴は空想と思われる。

母里多兵衛・野村太郎兵衛の兄弟は本来曽我氏である。野村家には曽我五郎宛の源頼朝書状も残っている。家系は工藤家継―伊東祐家―河津祐親―祐泰と続き、祐泰の子祐成・時致《ときむね》の二人が、仇討ちで有名な曽我兄弟である。

祐泰の弟を伊東祐法といい、祐法―祐光―祐京―河津祐盛―祐重―貞重―重房―曽我祐明―祐城―祐尹―兵庫介祐兼―丹波守古祐となっている。

先祖である曽我家は代々、伊豆国伊東を領していた。永仁元年（一二九三）、河津貞重の時、長門国高島

野村祐勝像（『黒田二十四騎画帖』）

へ移った。そして孫の祐明が、分家独立して播磨国に移り、曽我姓を名乗ったとされる。曽我という地名は現在の兵庫県加東市にある。

祐兼の弟を丹波守祐道といい、その子が大隅守一信（一五一六～一五七七）で、母里多兵衛・野村太郎兵衛の父親である。本家は小寺家に属していたようで、曽我大隅は黒田職隆に仕えて黒田家の初代家老になっている（古祐は晩年、筑前国で野村家の厄介になっている）。

太郎兵衛は幼名を小辰郎（小作郎）といい、姫路の西城戸で生まれた。母親は多兵衛と違い、伊東氏である（母里多兵衛の項を参照）。この伊東氏も同族で曽我兄弟に討たれた工藤祐経《すけつね》の子孫に当たるから面白い。

永禄十二年（一五六九）、青山合戦で曽我太郎兵衛（母里多兵衛の兄）が討死し、二男の多兵衛は母里氏を継いだ。弟の小辰郎が曽我家を背負って立つことになる。

天正元年（一五七三）、印南野《いなみの》合戦で兄と一緒に初陣した。別所長治に姫路城下を焼かれた報復戦である。多兵衛は十八歳、小辰郎は十四歳であった。その後、丹波国氷上郡野村城主一族の野村伊予守娘と結婚する。

天正三年（一五七五）、小辰郎の妻の実家が滅ぶ。このため、野村姓を継ぐことになり、野村太郎兵衛と名乗った。家紋の揚羽蝶《あげはちょう》も受け継いでいる。その系譜は詳《つまび》らかにされていないが織田信長家臣に野村氏があり、竹中半兵衛が愛用の一の谷兜を譲ったとされる。太郎兵衛はその兜も引き継いだ。その後、播州の地戦に度々手柄を立てたというが、詳しい内容は伝わっていない。

天正十二年（一五八四）、小牧・長久手の戦いに際して、雑賀・根来《ねごろ》衆が反秀吉の狼煙を上げた。一手は船で堺を、一手は岸和田を襲撃したのである。黒田長政は岸和田において自ら真っ先に進み出て敵二人を斬り伏せ、続く諸隊も大いに敵を蹴散らした。太郎兵衛も首を二つ取ったという。

そして、安心して解散したところに、七百騎ばかりが引き返してきた。戦場に残っていた野村太郎兵衛は橋の上に飛び乗って相手を威嚇《いかく》した。すると、まだ多くが残留していると勘違いをして敵は退いた。

しかし、一騎残る者がいて互いに槍を交える。勝負がつかずに休憩し再び戦ったが同じであった。だが、相手は今度は傷を負っていた。二人に気付いた明石与太郎という他家の者が、組み付いて首を取っていったという。

天正十四年（一五八六）十一月、秀吉の九州征伐に先行して黒田・毛利の軍勢は関門海峡を渡った。そして、初戦で豊前国の宇留津城を攻めている。この時、野村太郎兵衛は兄の多兵衛に負けず劣らずの奮戦をした。

野村太郎兵衛家紋

天正十五年（一五八七）四月、豊臣秀長軍は薩摩軍の籠る財部城を攻める。黒田隊の野村太郎兵衛は二十人の足軽を引き具していた。彼らに小丸川の土手を楯にして鉄砲を撃たせ、自らは槍を杖にして指揮を執った。

「撃てーっ！」

油断していた敵は面白いようにバタバタと倒れた。また、長政の難儀を救い、財

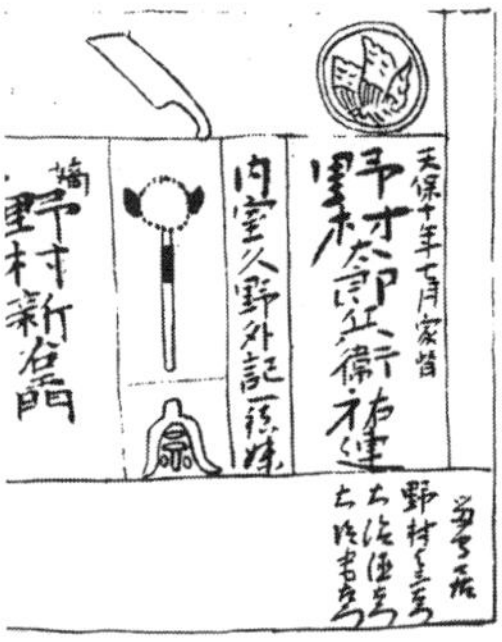

野村太郎兵衛（『福岡武鑑』天保12年、九州大学付属図書館 蔵）

部城を攻めて首五つを取る高名もした。

天正十六年（一五八八）四月、豊前一揆を先導して黒田家を悩ませ続けた城井鎮房を暗殺する計画が、長政を中心に練られた。そして決行の日、鎮房を中津城本丸の政殿に招き入れる。

長政は家臣吉田又助重成の注いだ酒を一口飲むと、盃を鎮房へ手渡した。すると彼は右手を脇差の柄にのせたまま左手でこの盃を受け取った。又助は若輩ながら気丈である。鎮房の盃にこぼれんばかりの酒を注ぎ、動きを封じて側に座り、長政が刀を抜きやすくした。

合図は「肴《さかな》！」の一声である。長政は隣の間に向かって言ったが、緊張のあまり声が小さかったらしい。再び「太郎兵衛、肴！」と声高に叫んだ。

「ハハッ！」

と答えた野村太郎兵衛は、鎮房の前までやって来ると、三宝を思いっきり投げつけて一の太刀を浴びせた。その切っ先は鎮房の左の額から目の下までをかすめたという。不意をくらった鎮房は脇差を半分抜きかけ、立ち上がろうとする。だが、長政に二の太刀を浴びせられうつぶせに倒れた。長政の一太刀は鎮房の左の肩から右の横腹までを深く切り裂いていたのである。太郎兵衛は刀を横たえ、片手をついて長政に言った。

「日頃のご本望です。今一太刀を！」

長政は応えて鎮房の背中に斬りつけた。同じ所を前後から斬ったため、鎮房の胴は切断されたというから凄まじい。もっとも、それは後に墓石が折れたこととダブらせた伝説かもしれない。
鎮房の家来たちはこの変事に気付くと玄関に突入して大激戦となった。しかし、吉田又助が櫓に登って早鐘《はやがね》を鳴らして家臣を呼び集めたため、城井の郎党たちは城下に敗走した。黒田家に伝わる「城井兼光」の刀は、この時鎮房を斬ったものである。

太郎兵衛のこの際使った脇差は、一尺八寸藤島作という。「曽我大隅」という所持銘があって、錆付《さびつ》いた状態で長く野村家に伝えられていたが現存していない。その後、野村太郎兵衛は二千九百六十石を拝領した。

文禄元年（一五九二）五月、小西行長・加藤清正・黒田長政ら五万の兵は開城（朝鮮国京畿道）に迫った。長政が先鋒を担当しており、黒田三左衛門・母里多兵衛・後藤又兵衛・野村太郎兵衛が開城の城攻めに活躍したという。

野村太郎兵衛 墓（晴雲寺）

文禄二年（一五九三）一月、黒田・毛利軍は臨津江《イムジンガン》を前に一泊していたが、李如松率いる二万の軍勢が攻撃してきた。吉川広家の援軍もあって敵を撃退した。この時、野村太郎兵衛の一隊だけで百七十五級の首を取った。これを臨津江の戦いという。

同年六月、明国との講和交渉中に秀吉は晋州城（朝鮮国慶尚道）を総力で攻撃せよと指令を出した。黒田長政と加藤清正が亀甲車で城門を破ったことで有名である。この戦いでも野村隊は五十七級を挙げている。

慶長二年（一五九七）二月十四日、豊前国中津において太郎兵衛は三十八歳で没した。日本へ帰国後病身となり、慶長の役を目前にしてのことであった。墓は筑前国の野村家領地内鯰田《なまずた》の晴雲寺（福岡県飯塚市）にある。近頃、大分県中津の円応寺にある「河童の墓」と伝承されているものが、野村太郎兵衛の本墓ではないかといわれ始めてもいる。

二代目以降

太郎兵衛の後妻は吉田六郎太夫長利の娘。子の大学祐直は野村氏の子か吉田氏の子か分からない。父が没した時は十七歳だった。父に代わって家人を従え、老巧の臣に負けず劣らずの働きを見せた。

特に稷山の戦いでは大男の明兵と戦い片足が不自由となった。天下分け目の戦いでは如水に従い、石垣原合戦において野村家の一隊だけでかなりの首を取った。筑前入国後六千石を拝領、後藤又兵衛の娘を妻にした。寛永八年（一六三一）八月四日領地嘉麻郡鯰田城で没している。子孫は中老職を世襲して五千五百石で明治に至った。

特筆すべきは五代目祐春の政治手腕である。なんと、その嫡男が秋月黒田家（五万石）の当主になっている。これは野村家に秋月藩祖黒田長興の血脈が嫁入りしていたためにできた離れ業であろう。

祐直―祐隆―祐良（祐明）―祐春（祐勇）―祐倫―祐文―祐連―祐允（切腹）、屋敷は城内、替紋として後藤又兵衛の労を用いた。

十一　吉田六郎太夫長利《よしだろくろうだゆうながとし》

白熊《はぐま》棒前立《ぼうまえだて》相州鉢兜《そうしゅうばちかぶと》・茶糸毛引威胴丸具足《ちゃいとけびきおどしどうまるぐそく》（吉田六郎太夫長利所用）

兜の実物は二代目吉田壱岐重成が島原の乱の際に所持し、二男へ与えられた八間筋兜である。それは一作ものの雪下具足で重い五枚胴と一緒で鉄砲玉の痕《あと》が付いたものである。

初代の甲冑はこれ一領しか残っていなかったらしい。後藤又兵衛譲りの十王頭兜、あるいは梨子打烏帽子兜もあったらしいが、江戸期半ばにはもう吉田家には存在していなかった。そしてこの分家へ渡った兜も、本家に見せたら取られると思って見せなかったらしい。『吉田家伝録』には小星兜で鉄砲玉が当たって星が飛んだとか、別の所では星の無い兜のようにも書かれている。この画像は結局、小星兜として描かれている。もっとも分家に渡った雪下具足も、重成のものではないかと筆者は疑っている。

また、胴は別所氏と戦った折に敵将から奪ったという茶糸毛引威の胴丸が画題に選ばれている。絵は当世具足として描かれているが、本歌はもっと古い腹巻形式のものであっただろう。もっとも伝記を読み込むと、奪ったのは別の黒い甲冑である。それも現存していない。実戦を戦い抜いてきた初代の遺品はなかなか残りにくい。

吉田長利像（『黒田二十四騎画帖』）

祖父の名は八代《やしろ》藤三郎道崇《みちたけ》、先祖代々赤松家の被官で置塩城下に屋敷を持っていた。家紋は杏葉《ぎょうよう》である。播州飾東郡八代村が本貫地で田畑二百貫（約千石）を領しており、柴崎山（八代山）に城を構えた。その子を六郎左衛門道慶《みちよし》といい、四百貫（約二千石）に領地を拡大した。妻は日向国出身の隅田氏娘という。天文十四年（一五四五）、黒田職隆が姫路城主となる。八代道慶はその寄騎のような形で黒田家臣となった。また、道慶の娘は小寺則職の側室にもなっている。

天文十五年（一五四六）十月二十九日、黒田官兵衛が姫路城で誕生する。この翌年になってすぐに六郎太夫が生まれた。幼名を長坊、与太郎という。黒田官兵衛の母は乳の出が悪く、与太郎の母が授乳したという。つまり二人は乳兄弟であった。与太郎は六之助と名を改める。

永禄四年（一五六一）、六之助の長男・与次が生まれた。母は三木善界の娘。この家系は子作りがえらく早い。

永禄六年（一五六三）、六之助は十七歳で職隆に出仕した。初陣はいつだったのか伝えられていない。

永禄七年（一五六四）一月、室津城主浦上政宗の息子小次郎清宗に職隆の妹が嫁いだ。この時、龍野城主赤松政秀の襲撃を受けた。婚礼の夜の変と呼ぶ。八代道慶は黒田家臣として同席していたが、左目を射られた。しかし、それを引き抜いて奮戦したという。武勇の誉七、八度に及んだといわれるが、この傷が元で帰ってから没した。

　永禄九年（一五六六）、二十歳の時、官兵衛の勧めで吉田に改姓した。官兵衛の家老吉田喜三右衛門重生から譲られたもので、養子ではない。吉田重生は赤松氏の血脈で置塩谷の中島砦の主であったが、黒田家の二代目家老となっていた。官兵衛としては初代家老である。

　永禄十二年（一五六九）八月、青山合戦で吉田六之助は物見に出た。ついでに小者の首一つを取って帰ると、官兵衛は、

「世間に逆さまに棒を拾うという言葉があるが、そちは逆さまに首を拾ったか！」

と、喜んで褒美を下したという。

　その後、姫路へ戻り三百の兵で油断していた時、別所勢三千が城下に火を放って徘徊した。

「敵が来たら門を固く守って防戦すべし。今日はもう遅いゆえ、攻めてくるとしたら明日早朝ならん。然らば夜半に忍び出て敵を挫《くじ》くべし。ただし、その前に一人でも人が出れば、別所勢は押し寄せてくるやもしれん。よいか、出たら曲事《くせごと》ぞ！」

　官兵衛は城兵に命じて門に鎖を掛け、自身で櫓に登って敵の様子を眺めていた。六之助は見回りのふりをして人気の無い所へ行くと、木を登って縄で城外へ出た。すると別所勢は、陣を払った後だった。六之助は無念に思い三〇〇メートルほど追ってみた。

　すると、荷駄隊を護衛する殿《しんがり》の騎士が二人いた。六之助は味方のふりをして六〇〇メートルも歩くと一騎が用事で離れた。六之助は好機とばかりに残った騎士の右の足の付け根を槍で突いた。

吉田六郎太夫家紋

三人の従者が逃げたので、首を掻っ切って立ち上がると、もう一人の騎士が二、三十人の徒歩の者を従えて戻ってきた。これには、さすがの六之助も田圃《たんぼ》の畦道《あぜみち》に逃れて走り帰った。

「その方の働きは毎度比類が無い。しかし、下知に背くは大罪ぞ。許すのはこの一回までじゃ」

と官兵衛は言って、六之助の出仕を数日間禁止した。

同年十二月、龍野赤松勢と黒田・小寺勢が夢前川を挟んで対峙したままになっていた。折しも寒風激しく双方なかなか戦を仕掛けない。そこで六之助は酒を三、四杯飲むと、いつもの二間半の槍を手に川にざぶざぶと入り叫んだ。

「一番槍は我なりーっ！」

すると躊躇《ちゅうちょ》していた味方も続々と川を渡り合戦となった。六之助は黒具足の武者の草摺の間を突いて倒し、叫んだ。

夢前川

「忙しき場なれば首は取らぬぞーっ！」

そして徒歩の者二人も討ち取った。

天正元年（一五七三）から翌年にかけて別所長治が置塩城に攻撃を仕掛けてきた。当主の赤松則房には対戦能力が無く、小寺・黒田連合軍がそれに対処する。

吉田六之助が物見に出ると、金の桃形兜と茶糸毛引威の鎧を着た別所の物見と出くわした。こっそり後ろへ回って、

「掛かれーっ！　掛かれーっ」

と叫んで六之助が走ると、敵は味方と勘違いした様子。不意を突き右の下散から、えいやと槍を繰り出した。しかし、骨に当たって貫通しなかった。そこで、そのまま乗り掛かって脇差で首を掻っ切った。気が付いた追っ手を尻目に、六之助は片手に首を片手に槍を持って走り帰った。

　また、一合戦あって双方が引いた時、山下で敵三人が休んでいた。槍は持たずに刀ばかりであった。

「おーい、疲れたか？」

　六之助は味方のふりをして近付いて槍で一人を突いた。そして二人目に槍を投げつけ、三人目は相手より早く刀を抜いて斬り殺した。槍を投げつけた二人目がようやく刀を抜くと、三太刀四太刀斬り合い相打ちとなった。六之助は手を負傷。相手は頭を目の下まで斬られていて倒れた。六之助は三尺の大刀を片手で突き出して踏み込んだという。

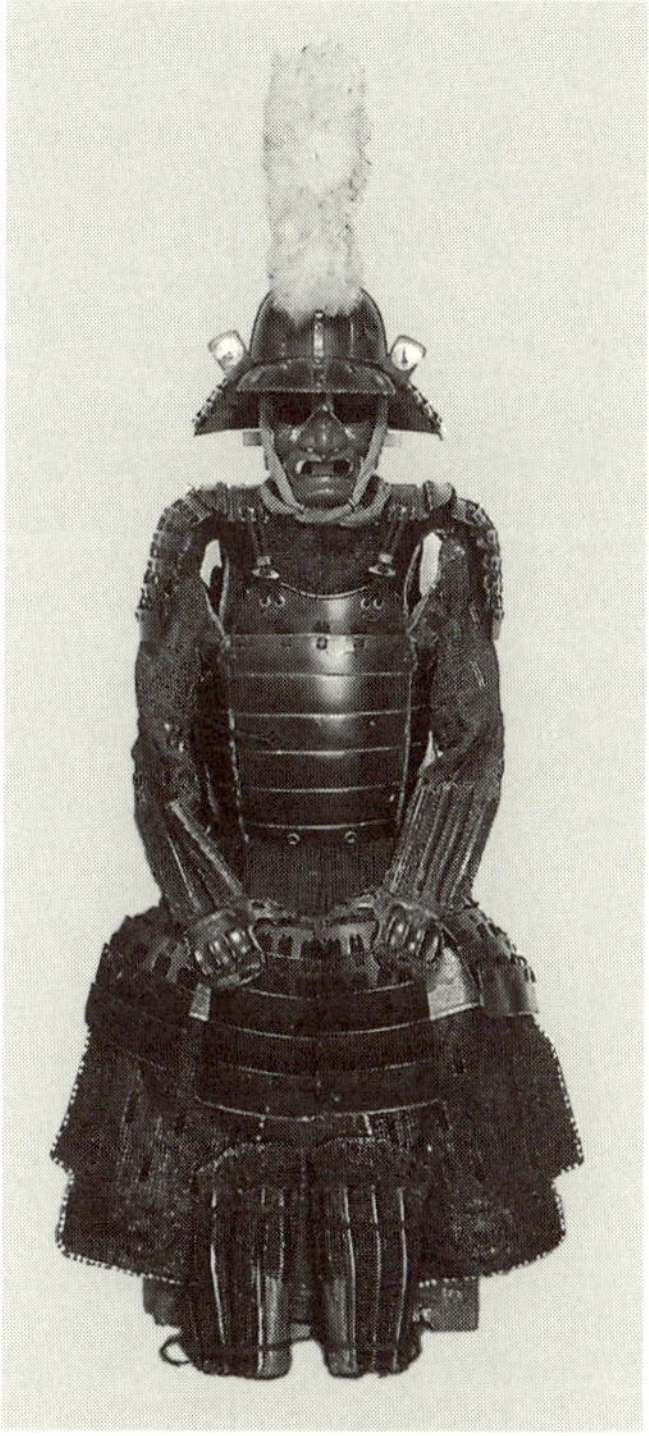

相州兜・五枚胴仕寄具足
（個人蔵）

「かような勇士を召し抱えていれば、この先必勝なるべし！」

　首三級を持ち帰った六之助に言った、官兵衛の一言である。

　また、中間頭の助右衛門が別所氏に内通していたことが分かった。吉田六之助に仕物の命令が下る。

「今日は城で会わなかったが、どうされ

た？」

下城がてら、さり気なく立ち寄ったふりをして聞いた。

「某は讒言《ざんげん》によってご成敗されるのですか？　されば吉田六之助殿が来ると思っておりました」

と言って、助右衛門は脇差に手をかけた。六之助は油断させるために無刀でいたので、傍らにあった鉞《まさかり》を素早く手に取ると、耳の根に打ち込んで一瞬で殺してしまった。七、八回行った仕物の一例である。

元亀二年（一五七一）、二男又助重成が生まれた。この数年後に長男が討死してしまうので、六之助にとって大切な存在となる。

天正二年（一五七四）、小寺・黒田勢は退却する別所勢を追った。そして、松原（兵庫県姫路市）で戦闘となった。この時また、六之助は首二つを取っている。槍で一騎、駆けつけたもう一騎を例の大刀で。

官兵衛は六之助を召して言った。

「汝は毎度一番槍を突き、あるいは物見に出ても敵を討ち、退く時には殿軍を務めている。ある時は隊長、ある時は軽卒の技をこなし、『一騎当千』ならぬ『一人当千』の働きじゃ。今までは徒歩の者として利ありといえども、我が兵も多くなったので、馬に乗り采を執る者が必要じゃ」

六之助は頷いた。官兵衛は続ける。

「今日より一人の危き行動を止め、馬上にて味方の進退を下知せよ。良馬を見つけたら報告せよ。買い求めて与えたいと思う。良馬に乗り、好きな甲冑を着た敵を討たば、首を取るに及ばず。馬鎧を取れ！」

この頃は一国に五人も十人も城主がいて、戦ばかりで道も塞がり馬も鎧も安くはなかった。

「敵を討って馬鎧を取るのは容易いことでござる！」

六之助は力強く答えた。

印南野合戦というのは一度二度の戦いではない。別所勢との小戦闘が何回も行われた。六之助がいつもの通り、鎧の上に茜の広袖で丈の長い鹿服を着て出陣すると、白芦毛の馬に朱鞍を置いた黒甲冑の武者が目に止まった。掛かる時には先に進み、退く時には殿軍を務めている。よき相手と思った六之助は走り寄って、槍で突き落とした。

そして、首を掻いて甲冑と馬を奪った。その姿で本陣に馳せ戻ると官兵衛は怪訝そうな顔をした。鎧を脱いで首実検に臨むと、官兵衛は納得した顔をして言った。

「六之助よ。以後は吉田六郎太夫と名乗って侍分となれ！」

馬にはいったん逃げられ、官兵衛が捕らえて六之助に与えたという説もある。

天正三年（一五七五）、長男の与次が父に三尺の大刀を所望する。十五歳になっていた。

「これは汝には長過ぎるであろう。もう少し大きくなって力が付いたら与えよう」

と、六郎太夫が答えた。すると、与次は片手で百振りしてみせた。それを見て父は頼もしく思い、即座に譲ったという。

天正五年（一五七七）、戦国の風習に首供養というものがあった。敵の首を三十三取ったら、その供養をするというものである。まず僧を招いて経をあげ、二十一日間精進の後、塚を築くのである。武功者にとっては最高の名誉であり、主君にとっても近隣に聞こえよがしの宣伝になった。

しかし、なかなかここまで達する者はいない。黒田家にも一人いるだけだった。秦桐若丸という十人力の豪傑である。彼の時は八宗の僧を招いて供養を行い、それ以後は彼の指物（一間半の唐団扇）を見ただけで敵が逃走したという。

ところがこの頃、別所長治の老臣がやり遂げて、国中に触れを出して盛大な首供養が行われた。官兵衛はうかうかしていられず、まだ二十七級しか取っていない吉田六郎太夫に米百石を与えて首供養をするように命じた。吉田が辞退しようとすると官兵衛は怒って、

「弱気なことを申すな。汝は今まだ三十一歳であろう。この先三十三級まで首を取ることは目に見えている。一足早く供養をしてしまえ！」

と叱り、播州青山の南方に首塚を築いて別所氏に対抗してみせた。吉田はこの後日本で十級を取り、朝鮮陣を終えた時には全部で五十級に及んだという。

天正八年（一五八〇）一月、長男与次が三木城攻めで戦死する。父譲りの三尺の大刀で三人まで斬り伏せたが、鉄砲に当たって深手を負ってしまった。わずか十九歳であった。

天正十年（一五八二）五月、備中高松城攻めで、秀吉は堤を作ったものの足守川を塞げずに困っていた。そこで、六郎太夫は船に石を詰めて並べて浮かべ、船底に穴を開けて一気に沈めることを提案。見事に水攻めが成功した。六月、山崎合戦で官兵衛が重臣らに意見を求めたところ、

「光秀の領地は丹波国なので、その方面の封鎖を開けておけばよいかと存じます」

との六郎太夫の提案が通ったという。もっとも出典の『吉田家伝録』は、何でも六郎太夫の手柄になっている傾向がある。

天正十二年（一五八四）三月、岸和田の戦いに吉田六郎太夫も参戦している。

天正十四年（一五八六）、二男の又助が十五歳で初陣。小倉・宇留津・香春岳城のいずれかは不詳。

天正十五年（一五八七）四月、又助が財部城攻めで初首を挙げたことになっている。実は又助は傷を負ってしまい戦地を去ろうとした。この際、二騎が追ってきたので六郎太夫がこの一騎を倒して首を取り息子に与えたものという。もう一騎は慌てて逃げてしまった。

天正十五年（一五八七）十月九日、第一次城井谷攻略では、六郎太夫は馬ヶ岳城で留守番であった。

さらに、十月中旬の城井谷封鎖で六郎太夫は銃卒を率いて攻防に加わった。ふと気付くと木陰に忍者が二人いた。物見に違いないと六郎太夫は走って一人を槍で突き殺した。逃げた一人も吉田家の従者が追って斬り殺した。六郎太夫の足は忍者より速かった。

天正十六年（一五八八）四月二十日、城井鎮房暗殺時、又助が早鐘を鳴らして家臣に知らせた。また、又助は台所口で城井の家臣二人を討っている。又助はこれらの手柄で十七歳で足軽頭に抜擢《ばってき》された。

一方、六郎太夫は城外の自宅にいた。鐘の音を聞くと銃卒十人・家人八人を従えて、裸馬に乗って駆けつけた。城門に着くと敵二人がいたので槍で突き殺して従者に首を取らせた。そして門を防御していると、鎮房の家老塩田内記と五十人の城井家臣が駆けつけてきた。それを銃撃して城内に入るのを食い止めた。

同年四月二十二日、第二次城井谷攻略は城井家残党の掃討戦である。長政は重臣十三名を遣わしてこれに当たらせた。六郎太夫はその中の一人で、銃頭十騎に二十人ずつの銃卒を、自身は五十人の銃卒を従えて大平城を攻めた。鎮房の留守居は二ヵ所で防戦していたが、後方に回った兵士が火を放ったため、女子供が動揺し落城したという。

豊前一揆の平定後、官兵衛は家臣一同に領地を与えたが、吉田家の石高は千二百八十二石であった。

文禄元年（一五九二）四月十七日、朝鮮半島の金海浦に初上陸した際、六郎太夫が銃卒五十人を二つに分け小舟二艘に乗せ、自身も小舟に乗って先行した。そして小高い丘に布陣して全軍の上陸を誘導した。初戦の金海城攻めで六郎太夫が二人、又助が傷を被りながらも一人を討っている。

朝鮮国の首都・漢城を占領後、秀吉軍の一〜三番隊は北上を開始した。逃げた国王親子を追うためである。ところが途中で長政が呼び戻された。如水が秀吉の伝令として漢城に到着したからである。

「敵が現れたら我が銃卒を進めて攻め合いを始めましょう。危なくなったら飛脚を走らせますので援軍を寄越して下され」

六郎太夫はそう言って、いつものように先手を務めた。そして開城に近づくと敵の攻撃を受けた。二百人を討ち取って撃退したが、家臣らはそのまま野陣するべきか迷った。

「この森は敵を防ぐには不便でござる。西に岩山が見えるのであそこが良いかと存じます」

六郎太夫の提案に他の重臣も同意した。そして移動してみると、やはり夜になって松明を持った敵の大軍が攻めてきた。先発隊の人数だけで対処できる相手ではなかった。使いを走らせると長政は急いで駆けつけて合戦となり、そのまま開城を占領した。長政に従っていた又助が首一つを取ったという。

同年六月、平壌城の手前には大同江という、大船が往来する日本では見られないような大河があった。長政は吉田親子に幅を見積もってくるように命じた。翌朝、親子が大同江に行くと、向こう岸に朝鮮人が三人立っていた。又助が同じ背格好の家来を同じ大きさになる距離に立たせて測ると八町五段（九〇〇メートル強）あった。これを聞いた長政は、若いのに大した工夫だと褒め讃えた。

城攻めでは六郎太夫が後藤又兵衛と先手で奮戦し、息子又助は本陣にいた。この時、長政自身が河中で敵と戦い、又助も河中で敵一人を討ち取った。ところが狙撃されたのを見て、六郎太夫も河に駆け入る。すると敵と組み討ちになり、重い鎧を着ていたので、水練達者の六郎太夫も河に沈んでしまった。慌てて家来が引きずり上げると、しっかり首を掻いていた。

その後、黒田軍は黄海道を平定したが、又助がまた一人討ったという。さらに、小西行長の平壌敗北により日本勢は漢城へ集結するが、吉田六郎太夫は東大門を守った。

文禄二年（一五九三）六月、晋州城の戦いでは城門を壊すために「亀甲車」という兵器が用いられた。その中には後藤又兵衛と吉田六郎太夫の家来が乗り込んだ。また、又助が弓傷五ヵ所を負いながら先登した。

漢城 東大門（韓国ソウル特別市）

慶長二年（一五九七）七月、二度目の出兵に、又助は四百六十九人を、吉田六郎太夫は二百五十人を従えて参戦した。黒田二十四騎で親子一緒の活躍というのは珍しい。

慶長五年（一六〇〇）九月、天下分け目の合戦で吉田六郎太夫は如水に従っている。第二次富来城攻めに日時を要した。籠城軍は大量の鉄砲を備えていたのである。おびただしい弾丸が飛び交っていた中、鉄の塊のような仕寄具足（小田原鉢・雪下胴）を着込んだ吉田六郎太夫は、兜と歯茎に鉄砲玉を受けてしまった。これが生涯最初で最後の傷だという。

「如水公も鎧兜をお召しになって下さい！　相当危険でござる」

いっこうに甲冑を身に着けようとしない如水に六郎太夫は忠告した。

吉田六郎太夫 墓（金龍寺）

「六郎太夫よ。わしが甲冑を肩に担ぐのはもっと別の時である！」

天下を狙う如水の下心がうかがえる言葉であった。この時、又助は体調不全で遅れて戦に参加し、徒歩の者一人を討ち取ったという。

慶長七年（一六〇二）十二月、筑前国の検地も済んで、吉田六郎太夫は千二百石。息子又助は二千石を拝領して名を七左衛門と改めた。

慶長九年（一六〇四）三月、如水が没すると南の丸に入って城代となる。さらに長政から壱岐守という借受称号を下された。晩年は隠居して水庵（翠庵）と号している。

元和九年（一六二三）九月二十二日、吉田壱岐は七十七歳で没した。壱岐は一生の間戦場に臨むこと五十九度に及び、日本人三十七級、朝鮮・明兵を加えれば五十級の首を取ったという。屋敷は福岡本丁、墓は金龍寺。

二代目以降

七左衛門重成は東蓮寺分藩の時、その家老として四千石となった。そして島原の乱に従軍した。自ら敵一人を倒した時、子の右馬太夫が自分の仕留めた首二つを下人に持たせて戻ってきた。嬉しげにそれを見ようとした時、敵の鉄砲が腰に当たってしまう。そして、その傷が元で他界した。寛永十五年（一六三八）二月二十一日、六十八歳であった。

重成の前妻は後藤又兵衛妹。後妻ひきじ殿は小早川秀包の娘。祖父は毛利元就、母は大友宗麟の娘である。

その家系は本藩に戻って五千石の中老職として明治に至っている。重成―知年―増年―治年（五千石）―永年―高成―高年―盛年（直年）―秋年（経年）、屋敷は通丁であった。

また、重成二男の家系がやはり中老職として幕末まで続いている。利安（二千石）―利房（二千五百石）―利方―久祐（利謹）―利征（切腹）。屋敷は赤坂堀端。中老の家柄を二軒有したのは吉田家のみである。

壱岐の弟の家系は、道慶―利昌―利高―利貞―実連（利翁）と続いて宮本武蔵の剣術を伝えている。

長利後妻の連れ子に始まる家系は、砲術家で秋月藩士として続いた。吉田藤左衛門＝三久正季（竹森貞幸の子）―正親―勝教―勝住―正教―正按―正親。

十二　桐山孫兵衛信行《きりやままごべえのぶゆき》

金瓢箪頭立《きんひょうたんずだて》 蟹爪脇立《かにづめわきだて》 六十二間《ろくじゅうにけん》 小星兜《こぼしかぶと》・黒糸威《くろいとおどし》 胴丸具足《どうまるぐそく》（桐山孫兵衛信行所用）

子孫はこの兜を「一つ瓢箪《ひょうたん》誉れの兜」と呼んでいる。文禄二年（一五九三）一月に豊臣秀吉から拝領したとされる。六十二間の小星鉢は相州製の高級品。小田原征伐の後、秀吉はこの高い技術力に驚いてインド副王への贈り物にも六十二間の相州鉢の兜を選んでいる。そして蟹《かに》をモチーフにした脇立は、朝鮮半島へ自ら渡海しようとしていた秀吉の志を代弁するものともとれる。

張懸の瓢箪の下には白熊。前立は黒の丸に銀の梵字（阿弥陀如来）が見てとれる。ただ、瓢箪が付いていれば秀吉の遺物かと問われれば否である。吹返しも黒田家が筑前国で甲冑を自作し始めてからの独特の形をしている。つまり、厳しい見方をするならば、江戸時代に入ってから地元で仕立てられた兜としか考えられない。

この兜には揃いで胴もあるが、本小札の毛引威で高級品である。実物が現存していて袖も皆具している。ところが、なぜかこの画像では省略されてしまっている。


先祖は飛騨高山の北西にある桐山村（岐阜県高山市丹生川町《にゅうかわちょう》）の発祥で、伝説によれば保元の昔、鎮西八郎為朝《ちんぜいはちろうためとも》が同村に身を隠していた折、この村の長者の娘との間に生まれた子に始まるという。のち、近江国坂田郡加田村（滋賀県長浜市）に移り住み地侍となった。桐山為次―十郎為継―（この間不詳）―六郎為興―十郎為清と連なる。為興の二男が孫兵衛であった。家紋は井桁。

為興は加田村で生まれた二男の孫兵衛を姫路の黒田職隆に小姓として預けた。佐々木氏と赤松氏は古来交友があり、近江国長浜と播磨国姫路は往来があったようである。姫路で生まれたという説もあるが、それにしては親類縁者が見当たらない。

孫兵衛は分別があって温厚な性格、また武勇にも優れていたという。だから、すぐに士分で召し抱えられ、職隆・官兵衛・長政・忠之の四代にわたって仕えることになる。

ちなみに黒田兵庫助・井上九郎右衛門・小河伝右衛門の三人と同い年であった。

永禄十二年（一五六九）、英保《あぼ》山合戦に十六歳で初陣したという。おそらくこれは青山合戦の局地戦であろう。職隆が早々と官兵衛に家督を譲ってしまったため、孫兵衛の活躍はあまり見られない。

天正六年（一五七八）冬、官兵衛が摂津国有岡城に幽閉された時、家来一同がしたためた誓紙に、職隆家臣として署名血判を押している。

天正十年（一五八二）五月、父親の為興が本能寺の変に巻き込まれて没する。八十二歳であった。孫兵衛は生涯故郷に帰らなかったので、こうした事実も知らなかったと思われる。職隆没後は当然、官兵衛そして長政の采配下に入った。

天正十五年（一五八七）十月、豊前国へ移った黒田家を脅かしたのは国人領主たちの一揆であった。特に城井谷に蟠踞《ばんきょ》する城井鎮房は手強い相手であった。官兵衛の留守中に長政はこれを攻めて手痛い敗北を喫していた。帰国した官兵衛は、居城馬ヶ岳と城井谷の中間にあった古城（神楽山城）を一日で改修して防御を固めた。そして、桐山孫兵衛・原弥左衛門・黒田宇兵衛（休夢の子）に兵三百五十人を付けて守らせた。

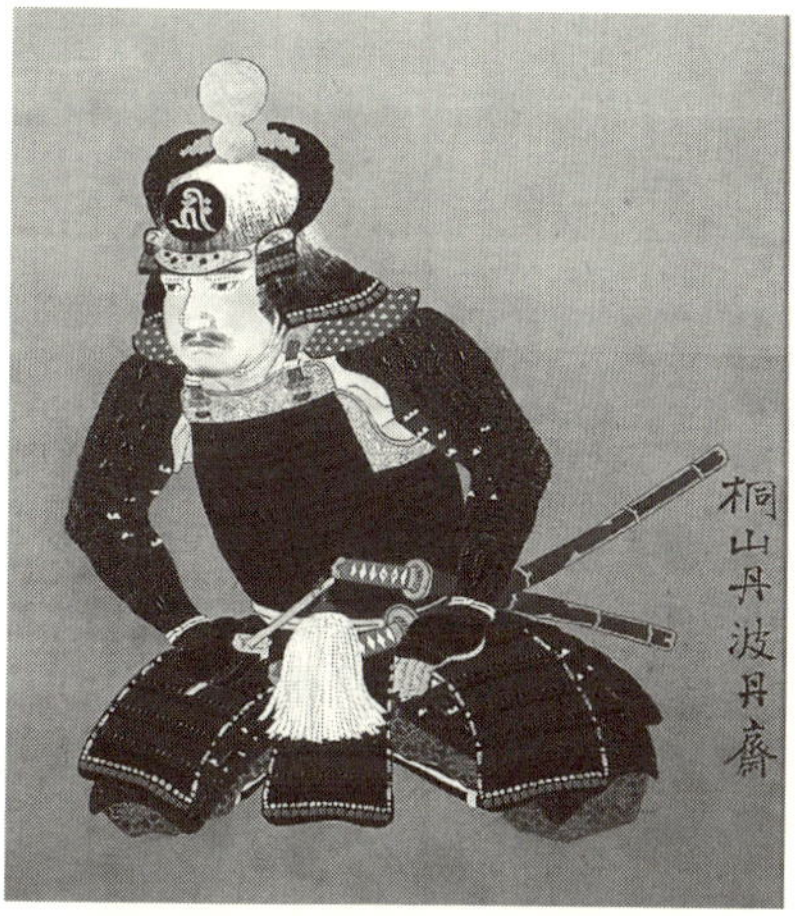

桐山信行像（『黒田二十四騎画帖』）

するとそれを妨害すべく城井の軍勢五百が夜になって攻めてきた。三人は味方の軍勢が少ないことを見破られないようにしながらも、大手の城戸をわざと開けて敵勢を迎え入れた。そして必死の攻撃を加えて撃退した。

天正十六年（一五八八）十一月、官兵衛から長政の名で領地九百六十五石を拝領する。それはこれから始まる朝鮮出兵の準備でもあった。

文禄元年（一五九二）六月、小西行長・黒田長政・大友義統は

桐山孫兵衛家紋

桐山孫兵衛花押

逃げた朝鮮国王を追って平壌に迫った。そして、大同江で戦闘となる。桐山孫兵衛は勇敢に戦い、城兵五人を斬り伏せて首級を挙げた。

文禄二年（一五九三）一月、朝鮮援助のため、明軍十万が平壌の小西行長を蹴散らして南下してきた。防衛拠点・白川城の黒田軍は六千人。長政は鉄砲を乱射させて明軍を攪乱《かくらん》。孫兵衛はよく防戦して戦功があった。明軍も戦う無意味さを感じて講和交渉に入る。

この後、桐山孫兵衛は日本へ帰国。長政の使者として太閤秀吉に講和の祝辞を述べた。秀吉は上機嫌で、自らの渡海用に作らせてあった甲冑を孫兵衛に下賜したという。

慶長二年（一五九七）、朝鮮出兵が再開された。朝鮮の南半分割譲《かつじょう》という秀吉の要求が全く無視されたためである。日本軍先鋒の黒田隊は漢城に迫る勢いを見せ、稷山に至った。一方、明軍も首都防衛のため、全力でこれを迎え撃った。稷山の戦いである。桐山孫兵衛の働きは抜群で、敵の首級二つを挙げた。また、明の大軍に包囲された加藤清正・浅野幸長を救出する蔚山城の戦いでも、よく働き内外に高名をとどろかしたという。『豊後石垣原合戦』によればこの後、黒田家が移った西生浦城でも名が上がっている。

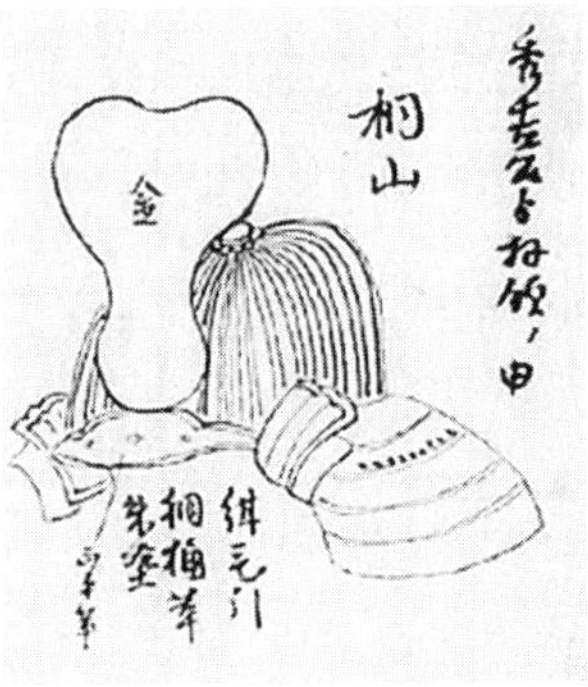

桐山信行兜図（尾形家絵画資料・福岡県立美術館蔵）

慶長五年（一六〇〇）、天下分け目の戦いは如水に従った。この時は戦闘には参加せず、領内の馬ヶ岳城に入り三百人の兵と守りを固めた。

一方、兄の為清は音信の無い孫兵衛を気にして、合渡川まで探しに出た。しかし、石田方から発砲されて脚を負傷、従者に助けられて加田村に帰ったという。この鉄砲の弾は生涯取り出せず、子供たちから「鉄砲爺」とあだ名された。二人は再会することなく生涯を終えている。

戦後の国替えで筑前国への移封が決定すると、黒田修理亮が名島城の請け取り役になった。桐山孫兵衛はこれを補佐して家老平岡石見と交渉した。

慶長六年（一六〇一）、領地三千石を拝領。翌年、四千石に加増されている。晩年は五千石を拝領して中老に列した（子の利行の分を含めると六千石）。屋敷は上の橋近く。

また、御笠郡山家宿の初代代官を務めた。隣の内野宿は母里多兵衛の代官する所で、この間に難所冷水峠があった。二人は協力して両側からこれを開き、慶長十七年（一六一二）に道を開通させた。

桐山信行が開いた筑前山家の記念碑

なお、この二人は文禄の役以来、口もきかないほど不仲であった。原因は多兵衛が先陣で戦っている時、孫兵衛が物見に出て、敗色であると長政に告げたことによる。

敵を大いに討ち取って戻った多兵衛はこれを聞いて、

「頭を斬り割ってやる！」

と激怒。孫兵衛は誤報を何度も詫びたが、多兵衛は一向に取り合おうとしない。あまりの分別の無さに、今度は孫兵衛もあきれ果て、そういう結果をもたらしていた。したがってこの工事に先立ち、皆は仲直りをさせようと盃の交換を試みた。

だが、頑固な多兵衛は応じない。その時、栗山四郎右衛門が乗り掛かって、多兵衛の頭を思いっ切り叩いた。一同は驚いた。

「母里は怪力、栗山は凡力。大変なことになるぞ！」

多兵衛はしばらく、頭を下げて考えていたが、桐山に脇差を与えて、自分の非を認めた。それを見て長政は、多兵衛に自分の脇差を授けたという。

如水の没後、孫兵衛は大炊助《おおいのすけ》、次いで丹波守と称した。また、諱も丹斎《あきとき》と改めている。

桐山孫兵衛墓（筑前山家）

元和元年（一六一五）、大坂夏の陣に、長政より出陣用意の触書《ふれがき》を連名で受け取る。桐山丹波は黒田忠之に従って兵庫に留まり長政からの命令を待った。
元和五年（一六一九）、大坂城の大改築が始まる。北国、西国の諸大名が大動員されたのである。この大坂城大改築は、秀吉時代の廃墟に土を盛り、ことごとくを作り直す大工事であった。今に残る大坂城は全て徳川時代のものである。特にその石垣構築技術はピークに達しており、高い所では実測三〇メートルもあって、もちろん日本一である。
長政は野村大学、桐山丹波、黒田内膳（後の監物）、黒田美作を総指揮としてその下に大組頭を付け、四グループに分けてこれを築かせた。村田出羽が組下だったので苦労したかと思う。だが、志方彦太夫という共通の友人がいたので、仲は悪くはなかった。
分担箇所は、わざと複雑に分けられており、大名・藩士同士で競争させ、喧嘩など起こそうものなら、その大名を取り潰そうという魂胆もあった。

元和八年（一六二二）、黒田長政の使者として太宰府神社（天満宮）に百三十石加増の沙汰書を持参した。元和十年（一六二四）三月十七日、七十二歳で世を去った。本墓は御笠郡山家村にあり、福岡城下の円応寺にも供養墓が建てられた。

前妻は母里多兵衛の娘で、子無く早世。後妻は英保与次郎常久の未亡人（小河伝右衛門の妹）で作兵衛利行・喜左衛門・利章と女子を産んだ。

二代目以降

長男利行は二千石を継ぎ、利房―喜兵衛で断絶。利房の弟一章も子の一休で乱心断絶。一休の弟が跡を継いで五百石で幕末に至って失脚している。二男喜左衛門は一生仕えず。三男利章―利屋（断絶）。利屋の弟が別家を立てて明治に至った。桐山氏は宝暦十一年（一七六一）に偽書『長政公御定則』を藩に提出している。筆者は『夢幻物語』も同じ頃の桐山氏の捏造と考えている。

その他

志方彦太夫は豊前国中津で桐山の与力となり家臣に転じた人物。丹波・利行二代に仕え二百石を給されている。冷水峠開削の現場指導者でもある。寛永十年（一六三三）に山家上町の中茶屋脇に恵比寿碑を建立、同年九月に村田出羽吉次の墓標を建立して、翌年桐山利行に殉死した。妙楽寺の桐山墓地内に墓がある。

十三　小河《おごう》伝《でん》右衛門《えもん》信章《のぶあき》

燕尾頭立《えんびずだて》阿古陀形兜《あこだなりかぶと》・紺糸威《こんいとおどし》 伊予札《いよざね》 胴丸具足《どうまるぐそく》（小河伝右衛門信章所用）

八間筋兜に銀の燕尾の頭立と扇子の前立を付ける。𩊱は板物の五段で素懸威。黒田家独特の異制吹返しを有する。半頬が存在するが画では省略。胴は伊予札の胴丸で、左脇に鼻紙袋が付く。草摺の最下段に熊毛を植え、袖のみ小札で毛引威となっている。小河伝右衛門は早く亡くなっているので、本物の遺品かどうかは疑問もある。異制吹返しが生まれるのは福岡で甲冑師を育ててからだと思われる点である。袖があって具足羽織を着ているのも少し不自然。

小河氏の先祖は摂津国八部郡鷲尾山周辺（兵庫県神戸市北区）に勢力を持った鷲尾登四郎義久（？〜一一八九）という。寿永三年（一一八四）、三草山の戦いで平資盛《すけもり》を破った源義経は、山中を進軍していくにあたって、土地勘のある者としてこの義久を召し出し、道案内役として使った。義経一行が鵯越《ひよどりごえ》にたどりつき、一ノ谷の合戦において大勝を収めることができたのは、彼の案内によるところが大きく、褒美として太刀・鎧・馬・陣扇と近在の小河村を拝領した。また、偏諱を受けて義久から経長に改めたともいう。

以降、忠実な義経の郎党として付き従い、最後は衣川館にて主君と命運を共にしている。『平家物語』

では鷲尾三郎と称して猟師のように描かれているが、葛原親王―高見王―良望―繁威―兼任―維叙―維衡―正度―定衡―維威―鷲尾家衛―清綱―維綱―良平―顕綱―義久―義時―義寛と続く名門とされる(『小河系図』)。

義寛の弟が小河姓を名乗って別家を興し、その家祖となった。小河勘右衛門時長―時親―義高―義明―義平―義政―義信―義則―武蔵守義直―三河守良年(良利)と現地で続いている。良年は小河村で生まれているが、その頃には領地を支えきれずに、父子で播磨国御着城主の小寺政職を頼った。官名を称していることでも分かる通り重臣として扱われており、『黒田家譜』では小寺家の家老とまで記されている。

小河信章像(『黒田二十四騎画帖』)

小河信章像(石里洞秀画・個人蔵)

また、妹は印南野城主安保常久に嫁いでいる。安保氏は姫路の領主であったが、当時は小寺領の印南野口の守りとして阿弥陀宿に構を作って守っていた。

一説に播磨国三木郡淡河の出ともいう。また、小川氏の転化だとすれば、平安時代から姫路国衙《こくが》の官人としての存在が知ら

小河伝右衛門家紋

れている。居住地としては書写山下の坂本城、飾磨《しかま》郡小川村（兵庫県姫路市花田）などが推定されている。

黒田二十四騎小河伝右衛門信章は右の三河守の弟に当たる。幼名を孫次郎といい、源太郎と改めた。兄と同じく摂津国八部郡の生まれだが、黒田家に小姓として出仕した。青山合戦当時は幼く、翌元亀元年（一五七〇）に、十六歳で初陣した。この年に大きな戦は無く、詳細は不明である。

二十二歳の時、官兵衛が有岡城に幽閉され、誓紙に源太郎名で加わっているが身分は馬廻組以下である。父と兄が小寺政職に与した上に姉婿の安保与次郎常久も秀吉に敵対した。安保氏は戦死して遺児らは四国へ逃れている。このため、伝右衛門の活躍は九州征伐が始まるまで見出せない。五十人ほどの一族郎党が路頭に迷う状態だったらしい。その九州征伐で、官兵衛は傭兵《ようへい》部隊を組織する。追放した後藤又兵衛も呼び返したくらいであるから、伝右衛門に対する期待も大きかったに違いない。日向国の財部城攻めで黒田長政に従って相応の働きをした。

水牛脇立 桃形兜・紺糸威 胴丸具足
（九州国立博物館蔵）

天正十五年（一五八七）十月、黒田長政による第一次城井谷攻略の敗戦後、肥後国から戻った官兵衛は谷の封鎖を計画、隣谷の神楽山古城を修築した。城井軍はそこを攻撃してきたが敗退している。

そこで城井鎮房は谷の出入り口である赤幡に出城を築いて構えた。官兵衛はこれを聞いて、小河伝右衛門と母里多兵衛に兵を付けて急襲させた。不意を突かれた壁兵庫と城井宮内は退散し、十三人の屍《しかばね》を晒すこととなる。新参の家来荒巻軍兵衛（豊前の国人領主）が一番首を挙げ、小河伝右衛門も大いに活躍した。

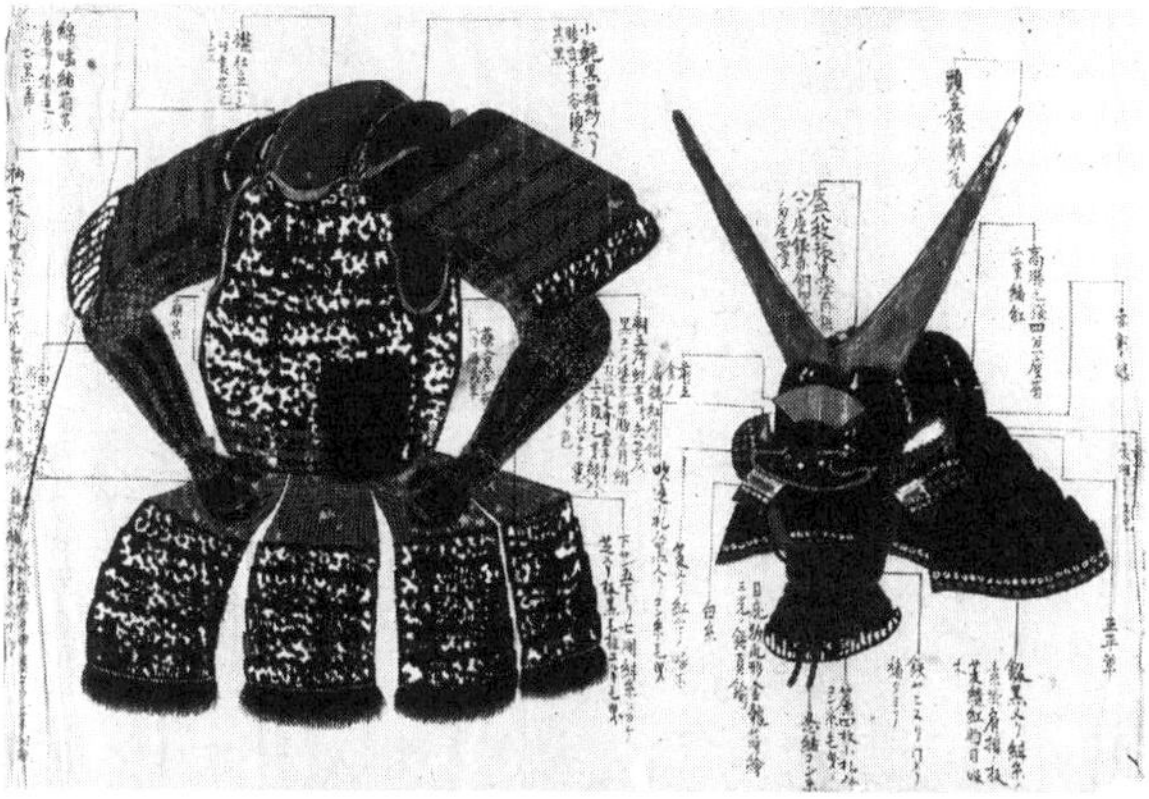

小河信章 具足図（個人蔵）

その後、黒田長政は城井鎮房を暗殺し豊前国一揆は収まったが、なおまだ不満分子が存在した。大村城の山田常陸介である。中津の築城工事分担と従来の特権の放棄を拒否していた。そこで長政は伝右衛門に仕物を命じた。

天正十六年（一五八八）九月九日、伝右衛門は山田を中津城へ呼び出すと斬り殺し、大村城へ出撃して落とした。さらにその一党の支城を攻めた。山田城の山田大膳は討死し、角田《すだ》城の八屋刑部は逐電したという。

豊前国が安定すると伝右衛門は馬ヶ岳城代となって五千石を与えられた。栗山・母里・井上に次ぐ準家老格である。さらに、

「そちの兄と家族たちはいかが致しておる？　子供が九人もいて養育が大変であると聞いておるぞ」

官兵衛はそう言って、伝右衛門の一族を豊前国へ呼び寄せた。よ

城井鎮房の墓（天徳寺）

うやく秀吉のお許しが出たのである。黒田重隆の母は白国氏といい、三河守良年の妻もその出であった。

そして、豊作な八田村をわざわざ選んで千三百七十石、三河守長男の久太夫良実にも別に三百八十石を与えている。さらに三河守が没すると、久太夫は三千石、二男勘左衛門が千三百石に昇格。三男の五郎（後の織部政良）も加えると甥たちの所領は五千石になった。伝右衛門も五千石に加増され、つまり伝右衛門と甥たちで合計一万石を領したのである。

文禄元年（一五九二）四月、朝鮮出兵が始まると伝右衛門は先手を務めて善戦した。特に小西行長が平壌に駐留すると、黒田家は漢城とを結ぶラインの防衛を担当することになる。伝右衛門はその黒田の先端の竜泉城の大将となった。

平壌（小西行長）―鳳山（大友義統）―竜泉（小河伝右衛門）―江陰（栗山四郎右衛門）―白川（黒田長政）―牛峯（小早川秀包）―開城（小早川隆景）―漢城（毛利元康）。

同年十月十六日、朝鮮国王を助けるため明国は出兵を決定。李如松を日本軍征討司令官に任命した。李如松は翌年一月五日に十万の軍勢で平壌を囲んで城内に大砲を撃ちこんだ。不意を突かれた小西勢は平壌を支えきれず、七日の夜半に退却を始めて南下する。そして八日、鳳山城に来てみると大友義統勢はすでに退却してしまっていた。

小西軍の撤退を知った明軍は、これに追い討ちをかけた。行長は必死の思いで九日、竜泉城の近くまでたどり着く。しかし敵兵はすでに小西勢に追いついて矢を射かけてきた。このままでは小西軍全滅の危機であった。竜泉城は前にも述べた通り小河伝右衛門が守る小城である。大友義統は漢城へ逃げ帰る際にここを通過して忠告した。

「平壌に物見を出したところ、野も山も敵が埋め尽くしており、小西殿はすでに討たれたものと思われる。この城は小勢なので持ちこたえられないであろう。わしらと共に城を捨てて退かれよ」

しかし、伝右衛門は、

「主君長政の命令が無いうちは、死んでもここを守り抜く所存でござる」

と、主張して残っていたのだ。

城に聳《そび》える「中白の旗」を見て小西、松浦、有馬、大村、五島、宗の残兵七千人ばかりは大いに喜んだ。一方小西の旗印を確認した伝右衛門の家臣たちは、殿軍にまわって鉄砲百丁を数段に構え、交代で撃ちまくった。このため明軍の追撃隊は一度退いて後続隊の到着を待つことになる。伝右衛門は小西勢を城内に入れると休ませて食糧を与えた。朝鮮の冬は河まで凍る寒さである。凍傷にかかって手足の指を失う者が大勢いた。

「日本一の大剛の大将は黒田なり。日本一の勇士は小河伝右衛門なり！　あの大友勢六千人が逃げ帰ったというのに、最前線のこの小城をわずかな手勢で死守しているのは稀代の手柄でござる」

と、小西行長は絶賛した。

また、この知らせを受けた黒田長政は、兵を率いて小西勢を出迎え、漢城まで退去させた。伝右衛門は長政の命令で江陰城の栗山四郎右衛門に合流、再び明軍と戦いながら後退している。

　小河伝右衛門の竜泉城死守の噂が名護屋城に届くと、

「その小河とか申す黒田家臣の領地はいかほどか？」

と、秀吉が近臣に問うた。

「はっ、一万石と聞いております」

「では、豊前国妙見龍王の我が蔵入地から直々にもう一万石を与えるゆえ、早々に帰国せよと伝えい」

「ははっ！」

　秀吉からの伝令を受けて、小河伝右衛門は慌てて日本へ向かった。しかし、それまでの無理がたたったのか、帰国の途中、対馬国鰐浦《わにうら》で世を去った。このため加増の話も無くなった。時に文禄二年（一五九三）六月二十二日、三十一歳であった。諱は別に義利ともある。墓は安国寺にあったと『吉田家伝録』にあるが現存せず、聖福寺の小河家墓地に旗を埋めたものがあると聞いている（福岡市）。豊前国中津時代に没した人の墓は全て不詳と言っていい。

　甥の久太夫は黒田長政が「右手の後藤又兵衛、右脇の小河久太夫」と言って期待していたが、この少し後にやはり亡くなっている。勘左衛門は後の合渡川の戦いで高名。江戸で宮本武蔵と同居していたことで知られている。この家系が明治まで千二百石で続いた小河家である。

二代目以降

　伝右衛門は喜多村六兵衛勝吉娘との間に二女があり、小河之直と宮崎重昌に嫁いでいる。小河之直とは伝右衛門の姉婿安保常久の息子である。常久は秀吉に敵対したため、印南野城を落とされて妻子を捨てて逐電し、明石左近に仕えて討死している。

小河家に戻った母子は、再び家を失い、母は桐山丹波と再婚し、子は叔母に引き取られて大坂で暮らしていた。やがて丹波は、その子を養子に欲しいと言って再び中津に招き寄せた。そんな育ち方をしたせいか、この喜助は人一倍根気強くて律儀であったという。長政によって伝右衛門の遺領五千石を継ぎ、慶長の役に従軍。関ヶ原合戦では徳川家康の御前に召されている。大人しい性格であった。後内蔵允と称し、やがて一万石を領する。福岡藩内の金銀米銭の扱いは、彼一人にゆだねられたという。黒田騒動の後、寛永十一年(一六三四)に没した。

そして四代目権兵衛直常の時、第二の黒田騒動といわれる綱之廃嫡《はいちゃく》事件で小河家は没落する。綱之は忠之の子光之の長男であったが、父の意思で剃髪隠棲の生活を強いられた。そのため光之の死に際して毒殺の嫌疑が起きて、綱之とその側近の者が、次々と処分されたのである。

十四　菅六之助正利《かんろくのすけまさとし》

巻貝形兜《まきがいなりかぶと》・紺糸毛引威《こんいとけびきおどし》　胴丸具足《どうまるぐそく》(菅六之助正利所用)

本人が文禄の役で朱具足を着ていたことは『黒田家譜』にあるが、詳しいことは分からない。家紋である梅鉢を金の前立とし、左右に金の貝を配している。身分相応に鞆・袖・草摺は全て小札で毛引威である。子孫宅に残る朱具足は時代が下るものの鞠・胴・草摺の全てが小札で、白糸の毛引威である。ただし切付盛上小札なので本小札よりは安価。兜は鹿角脇立である。

一方、分家には御召替具足が伝来し金箔押巻貝形兜が付属している。本図はそれを参考にしながら別物を描いているのが不思議である。それとも本図と同じ別の甲冑が当時は存在していたのであろうか。

六之助の先祖は学問の神様として有名な菅原道真である。道真—高規—雅規—資忠—孝標—定義—輔方—宜資—忠資—忠俊—淳忠—輔孝—在恒と続き、播磨国に土着。さらに美作菅氏の祖になったという。美作菅氏とは同国勝田郡を中心に広まった国人衆で、赤松氏に属しながら有元・広戸・福光・植月・原田・鷹取・江見という諸氏が派生している。

六之助の家系は、定義から分かれて、善弘—在寛—時賢—成賢—茂成—高茂—公高—高顕—茂在—武里—実秋—兼成—基実—公直—七郎兵衛正元（義利）—六之助正利と続いたことになっている。

代々、播磨国越部の市野保《いちのほ》（兵庫県たつの市）を領したというが、むしろ数代前に美作国から分かれてきたと考えた方が自然である。家紋は当然梅鉢。

永禄十年（一五六七）九月十九日、六之助は越部（中之庄構）で生まれた。幼名を孫次という。

天正九年（一五八一）三月、黒田官兵衛は前年に織田家一万石の大名となっていた。この年、その一部が変更されて、越部はその領地に含まれることとなる。采地を奪われ家門衰えていた正元は、十五歳の孫次を官兵衛の小姓に出したという。本人はそのまま越部に残っているので、庄屋クラスの存在でいられたものと思われる。なお、天正の終わりに妻と二男弥一右衛門正周・三男四郎左衛門正明・四男弥十郎正辰を連れて豊前国へ移住して、黒田家に仕えることになる。息子の厄介になるのではなく別家を立てているところが偉い。

さて、官兵衛は吉田六郎太夫の武運にあやかるようにと、その前称の六之助を孫次に名乗らせた。諱は忠利。晩年徳川秀忠が将軍になったため、忠の字を避けて正利に変えている。殿様から頂いた偏諱と思われては失礼になるからである。

天正十一年（一五八三）三月、菅六之助は、賤ヶ岳合戦に十七歳で初陣し、首二級を挙げた。翌年三月の岸和田の戦いでは、一番に敵に斬り入り分捕高名している。

天正十五年（一五八七）四月、九州征伐において、黒田軍は豊後府内を通過。島津軍が籠る財部城を攻めて、いったん引いた。その時、鉄砲を担いでいる一人の兵士を見かけ、皆が殺到しようとした。菅六之助はそれを見て止めた。

「あれは味方ぞ！」

後にその者は陣に姿を現さなかったので、やは

菅 正利像（『黒田二十四騎画帖』）

菅 正利像（尾形洞霄筆・個人蔵）

菅六之助家紋

り敵であったと知れた。皆が六之助に問うと、
「足軽一人討っても大した手柄にはなりませぬ。それより誰か撃たれた方が損失と思い、知っていてああ言い申した」
と答えた。黒田三左衛門をはじめ、皆その言葉に感心したという。

天正十五年(一五八七)十月、第一次城井谷攻略において、黒田長政が泥田に馬を落とした時、駆け寄って自分の馬を提供した。そして、泥田に落ちた馬を引き上げて洗っていると、敵二人が駆けつけてきた。これを難なく斬り伏せ、その首を鞍の左右の四緒手《しおで》にくくり付けて帰陣した。先に戻っていた長政は手ずから貞宗の脇差を取って六之助に与えたという。

豊前入国後、二百石を拝領した。それを追って父正元も豊前に来て長政に仕え、共に朝鮮役に従った。この時、足軽二十人を預けられ、采配御免になったという。

文禄元年(一五九二)六月、小西行長と黒田長政は漢城を捨てて逃亡した国王を追って平壌城に迫った。そして天然の外濠に当たる大同江で戦闘となる。六之助は命も惜しまず真っ先に進んだ。そして、河岸で組み討ち、乗り掛かって首を掻き斬ろうとした時、もう一人大男が六之助に覆い被さった。三人はそのまま絡まって河に転落して流された。

水面に見える六之助の烏丸の指物を見て味方が叫んだ。
「おい、そこにいるのは六之助か?」

慌てて六之助の郎党が引き上げると、三人とも陸へ上がった。六之助は脇差を抜くと上の大男の脇を突き刺して首を取り、下の男の首も取った。長政はこれを見ていて、

「あっぱれな戦いであった。これを取らす」

と言って、自分の采配を六之助に与えた。

同年七月、海州城攻めにおいて、黒田家臣篠倉喜兵衛が鎖分銅《くさりふんどう》付きの乳切木《ちぎりき》の達人と戦っていた。喜兵衛の兜は吹っ飛んで、勢い余った分銅が額を割っていた。そこへ、敵の従者が駆けつけた。

「二対一ではかなうまい！」

菅六之助は駆けつけて従者を斬り伏せた。そして喜兵衛を見ると相打ちのようにして倒れていた。六之助は喜兵衛を介抱して連れ帰って助けた。

文禄二年（一五九三）一月、明の大軍が大勢寄せ来ると聞いた白川城の黒田長政は、六之助を連れて広野に伏兵を置き、待ち構えた。すると敵の物見の騎士がやって来て、城の様子をうかがっている。菅六之助はそっと歩み寄り、たちまち首を刎《は》ねた。すると、兜の下に一枚の紙切れがあり、敵の人数や配置が書いてあった。長政に見せると、

「六之助の今日の働きは、敵百騎討ちたるよりも優れたものじゃ」

と、帰陣後、首実検で褒め讃えたという。

文禄三年（一五九四）二月、長政は若い家臣を率いて何度か機張城近辺の深山を巡った。そして、一行は虎を発見した。長政は他の銃卒を制して自ら愛用の銃（次郎坊御筒）を構えた。そして間一髪の間合いまで近づき虎の眉間を撃ち

菅 六之助所用 軍扇

菅 六之助所用 采配

菅 正利所用 朱具足（個人蔵）

抜いた。

するとまた一頭の虎が出現した。長政は再び銃を向けたが、今度は近くて駄目であった。虎は足軽に跳びかかると刀をかわし、肩に食らい付いて、遥か後方へ投げ飛ばした。また、隣の足軽が刀で斬りつけたが、これも同じように首を引かれて空振りし、腕に食いつかれて引き倒された。

この虎はさらに、朱具足に身を固めた菅六之助に目をつけて突進した。六之助は軽く一太刀振って虎を欺《あざむ》いた。そして、先程と同じように一度首を引いて跳びかかってきた虎の喉元めがけて、思いっ切り踏みこんで斬り付けた。虎は一声唸《うな》るとそのまま倒れ、すかさず首を打ち落とされた。

この刀は二尺三寸備前義次の作（南北朝時代の刀工）。後に京都大徳寺の春屋和尚に銘を乞い、「斃秦《へいしん》」と名付けられた。「秦は虎狼《ころう》の国なり」という古語により虎を倒したという意味である。またさらに後、林羅山から「南山」の号を贈られた。これは晋の周処が南山の白額の虎を斬ったという故事によるもので全文は『羅山文集』に収められている。

慶長二年（一五九七）九月、慶長の役における最北限の戦い。圧倒的な明の大軍を前に先鋒の黒田隊は大苦戦を強いられた。しかし、毛利軍が追いついてからは追撃に転じた。漢城に向けて退く明軍を二里ほど追った時、弓の達人が一騎踏み止まっていた。その射る付子矢《ぶしゃ》は一つも外すことなく、黒田の士卒に突き刺さった。トリカブトの毒を塗った矢である。

「六之助はどこじゃあ？」

焦った長政は怯む家中を見回した。

「ここにおります。ただ今、あの射手を倒して公の御目に掛けようと思っておりました」

言うが早いか、六之助は刀を抜いて一直線に馬駆けした。

案の定、敵の矢が六之助の口元をかすめたが気にも留めず、二の矢をつがえる間に刀を一閃！　弓兵の首は宙に跳んだ。

「武運強き者には矢も立たぬものだ！」

長政をはじめ陣中はこの話題で持ちきりになった。しかし、この毒は後から効き目が顕れ、膿血《うみち》が止まらなくなってしまう。そのため恐ろしい形相になり、六之助の名を聞けば泣く子も黙ったという。それでも、如水・長政は気味悪がらずに盃や茶を交わし、常々次のように語ったと伝える。

「若い家臣たちよ聞け、見苦しくてもよいから、六之助にあやかれ！」

菅六之助はそれを聞いて深く感謝したことを子供らに語っている。もっとも、『夢幻物語』では、毒矢でなく虎の血が掛かったためとしており、講談としての面白さを伝

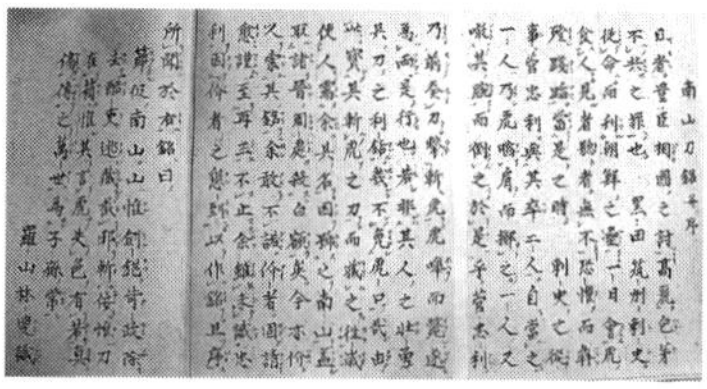
南山の銘（個人蔵）

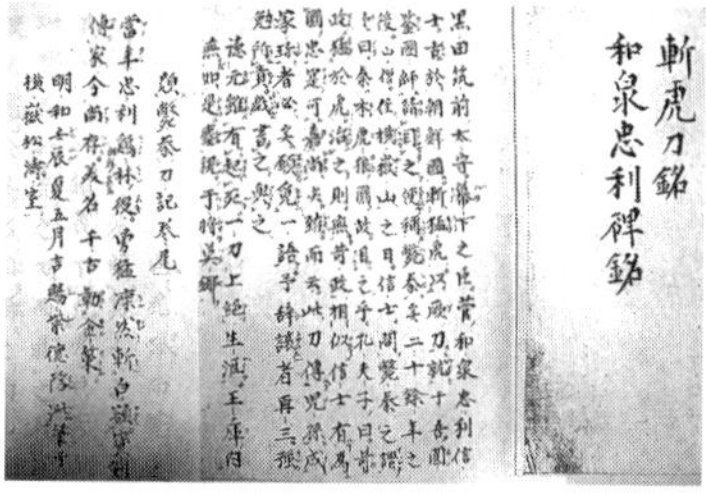

斃秦の銘（個人蔵）

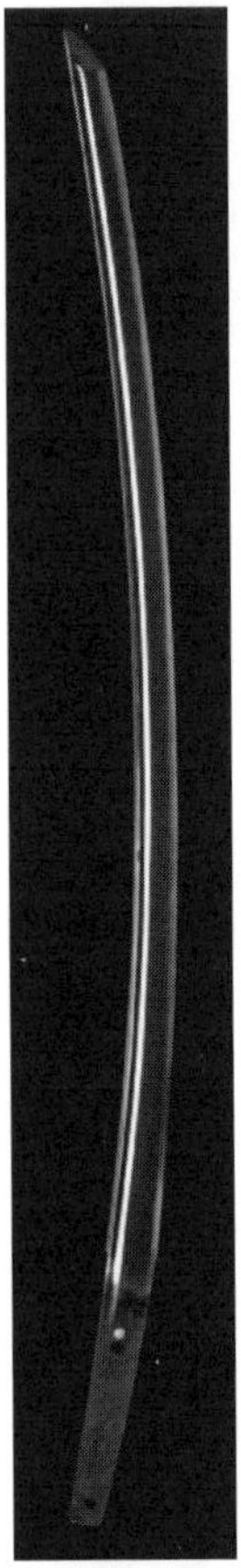
菅正利所用 太刀 号「南山」（個人蔵）

銘「斃秦 菅六介忠利於朝鮮斬虎故銘之」

えている。

慶長三年（一五九八）六月十三日、三百石の加増で五百石となり、足軽六十人の頭に任じられた。さらに帰国後、いよいよ天下分け目の合戦に向かって世の中は動き出す。

慶長五年（一六〇〇）八月、黒田長政に従って菅六之助は合渡川で戦った。追い込まれた石田三成隊は鉄砲を雨のように乱射してきた。黒田隊は、

「鉄砲に怯むなーっ」

と、互いに声を掛け合って進んでいると、松浦八左衛門という仲間が最前線から戻ってきた。

「鉄砲に臆したか？　引き返せ。さもなくば、武士を辞めろ！」

と、六之助がののしった。

するとその後ろから、すごすごと長政が現れた。八左衛門は長政の護衛をしていたのであった。

「仕方なし！」

六之助は長政の矢面に立って楯となり前進した。この戦の一番駆けは神吉小助であったが、菅六之助は二番駆けに相当する働きであった。

さらに、関ヶ原合戦の前日、松尾山に布陣する小早川秀秋と人質を交換することになった。黒田家側

は重臣吉田宮内生季と付人大久保伊之助を送ることになった。宮内は黒田家二代目家老の嫡子である（筑前で千六百石）。両軍ごった返した谷間を隠密突破するのであるから危険な役目であり、菅六之助に護衛役の白羽の矢が立った。六之助は赤坂と松尾山を往復して無事この任務を果たした。

さて合戦当日も六之助は大活躍している。黒田隊五千は竹中重門を案内に立てて岩手山の麓野《ろくや》を走り、間道を抜けて丸山に登った。そして一斉に駆け降りると、石田三成の重臣島左近隊三千の横を突いた。左近は諱を勝猛といい、筒井順慶に仕えて名をとどろかせた豪傑である。その後、豊臣秀長や秀保に仕えており、彼らの死後、三成に招かれていた。

その左近の戦い振りは凄まじく一進一退の肉弾戦が続き、東軍はややもすると押されぎみであった。この時、菅六之助が敵の籠る青塚という小山を乗っ取った。六之助は初め槍で戦っていたが、これを捨てると刀であっさり倒し、また同時に斬りかかる二人をも斬って首三つを取った。そして鉄砲の名手五十人を並べると、隙間なしに弾丸を放った。これには島左近もたまらず傷を負って落馬し、家来の肩を借りて柵内に入った。そして、重傷のため我が首を隠せと命じて息を引き取っている。

黒田三左衛門・後藤又兵衛・堀平右衛門・野口左助・益田与助・菅弥一右衛門（六之助の弟）・竹森少助らは奮戦して島左近隊を撃ち破った。

だが小早川隊がいっこうに動かない。

「すでに戦いもたけなわというのに、この期に及んで出兵なさらぬとは、弓矢八幡！　黒田長政公を欺くおつもりか！」

陣中の大久保伊之助は、秀秋助の家老平岡石見の草摺をつかんで詰め寄った。石見は応える。

「お主に言われるまでもない。よい時分を見計らっておったのだ！」

小早川勢は一気に松尾山を駆け下りて石田三成の片腕、大谷吉継隊を突いたのである。小西・宇喜多勢もたちまち崩れて敗北した。石田三成は五門の大筒で最後まで抵抗していたが力尽きて敗走した。

こうして、関ヶ原合戦は圧倒的な東軍の勝利に帰したのである。桃配山《ももくばり》の本陣に床几《しょうぎ》を据えた家康は、真っ先に長政の拝謁を許し、

「今日の合戦に勝利を得たのは、ひとえにその方の才覚である。末代まで忘れぬぞ！」

と言って長政の手を強く握った。そして、黒田三左衛門・後藤又兵衛・小河喜助・菅六之助もお目見えが許された。ただし、残念なことにこの関ヶ原合戦で六之助の弟、弥五郎正辰（正元の四男）が十六歳で戦死している。

ところで、菅六之助の父七郎兵衛正元は高齢ながら、如水の陣にいた。日隈・角牟礼の落城後、城番をするように如水から命じられている。

慶長六年（一六〇一）三月、六之助は三千石を拝領し大組頭となる。父正元は別に千二百石、正元の三男が二百石を拝領しているから、合わせれば四千四百石である。高祖山の裾・飯氏に館を設けた。有事の際はこの古城に立て籠れという指示であった。また、怡土《いと》郡・志摩郡で数万石の代官を命じられている。

この頃、長政が剣術名人と六之助とで勝負をさせたことがある。福岡城本丸で木刀で試合させたが、某剣術家は三度全敗して逃げ去ったという。六之助の剣の師匠は新免無二之助一真であった。黒田家に仕えていたが、弟子の成長に安心したのか、しばらくして辞して去った。その後は豊後国日出藩木下家

を経て播州に帰り没している。宮本武蔵の師父である。

慶長十九年（一六一四）五月十七日、父正元が没し、怡土郡飯氏の館に葬られた。数人の家来が殉死している。晩年は一翁と号していた。遺領は二男の弥一右衛門正周に譲られる。

同年十二月二十二日、大坂冬の陣で兵庫まで出兵し、井上周防・小河内蔵允・菅和泉の三人は大坂で徳川家康・秀忠に拝謁した。六之助は藩内では準家老の扱いを受けており、この少し前から和泉守を称している。母が脇野和泉守娘だったということに起因している。脇野氏は父同様の播州の地侍だったと思われる。詳細は不明。

元和元年（一六一五）一月、大坂城外濠の埋め立て工事を終了して、黒田忠之と共に福岡へ帰陣。

元和四年（一六一八）、早良川河口の干拓工事を長政から命じられる。そこで、博多・福岡・姪浜の町中に命じて各家より四～五尺程度の松一本を献じさせて植えた。後に筥崎の千代松原のようになった。また、代官地の粕屋郡新原村と志摩郡新田村で新田開発をしている。

同七年（一六二一）、菅和泉は嫡子主水重利に家禄を譲った。長政はこれを惜しみ、隠居領千二百石を与えて福岡城南二の丸の城番とした。長政の没後は法体《ほったい》となり、松隠宗泉と号している。

菅六之助墓（順心寺）

寛永二年（一六二五）、夏ばてとなり六月二十九日に没した。五十九歳であった。菅和泉は身の丈六尺二寸。力は強くかなえも曲げたといい、疋田文五郎（柳生新陰流）・新免無二之助（新当流）の二流の奥義に達していた。藩主の意に適わぬ者を誅殺する仕物では、通常殺気を感じ取られるが、六之助の場合はそれが全く無かったという。墓は聖福寺の塔頭順心庵。

現在は順心寺という。

菅和泉の妻は手塚元直の娘。元直は播州の地侍牛尾久盛の子という。正元の三男・正明はあまり目立たない存在で子孫もいない。筑前国では独自に二百石を拝領していた。

二代目以降

重利は長政の没後、一度秋月藩の付家老として派遣されたが本藩へ戻っている。寛永十一年（一六三四）に没するが三代孫次正俊は遺領相続できなかった。黒田騒動の直後である。そこで正俊は井上庸名を頼って江戸に出た。そして蜂須賀忠英の家臣になろうとした。

すると、忠之は慌てて正俊を呼び返し、菅家を復興した。正保二年（一六四五）のことである。だが忠之は十分の一の領地（三百石）しか与えなかった。正俊―利貞（二百石）―正則―正勝―正寛―佐致―正直と続き明治に至っている。

正周の子正春は東蓮寺藩（福岡藩の支藩）の付家老となったが没後断絶。

菅和泉妹は伊勢田次郎太夫宗清に嫁ぎ、その子を重好という。彼が正周の跡を継ぐ形で菅姓を名乗った。五人扶持十五石である。重好―好久―好道―重遠―正格―久直と続いて明治に至った。

十五　三宅山太夫家義《みやけさんだゆういえよし》

阿古陀形兜《あこだなりかぶと》・菱綴《ひしとじ》 五枚胴具足《ごまいどうぐそく》（三宅山太夫家義所用）

立物が無いので一見地味だが、なかなか高級な甲冑である。兜の眉庇と吹返しには絵韋《えがわ》が貼られ、鞠・袖・草摺は全て小札で紺糸の毛引威である。胴のみは革の菱綴のようである。一度断絶したとはいえ、子孫は微録で残っていたから遺品を大切にしていたのか、それとも空想ゆえに昔風の鎧になったのか、興味深いところでもある。五枚胴として描かれているのも三宅山太夫一人である。

三宅氏は下野国宇都宮氏の分流。初代村綱は明徳元年（一三九〇）、細川管領家から摂津国目代を命じられ、同国三宅城主（大阪府茨木市）となった。以後、細川家の配下として三宅村綱―村房―村長―村高―村綱―村良と連綿と続き、天文二十二年（一五五三）に落城している。

一族は四散して周囲の国人たちに仕えている。特に播磨国別所氏に仕えた三宅肥前守治忠は、家老にまで上り詰めた。

三宅藤十郎家義（家茂とも）は、落城の年には五歳である。父次太夫と城を脱出して、どういう暮らしをしていたかは分からない。渡り奉公をしていたようである。いろいろと手柄を立て、近隣に知られた存在であった。

三宅家義像（『黒田二十四騎画帖』）

天正三年（一五七五）、黒田官兵衛はそんな藤十郎の噂を聞き、スカウトして黒田家臣にした。いきなり三百石相当の領地を与えたというから破格の待遇である。

天正五年（一五七七）三月、毛利の先兵宇喜多直家が龍野城を攻撃し、四月に小早川隆景が室津に上陸。五月になると、毛利家臣浦兵部丞宗勝が船団で播州英賀港に乗り付けた。

昔は宿敵の龍野赤松氏も今は同じ織田派の仲間であった。逆に英賀衆は敵になった。官兵衛は龍野城を助けるため、引いては姫路城を守るために出撃する。

官兵衛はまず支城である町坪構を攻め落とした。そして、三宅藤十郎と井口猪之介に三百人の兵を付けて英賀へ向かった。その晩、敵の夜襲を受けたため二人は相談して、藤十郎が官兵衛の許に走ることとなる。敵の数がはるかに上回っていたためである。そこで藤十郎が搦手《からめて》の門を開くと、寄せ集めの足軽たちが我も我もと逃げ出した。敵はどっと流れ込んできたが、藤十郎は二十人ばかりの手勢で必死に切り抜けた。

藤十郎の知らせを受けて官兵衛が急いで戻ってきた頃、大手門を守っていた井口猪之介は敵の薙刀に片足を薙ぎ落とされていた。石垣に寄りかかってかろうじて立っていたが、その形相に敵も怯えすくんでいた。

「この城の大将井口猪之介、腹切るぞ！　首を取って手柄にせい！」

猪之介はそう叫んで自決。残っていた百二十人の従者たちも残らず討死してしまう。

明け方になって官兵衛と藤十郎が構に入ると、すでに敵は逃げ去っていた。そして折り重なった死者の中に一人生き長らえた者がおり、この仔細を語って事切れた。

藤十郎の心中はいかばかりであったろう。

三宅山太夫家紋

龍野城

同年冬、官兵衛は織田家に臣従した証として播州平定軍の先手を務めていた。上月合戦はその大事な初戦である。上月城主の赤松政範勢は羽柴秀吉の意に従わず、中国地方の雄・毛利輝元に属していた。

毛利軍の先手として宇喜多軍が後詰しており、戦原《たたかいばら》において両軍が激突。秀吉軍が宇喜多勢を破った。赤松政範勢も秋里谷に打って出たが、秀吉軍を挟み討つまでには及ばず退却した。この際、宇喜多勢の総大将・宇喜多広維は若干の兵と共に上月城へ入ったといわれるが、戦況は悪化するばかりであった。このため、黒田官兵衛は支城・大の山館（浅瀬山）の間島左京亮氏常を囲んだ。

この際、三宅藤十郎が、

「あのような小城、某にお命じ下されば落とすのは朝めし前でござるのに」

と、口にした。すると官兵衛は、

「汝は石の飯でも食らっておるのか?」

と、からかい、

城井谷 入り口付近（築上町）

「その物おじしない度胸は大したものだ。以後名を山太夫と改めよ」
と命じた。『孫子』の「動かざる事山の如し」から採った名である。

三宅藤十郎改め山太夫は、宣言した通り一人で乗り込んで、相手を降伏させた。赤松政範は、いよいよ観念して自刃した。時は、寒さも極まる十二月三日であった。

間島氏常の子右兵衛氏勝は、後に明石郡福中城一万石が与えられ、関ヶ原合戦後に黒田家臣に転じている。氏勝の娘は三宅山太夫の甥弥太郎に嫁いだ。

天正十五年（一五八七）冬、豊前国六郡を支配することになった黒田家ではあったが、国人領主の城井鎮房が一揆を起こした。黒田長政はこれを一挙に叩くべく、岩丸谷から城井谷に攻撃をしかけた。だが、大敗北を喫して小山田谷に追い落とされる。

泥田で馬がもがき、菅六之助が自分の馬に乗り換えるように勧めたが、長政は応じようとしない。山太夫は無理やり長政を担ぎ上げると、

「ここは御大将が討死する場所ではござらん。敵が追い迫ろうとも、我々が防ぎ戦います！」

と、叫んだ。長政はなおも言う。

「今日の敗北は無念至極！　ここで死すべし！」

あきれた山太夫は片手で馬を引き、片手で長政を無理やり乗せて、馬の尻を叩いた。長政を乗せた馬はひたすら走って長政は九死に一生を得た。

その後も、城井鎮房との攻防は予断を許さぬ展開になっていた。黒田官兵衛は吉川広家の援軍を得て、

軍事的には優位な立場にいた。しかし、国内一揆がどう広がるか、下手をしたら肥後国の佐々成政《さっさなりまさ》同様の処分を秀吉から受けかねない。

そこで三宅山太夫の出番であった。山太夫は殺される覚悟で敵中、鎮房へ降伏を勧める使者を務めた。それも四度である。ついに城井鎮房もそれに折れて嫡子弥三郎朝房と娘（鶴姫）を人質に出すことに同意した。

「その方の常々の軍功よりも、今度の役目は大義であった。誠に多勢の敵の中にただ一人赴き、一命を懸けたる志、感じても余りある」

と、長政から秘蔵の刀および千五百石の地を与えられた。

文禄の役でもよく働いたため、長政は加増しようと考えていた。ところが、三宅家中の者が陣所で出火してしまい、小屋を一棟焼いてしまった。陣中で火事を出した責任者は切腹するという厳しい掟があった。

しかし、それまでの忠節により一命は助けられた。しかし、加増は無くなった。軍律の厳しさの表れである。続く慶長の役では、健康であるにもかかわらず組頭から外されている。

慶長五年（一六〇〇）九月、天下分け目の戦いでは如水に従ったが、山太夫は目立った働きはしていない。まあ、五十二歳だから一戦で自ら戦うこともない年齢ではある。それにもかかわらず如水から褒美として「清光」の刀を下賜されている。

注目されるのは、姫島沖の海戦で三宅藤五郎の名が見えることである。黒田水軍の哨船《しょうせん》十八艘が、領国へ逃げ戻る島津義弘の大型船二艘を沈めた戦なのだが、これを機に三宅氏は水軍部隊の要となっていく。

筑前入国後三千六百石を拝領。若松城代（福岡県北九州市）となり、上方口の押さえとなる。若松城は戸畑区と若松区の間の海に浮かぶ「中ノ島」に築かれていた。

他に代官料一万石を預けられ、この収穫のうち三分の一をあてがわれて水軍を一括支配する船手の頭となった。したがって水軍は全て若松城下に居住した。また、関ヶ原合戦で西軍について失領していた間島氏を招いて養っている。

三宅山太夫は如水に申し上げた。

「かねがね黒田家のために武功を尽くしてきましたが、証拠となるものがありません。子孫のために感状を下さるまいか」

するとと如水はこう答えた。

「お前をここに置いたのは、昔、武田信玄が上杉謙信を押さえるために、高坂弾正《だんじょう》を越後境に置いたのと同じこと。それが証じゃよ」

その如水が没すると、長政は山太夫に若狭守の称号を下し、三宅家は安泰に見えたのだが……。

元和五年（一六一九）十月十六日、三宅若狭守は七十二歳で没した。墓は海辺にあったが、湾岸の埋め立て工事のために移転し、現在は善念寺の境内に移されている。城跡は若戸大橋の橋脚の土台になってしまった。家紋は丸に三の字。摂津国の本家とは違うオリジナルであろう。

二代目以降

息子忠兵衛は近習として長政に五百石で仕え、大奥への出入りも共にした。しかし、徳川家康の養女である長政夫人栄姫の侍女に手を出してしまう。栄姫より切腹を求められたが、長政のとりなしで追放となり播州へ退去したという。このため、三宅若狭の遺領は没収されて断絶した。娘は村山角左衛門（平松金十郎）に嫁いでいる。徳川のお姫様の一言は、二代に仕えた忠臣の家を壊滅させるのだから恐ろしい。

弟に九兵衛と次郎太夫がいた。九兵衛の子を弥太郎といい五百石を領した。その子市郎兵衛は寛文年間（一六六一～一六七三）、忠之の勘気を被り浪人となった。子孫は肥後の細川家に仕えたという。三宅家は幕末期に、微禄だが三家復活している。

ところで姫島沖の海戦で活躍した三宅藤五郎は誰に当たるのであろう？　三宅若狭と同時代に与次右衛門重広という人物もいる。

十六　野口左助一成《のぐちさすけかずしげ》

朱漆塗《しゅうるしぬり》 刳《くり》半月《はんげつ》脇立《わきだて》 頭形兜《ずなりかぶと》・紺糸威《こんいとおどし》 二枚胴具足《にまいどうぐそく》（野口左助一成所用）

母里多兵衛同様に刳半月が小さく描かれている。本歌は左右の吹返しに金泥で家紋が入っているが、この像では省かれている。鞠はかなり波打った五段の素懸威、白熊の引回しが付属している。かなり頭高の変形日根野、鬼溜りの反り返り具合、面頬（画像では省略されている）に歯が付いていることを考えると古くても大坂の陣以降のものである。袖が無いから本来は具足羽織があったはずである。

『黒田家譜』によると合渡川の戦いで、野口左助はこの立物を敵に斬り折られている。母里多兵衛には熊毛の水牛兜があったように、左助にもそれと同寸の別兜があったと思われるが伝来していない。

左助は島原の乱まで生きていたので兜の遺物はいくつかある。特に水牛形兜は異形である。どちらかというとそれを描いてほしかった。

野口一成像（『黒田二十四騎画帖』）

左助は幼名を彦次郎といい、その後藤九郎といった。播州加古郡野口の生まれである。そこには野口念仏で有名な教信寺がある。左助の父は、その寺で剃髪して浄金（一五二四〜一六〇二）と号する僧であった。

やがて、姫路に来て官兵衛の所へ年中顔を出す間柄となった。官兵衛より二十二歳も年上だったが、談笑し合う友であり、囲碁仲間でもあったという。官兵衛の父職隆は姫路城内の一隅に百間長屋二棟を建て、行き倒れの人や生活に困った人を養護していたという。ある意味情報センター、人材登用の場として機能していたとされる。そこで二人は知り合い、仲良くなったらしい。ある時、浄金は十七歳の一人息子を連れてきた。

野口左助家紋

官兵衛は言う。

「これから時代は大きく開ける。その方の子を某に遣わしてはくれぬか？」

「年を取ってからの息子じゃが、こいつはいつも武勇話を好んでおる。役に立つようなら使ってやってくれ」

天正三年（一五七五）、ちょうど官兵衛が岐阜城に織田信長を訪ねた前後である。官兵衛は喜んで引き取ると、すぐに元服させて野口藤九郎と名乗らせた。しかし、しばらくは大きな戦も無く、時間だけが過ぎていった。なお、藤九郎の名は三宅藤九郎家義にあやかったものである。

天正五年（一五七七）、羽柴秀吉が播磨入りして本格的な戦が始まった。藤九郎は高倉山城攻めで初めて大活躍する。大手口において、神吉小伝次という者と槍を合わせ、首を取ったのである。その後、藤九郎の郷里野口で戦いがあったりしたが、しばらくは名を見かけない。

天正八年（一五八〇）、三木城攻めの終盤でようやく登場する。藤九郎は味方の勢に先立って進んでいたが、敵の物見の騎馬武者と出くわした。早速、槍で突き落として首を取り、腰の采配を奪い取った。ところが敵百騎ばかりが、これを見て逃すものかと走ってきた。

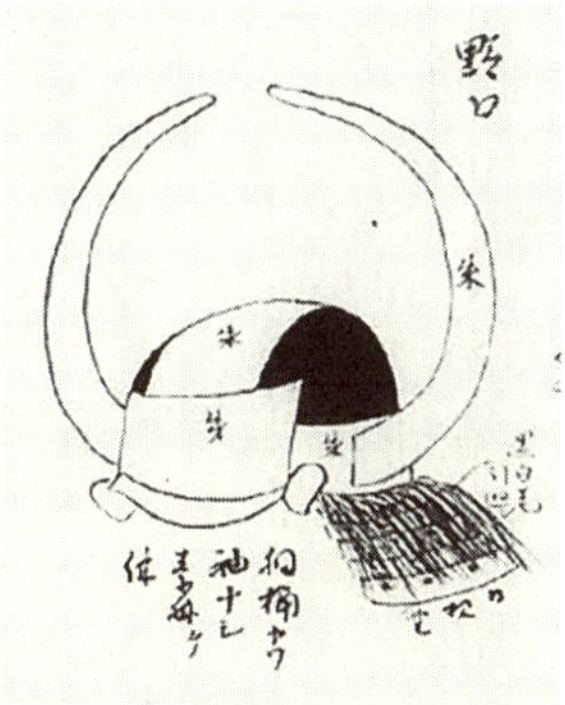

野口一成兜図（尾形家絵画資料・福岡県立美術館蔵）

「これはたまらん！」

藤九郎は慌てて駆け戻り、麻の茂みに隠れた。すると大勢は気が付かずに通り過ぎたが、老武者が一騎引き返してきた。藤九郎は槍を繰り出して、これも突き落とし首を掻っ切った。そして敵の馬に

香春岳城

乗り、二つの首を馬の平頸《ひらくび》に付けて帰陣した。

「若者の神妙なる働きじゃ。特に采配を持っている敵を討ち取ったのは今日第一の手柄じゃ」

と、官兵衛は褒め讃えた。

天正十四年（一五八六）十二月、九州平定の先駆けとして関門海峡を渡った官兵衛は、高橋元種の籠る香春岳城に迫る。その支城の障子岳城を攻めた時、藤九郎は単身抜け駆けした。そして、大手の城戸に取り付いたが、城兵は全く出てこなかった。そこで、人々は野口藤九郎が槍一本で城門を押さえたと褒め讃えた。

官兵衛はそれを聞くと藤九郎を呼び出して真相を問いただした。

「某は抜け駆けして城門まで行ったのに、相手にされず空しく手ぶらで帰りました。それなのにこういう噂が立って困っております」

藤九郎の正直な答えに官兵衛と長政は、なお感心せずにはいられなかった。

天正十五年（一五八七）四月、財部城で薩摩兵と戦った時のこと。藤九郎は水泳が達者だったので、長政の馬の口を取って城の濠代わりの小丸川を渡らせた。さらに敵を槍で倒した。戦後、黒田家は豊前国六郡に封じられ、藤九郎は父の浄金を呼び寄せている（その後、筑前国へも）。また、母里多兵衛の妹と結婚した。長政からは以後、二人の兜の立物は同寸にするよう命じられた。

天正十六年（一五八八）一月、城井鎮房暗殺の際、その家来を七人斬り伏せた。感心した長政より短刀

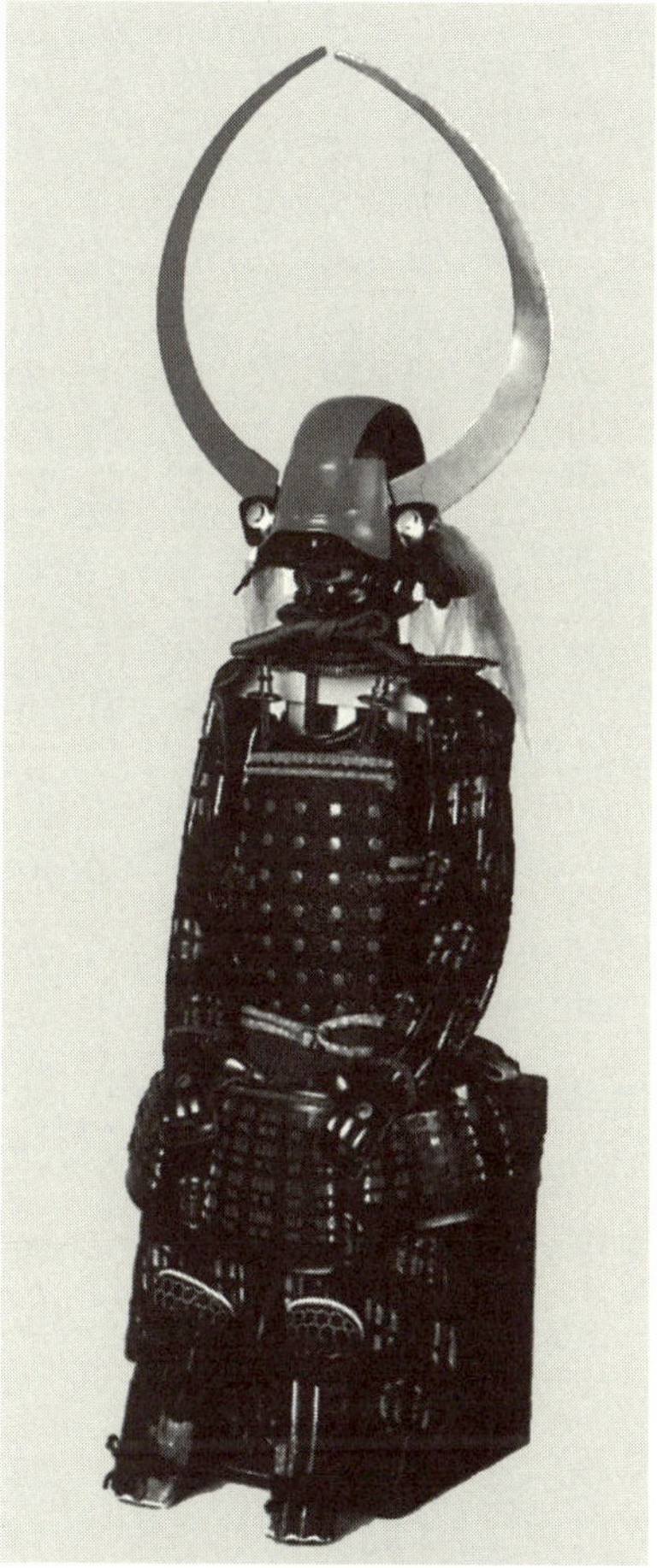

野口一成所用 朱漆塗 割半月脇立
頭形兜・紺糸威 胴丸具足
（福岡市博物館 蔵）

野口一成所用 白熊水牛脇立兜・
二枚胴具足（個人蔵）

を賜る。六月、足軽三十人と禄高六百三十石を給された。

天正十八年（一五九〇）二月～七月六日、如水の小田原参陣に従う。

文禄二年（一五九三）六月、晋州城の戦いで六尺の大男と組み討ちになった。この敵は力も強く、藤九郎は押さえ付けられた。しかし、下から脇差で相手の脇腹を突き、跳ね返して首を取った。

慶長五年（一六〇

〇)八月、合渡川の戦いで野口藤九郎は長政の先頭を進んでいたが、鉄砲十丁ばかりを一度に放ちかけられた。左目の上・左の額・左の肩の三ヵ所にかすり傷を受けた。

そこへ、黒糸威の鎧を着た武者が槍で突いてきた。藤九郎はしばらく槍で突き合ったが、ついに組み伏せて首を取った。そして、立ち上がろうとした時、頭形兜を着た武者があっという間に駆け寄り、刀で藤九郎の兜に斬り付けた。

朱の剣半月の立物が筋違いに斬り落とされ、敵の刀は右肘で止まった。浅傷だったので藤九郎は立ち上がり、脇差で相手の刀を受けてから引き倒した。そして草摺の隙間を二刀刺し通してから首を掻っ切った。この時、敵の郎党が迫ってきたが、藤九郎の郎党が駆けつけて倒して首を取っている。

「血止めをせよ！」

一部始終を見ていた長政は、手拭いを渡して自分もよき敵を求めて去った。

また、九月の関ヶ原本戦でも野口藤九郎は黒田三左衛門・堀平右衛門・益田与助・菅六之助らと手柄を立てた。なお、藤九郎は左ばかりに傷を負いながらも幸運にも勝ち続けたので、名を左助と改めることにした。

慶長六年(一六〇一)、筑前入国後、鉄砲大頭となり二千五百石を拝領する。また、福岡城の石垣普請奉行を益田与助と共に命じられている。完成するのは六年後であった。石垣技術は穴太《あのう》方の戸波次郎左衛門が当たった。御殿建築では、多くの重臣たちが分担している。普請役は軍役と等しい臣下の義務であった。

慶長十一年(一六〇六)三月～九月、江戸城の天下普請が始まり奔走。野口左助と母里但馬とで天守台石垣を担当した。高さ一二メートル、広さ四〇メートル四方の大天守台であった。建築物はまた別の大名が担当した。

元和九年（一六二三）八月、黒田長政が五十六歳で没した。忠之の代になって左助は三千石に加増され、百人組と称して強者百人を選んで預けられる。

寛永七年（一六三〇）、左助は福岡城南二の丸の城番となり、島原の乱には初めは参戦しなかった。しかし忠之に呼び出されて、その傍らに立った。自身の働きはなかったが、二男と家来七人が討死してしまう。家禄を孫の左兵衛に譲って隠居し卜庵と号す。孫は幼かったせいか五百石となり、そのまま減封された。謙信流の使い手だったという俗説はどこから出たのか分からない。

寛永二十年（一六四三）四月八日、八十五歳で世を去った。浄土宗の円応寺が墓所であるが、空襲に遭い現存していない。

二代目以降

長男を八右衛門一吉、二男を万右衛門という。長男の家系が一吉—左兵衛吉波—一義と続き、四百石で明治に至った。

十七　益田《ますだ》与助正親《よすけまさちか》

銀短冊前立《ぎんたんざくまえだて》 日根野頭形兜《ひねのずなりかぶと》・畦目綴《うなめとじ》 桶側胴具足《おけがわどうぐそく》（益田与助正親所用）

非常に質素で地味で本人らしい甲冑である。兜の眉庇部分が古式で描かれており、子孫も小禄で続いているからそういう遺品が残っていたのであろうか。威は全て紺糸だが、小札の毛引威でバランスを欠くような気もする。だが、それもまた彦根具足などで見かけるので問題ない。むしろ実際の戦場では皆、こういう姿だったとも思われる。

本人の画像が残っていない場合は子孫の顔を参考にでもしたのか、特にこの益田与助は特徴的で愛嬌がある。

初めは通称を与九郎、諱を宗清といった。与九郎は姫路近郊の貧しい農家の出で、その名が示すように、余り者の九番目の子であった。「黒田の二割米」を借りて台所の水汲みとなったとされる。返済できない代わりに肉体労働のご奉公というわけである。当時は年利七割が当たり前で、戦乱の世にそんなことをしていたら黒田家は破綻してしまう。『夢幻物語』が出典なので、まさに夢と幻のストーリーといえる。

だが、キリシタンの間では無利子か一割程度の低利で資金を貸す「信心の山」というシステムがあった。

黒田家が藩士に対して利子二割で米を貸すということは筑前時代にはあったが、姫路時代にやっていたかというと、やはり疑問である。

辛抱強く寒暑に動じずに奉公する姿を見ていた官兵衛はある日、こう持ちかけてみた。

「その方、侍になってみないか？　今のまま埋もれてしまうのはもったいない」

それを聞いた与九郎はこう答える。

「めっそうもございやせん。某は読み書きができやせん」

確かに、加増を「かんとう」、船中を「せっちん」、目録を「もくよく」などと発音して武士らしい口の利き方ができなかった。これに似た話は『雑兵物語』にもある。戦国の世でも教養は必要とされたのである。

しかし、官兵衛は与九郎を下僕として戦場に連れ出した。そして薙刀持ち、次いで徒歩の者、やがて約束通り士分に取り立てられた。ご多分に漏れず、家禄八十三石が黒田武士の出発であった。そこで姓が必要になる。

益田正親像（『黒田二十四騎画帖』）

「困ったのぉ。特に由緒があるわけでもござらん」

天正十二年（一五八四）七月、官兵衛は播磨国宍粟郡五万石を与えられて、それなりの武将になった。与九郎が二十三歳の時である。大坂城下の藩邸では官兵衛の子長政（十七歳）に蜂須賀正勝の娘（一五七一〜一六四五）を妻として迎えることになった。名を糸という。その母は尾張国の地侍・益

益田与助家紋

田持正の娘だった。相変わらず台所に出入りしていた与助を見かけて彼女は言う。

「それなら益田をお名乗りなさい」

こうして黒田二十四騎の益田与助は誕生した。通称も余り者の九男から、堂々と与助と改めた。兄に与六郎がいたが、弟に倣って黒田家臣に加わった。

また、益田姓は毛利家の重臣から譲られたとする説もある。与助は家紋を右回りの「渦巻」にしたが、「蘊《うん》」ともいう。右回りの蘊は「雲」、左回りの蘊は「雷」の神代文字である。巴の起源ともいう。誰がこんな知恵を授けたのであろうか。島根県益田市に渦巻式の雪舟庭園があるから、こちらの話も否定できない。

ただ、残念なことに本人が書き残せなかったので、逸話には乏しい。

天正十五年(一五八七)四月十日、前年から始まった九州征伐も終盤、日向国財部城攻めで黒田長政の従者として『黒田家譜』に初めて名を見ることができる。ほとんど黒田二十四騎のメンバーと肩を並べているわけで、よほど手柄を立てていたのであろう。

同書いわく、「黒田兵庫助・栗山四郎右衛門・母里多兵衛・小河伝右衛門・黒田玉松(後の三左衛門)・後藤又兵衛・野村太郎兵衛・菅六之助・桐山孫兵衛・益田与助・野口藤九郎(後の左助)・竹森新右衛門等都合三十騎許《ばかり》、足軽七八十人召し連れられける」。

だが、これも具体的な戦功は伝わってこない。

天正十五年(一五八七)、黒田家の領地が豊前国に移ると城井鎮房らの国人一揆が勃発。官兵衛の留守中、黒田長政は無謀にも城井谷を攻めた。そして大敗を喫する。兄の与六郎はそれに従って討死、高橋平太夫・横山与次・四宮次左衛門ら六人が槍襖《やりぶすま》を作って長政の退路を作ったとされる。ここでも本人の活躍は知られていない。

文禄元年（一五九二）に始まる朝鮮出兵を前に、五百石に加増されて足軽大将となった。農家出身のため身分の低い足軽から慕われ、扱いも上手かった。それに黒田二十四騎中の最年長である。

どこの合戦か分からないが、益田与助は明兵と戦い、相手を取り押さえていた。その時、井口兵助が間を隔てて見ていたのだが、与助の背旗が転んだように見えた。

「与助、討たれたか？」

と、兵助は心で叫んで駆け寄った。すると、もう一人明兵が現れた。そして、上になっている与助を剣で斬ろうとしている。兵助はすかさず刀で明兵の両手を斬り落とし、首を取った。与助も首を取って立ち上がり、

「その方は命の恩人なり！」

と、兵助の手を取って感謝したという。

文禄四年（一五九五）十二月、六百九十八石に加増。

慶長二年（一五九七）九月、稷山においても長政に従って軍功あり。同五年（一六〇〇）八月、合渡川の戦い・関ヶ原合戦では敵三人を討ち取った。生涯で二十九首取ったといわれる。

同六年（一六〇一）、筑前入国後に三千石に加増され、鉄砲組頭となる。戦場での働きは一万石にも匹敵するといわれたが、読み書きができなかった

福岡城

ために三千石に留められた。

また、福岡城の石垣普請奉行を野口左助と共に命じられている。

態申聞候、石垣之儀来月十二日よりつかせ可申候間、可成其意候、則着到明晩両人可有持参候、此由各へ可申候、其内石を寄させ可申候、恐々謹言

七月二十四日　　如水（御書判）

野口左介殿

益田与介殿

其地普請之義、無由断精入可申候、随て城山手かさよりのおかび所、拾壱間に石垣つき申候へと申付置候所、たとへたとへ如水御このみ相違候とも、前之ことくに可申付候、三十間に居矢倉並天守之明間候、為其申越候、謹言

九月朔日　　黒田長政（御黒印）

野口左介殿

益田与介殿

福岡城の石垣工事は、他の重臣たちが各支城を担当している関係で、この二人に任命された。それをもって野口左助を石垣積みの達人などとする説明を時々見かけるが、それならば益田与助にも同じ評価

を与えてもらいたい。また、右の書状は福岡城に天守があったことを証明する際にも、しばしば使用されている。

慶長九年（一六〇四）四月二十四日、如水の遺物として長政から与助の家来山田仁介に銀子七十二匁《もんめ》が下されている。本人分は不明。

またある時、本能寺において織田信長を槍で突いた天野源右衛門を、長政が一万石で召し抱えようとした。この際、藩内に不平不満が出るとしてこれを止めさせている。二人は親友であったという。代わりに唐津城主の寺沢志摩守広高に推挙した。その後、寺沢は失脚したので源右衛門の子、安田勘右衛門を黒田家が召し抱えている。

天狗岩丁場に残る益田の刻印（小豆島）

無学であるが、性格は律義で正直者だった。根気もあって終生下僕の身の心を失わず、乗り物に乗る際や蔵の出入りの時には、「殿様のお慈悲でこのような身分になれた。恐れ多いことだ」と、三度まで拝んだという。
慶長十六年（一六一一）十月十五日、六十九歳で没した。墓は徳栄寺（福岡市）だったが空襲に遭い現存しない。子孫の墓は金龍寺にある。
ところで糟谷武則（賤ヶ岳七本槍）の二男権左衛門は関ヶ原合戦後に黒田美作の保護を受けていた。そこでその本姓である加藤姓を下されているが、与助はその加藤権左衛門娘を室にしている。晩婚である。
与助は晩年、栗山四郎右衛門と毛利秀元娘との間の子、縫殿介を養子にしていた。そして家禄の二千五百石を譲り、実子与市・二郎兵衛・助二郎の三人には、百五十石ずつを均等に分けるよう遺言していた。無欲であり、子らには相応の禄高を平等に分知した。三人は揃って支藩の秋月や東蓮寺へ移動したため、断絶したように見える。しかし、明治初年には三家揃ってそのままの石高で福岡藩に戻っている。

十八　竹森新右衛門次貞《たけのもりしんえもんつぐさだ》

燕尾形兜《えんびなりかぶと》・山道頭《やまみちがしら》 桶側胴具足《おけがわどうぐそく》（竹森新右衛門次貞所用）

兜は燕尾形の張懸。前立は網代掛けの金の丸。小さな吹返しの付いた𩊱は三段、紺糸の素懸威。白い髭と歯の付いた目の下頬が残っていたらしいが画像では省かれている。胴は山道の鉄板を鋲でかしめ、右脇に薬入れのカラクリがある。揺るぎの糸は一間ごとの韋製。江戸時代に入ってしばらくしてからの形式である。面頬に歯が付くのは大坂の陣直前あたりからなので、本人のものであれば最晩年、二代目も使用したかもしれない（子が島原の乱で燕尾の兜を使用したことは『黒田家譜』にある）。これも具足羽織を着せるべきだが残っておらず、描かれていない。

先祖は平安時代、出羽国に勢力を持っていた清原武則という。その子孫貞俊が猪上《いがみ》左近太夫を名乗っ

竹森次貞兜図
（尾形家絵画資料・福岡県立美術館蔵）

竹森次貞像（『黒田二十四騎画帖』）

て播磨国に土着、加古郡大野の日岡神社（兵庫県加古川市）宮司となった。家紋は隅立角。

天文十九年（一五五〇）九月二日、新右衛門は生まれた。初名を新次郎という。新次郎の父を猪上新兵衛俊久といった。俊久は家僕男女七十余人、田畑七十町、農民頭十余人を持つ、神官武人であった。七十町の領地は約二千石に相当する。

永禄二年（一五五九）、別所安治の夜襲を受けて神社は全焼した。二百五十人の軍勢であったという。この時、長男小太郎（十九歳）は弓で、二男熊若丸（十七歳）は薙刀で防戦して討死してしまう。俊久は三男新次郎（十歳）と四男若丸（八歳）を連れて脱出するのがやっとであった。妻は新次郎が四歳の時に亡くなっていた。このため屋敷跡には竹藪が残るのみとなり、里人に竹森殿と呼ばれるようになる。

同家の記録では相手は宇野氏の配下・船曳杢左衛門としているが、佐用郡からいきなり加古郡を攻めるというのは無理があり過ぎる。別所安治が妥当であろう。記録の混乱は他にもあり、飾東郡とか日岡八幡社とか記しているもの

日岡神社（加古川市）

竹森新右衛門家紋

もある。佐用郡の日岡八幡なら船曳杢左衛門でもよいが、この人物は後に黒田家に仕えており、両家が争ったという話もない。それに猪上姓は加古川市の日岡神社周辺でしか見かけない。

永禄三年（一五六〇）、困り果てた俊久は黒田職隆を頼り、その下僕となったという。そして、息子新次郎を官兵衛の小姓として出仕させた。

永禄八年（一五六五）春、新次郎が十六歳で初陣。兜首を取る。微賤の者という扱いなので、以後も首数を取っている割には具体的な働きが不明である。『夢幻物語』にあるように、竹森が黒田の流れ人時代からの家臣で、家まで譲ってくれたとしたら、そんな扱いはあるまい。いまだにこういった講談話を本気にしている方々がいるのには驚きあきれてしまう。

天正四年（一五七六）、竹森新次郎の父、俊久が五十五歳で没する。息子の出世を見ることなく亡くなったのは気の毒である。墓は称名寺（兵庫県加古川市）にあったというが確認できない。

天正五年（一五七七）十一月、播磨に入国した羽柴秀吉は、意に従わない佐用郡上月城の赤松政範を攻撃することとする。黒田官兵衛は案内役であり、竹中半兵衛が軍監である。官兵衛はまず、支城の一つである高倉山城（守将は福原主膳助就《すけなり》）を攻撃した。上月城を攻める秀吉の付城としても最適な場所にあった。

天険の山城とはいえ、わずかな兵では秀吉の五千以上の大軍には対抗しようもなく、夜になって兵士たちは逃げ始めた。官兵衛が『孫子の兵法』にのっとり、退路を用意していたという。

この時、秀吉の勘気をこうむって浪人していた平塚藤蔵という者は、手柄を立てて復帰しようとして退路で待ちぶせた。官兵衛がそっと教えたのである。このことを聞いた新次郎は、自分も高名しようと後を追って山中に入った。微賤の者だから従者の一人もいない。身軽であった。

大岩がいくつか露出する山上の搦手口で、新次郎は二人の敵に出くわす。それを難なく倒して首を取った。すると、近くで争う声が聞こえた。新次郎は近づいて叫んだ。

「これなるは平塚様か？　新次郎が助けにまいるぞ、よく戦い給え！」

藤蔵は身分のありそうな武者を槍で倒していたが、その周囲には六、七人の郎党がいて、必死に防戦していたのである。新次郎は持っていた二つの首を放り出して飛び込んだ。まさか相手が一人とは思わない郎党たちは、たちまち逃げ去ってしまった。

そこで、新次郎は藤蔵に向かって言った。

「さあ、首を取ってご本懐《ほんかい》をお遂げ下さい！」

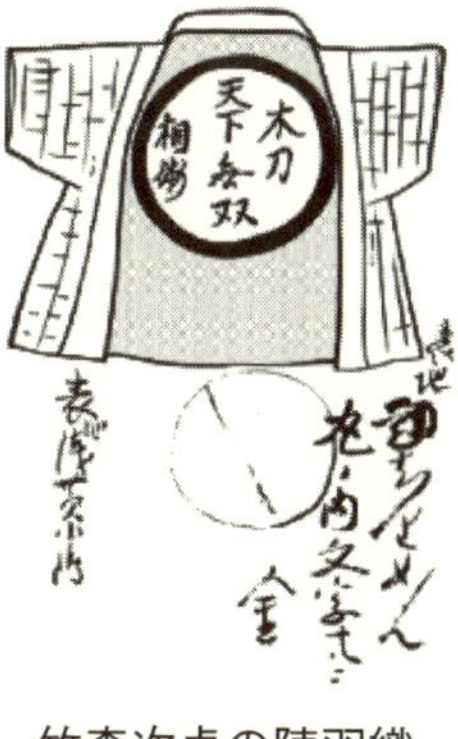

竹森次貞の陣羽織
（『竹森家譜』）

しかし、藤蔵は弱っていて動けない。仕方がないので新次郎が首を取った。藤蔵を背負い、三つの首をぶら下げて新次郎は官兵衛の許へ帰った。この後全軍の追い討ちが始まり五百余人が討ち取られたという。藤蔵は官兵衛の介抱で命を取り止めた。

白々と夜も明け、秀吉の面前で首実検が始まってみると、一つ目の首は城主の弟伊王野《いわの》土佐守、二つ目は家老祖父江左衛門であった。

そして、なんと三つ目の首は城主・福原主膳助就のものであると生け捕りの捕虜が証言した。

「でかしたぞ、新次郎とやら……」

新次郎は慌てて秀吉の言葉を遮った。

「恐れながら申し上げます。三つ目の首は、某は首を掻いたのみ。藤蔵様のお手柄にございます」

こうして平塚藤蔵は秀吉への帰参がかなった。後に平塚為広と改名し、八千石を領している。

秀吉はさらに感動して、着ていた赤裏の紙子羽織を新次郎に下賜した。背には丸に金文字で「秀天下無相勤」と書かれていた。

官兵衛も感動して新次郎を竹森新右衛門と名乗らせ士分に取り立てた。自分を示す指物は四半に濃朱で串を描いた。それまでに兜首を十八取っていたというが、匹夫の勇ではなかなか出世できないものなのである。

天正六年（一五七八）四月、三木城の別所長治が織田家から離反。毛利軍は兵糧《ひょうろう》を送ろうとして播州阿閇《あえ》の海岸に上陸した。別府城の戦いである。官兵衛は五百人の兵で駆けつけると毛利の大軍を蹴散らした。この時、竹森新右衛門は一番首を挙げた。しかし、左手の親指の付根から手首まで縦に斬り割られてしまった。そこで官兵衛は、

「これより汝は自分で闘うことをやめよ。敵の動きを見定める長所があるのだから、御旗を預かる役になってくれ」

と、ねんごろに命じた。この時までに兜首二十一級を挙げていたという。以後、自身の働きは無い。

この年、長男の少助、後の清左衛門貞幸が姫路で生まれている。微賤の者同士だったのか、妻が何者

かは伝わっていない。

天正八年（一五八〇）九月、官兵衛は一万石を拝領して、正式に織田家の大名となった。そこで軍旗を制定する。「永楽紋を抜いた中白の旗」六流の御旗と四手輪《しでわ》の御馬印であった。竹森新右衛門は二百石を拝領して正式に旗奉行となる。鳥取城攻め・備中高松城攻め・山崎合戦と、この任務をこなす。

もちろん御旗を背負うのは御旗持ち・御馬印持ちの役目で、竹森新右衛門は指揮を執るのが任務である。たとえ自分が戦に参加したくとも、攻撃を受けようとも、御旗を倒さずに守りきるのが旗奉行の役割であった。

天正十一年（一五八三）三月、賤ヶ岳合戦は黒田家にとってもかなりの激戦であったらしい。官兵衛は、長政が危険な場所にいるから下げよと近臣に命じたくらいである。ここでの幟旗の進退は見事であったと竹森新右衛門は賞されている。また、弟若松丸（三十一歳）が大垣より歩哨に出て消息を絶った。敵に捕らえられて殺されたと、当時から推定されている。「健気な若松には歯が立たぬ」といわれるほど強かった。当時の風習で、神がかり的に強い人物は幼名のまま通していた。

天正十四年（一五八六）、百石加増されて三百石、翌年には四百石となる。

天正十五年（一五八七）四月、財部城の戦いから官兵衛は長政に兵卒を預けるようになる。当然、御旗奉行の竹森新右衛門も一緒であった。長政は独自に九段枝弦の小馬印を制定していて、それを背に小丸川を渡って城に近づいた。

「林の中に赤いものが閃《ひらめ》いているので伏兵がいると思われます。早く引きましょう。広野に戻って迎え撃つのが上策かと存じます」

長政は竹森新右衛門の進言にうなずいて後退した。すると案の定、城戸から赤装束の武者が一騎出てきて残念そうに戻っていった。その後、河原において大激戦となり黒田軍は勝利している。

天正十五年（一五八七）十月、九州平定を終えて、黒田官兵衛は豊前国六郡を拝領した。ところが、築城《つい》郡城井谷一帯を支配していた国人領主の城井鎮房が蜂起。二千の兵を従えた長政は城井谷南側の岩丸《き》谷を突き進んだ。城井谷を正面から突くのではなく、横の谷から岩丸山を登り、城井谷の中央部に侵入する計画であった。前日、新右衛門は諫めた。

「もう五日もたてば官兵衛公がお戻りになられます。そのご指示を仰いでから出陣いたしましょう」

しかし、長政は聞かなかった。

「父と一緒でなければ戦ができぬと噂されてみよ。人々にあなどられて全く武威が振るえなくなるではないか」

ところが、地の利に明るい城井鎮房が気付かないわけがなかった。尾根に上がってみると城井軍が総力を挙げて待ち構えていた。峰での合戦である。山岳戦に不慣れな黒田軍は少しずつ後退した。だが、竹森新右衛門は丘の上に御旗と御馬印を立てたまま引こうとはしない。又兵衛がののしった。

「なぜ引かぬ。後退せよとは長政公の命令ぞ！」

「今、御旗を引けば敵は一気に押し寄せてくるだろう。そうすれば低い所にいる味方は不利になる」

新右衛門はそう言って頑張り続けた。さらに少し後退しては再び御旗を立てて一気に敗軍とならないように後退した。後にその駆け引きが見事であったと賞賛されている。

文禄元年（一五九二）四月、黒田軍六千人が朝鮮半島へ出兵した。出兵を前に黒田家の御旗は三幅あったものを二幅に変更し長さを増した。そして十二流に増やされた。前後して各大名も同様の御旗に統一されるようになる。行動しやすさと遠目からの確認のしやすさを求めた結果と思われる。また、豊臣系大名の御馬印はどんどん大型化していて、黒田家も四手輪を小馬印とし、白吹抜きの大馬印を制定している。風が強いと煽《あお》られるので、御馬印持ちの岩巻丸《がんまくまる》は永楽銭一千貫を紐に通したものを五本、腰から下げていたという。

天正十八年（一五九〇）、加増されて六百石となる。二年後には九百石となる。

慶長二年（一五九七）九月、稷山の戦いで、よく敵の動きを察知して進退を見極め勝機を得たと、竹森新右衛門は称えられている。こうしたことは在鮮中に幾度もあったが、長政は「全て汝の功なり」と言って、御旗を任せ続けた。

この稷山の戦いに息子の清左衛門が初首を挙げる。蔚山城の戦いまでに五級を挙げた。帰国後、老臣と口論の末、短刀を抜いて打ち合い、長政が怒って戒めた。清左衛門は仕方なく姫路に帰ったという。強情で他人の意見を聞かない性格だった。

慶長五年（一六〇〇）九月、天下分け目の合戦は黒田如水に従った。この時は御旗の半分である六流と大小馬印を毛屋主水に預けた。如水は南蛮旗や真っ白な四半を御馬印として使用した。白い馬印というのは徳川派という意味である。なぜなら徳川家康はこの一戦から御旗を総白に変えていた。源氏の棟梁《とうりょう》という意味合いである。

竹森新右衛門はこの時五十一歳にもなっていたが、それでも如水の軍勢で御旗奉行を続行し、安岐城攻めでは才覚を発揮している。

竹森新右衛門墓（妙楽寺）

如水一行は国東半島の海岸ルートから木付城へ向かう際、安岐城の力攻めを諦めて通過した。その時、竹森新右衛門は城を出て追い討ちをかけようとしている城兵の存在を進言した。

「伏兵がいると、なぜ分かった?」

と、問う如水に新右衛門は答えた。

「朝露にござる。奴らの潜む場所にはそれがござらなんだ」

一方、姫路にいた息子清左衛門は関ヶ原に駆けつけた。そして、何も食さずに三日三晩を伊吹山に潜んだ。合戦が始まると四首（一級が織田信吉の子長兵衛。二級が兜首、一級は少年だったという）を挙げて長政に拝謁、帰参を許された。

慶長六年（一六〇一）三月、名島城において組外で采地二千五百石を拝領した。また、福岡城博多口の百間石垣の工事を担当している。

慶長七年（一六〇二）十一月、長政の嫡男忠之が生まれた。この時、竹森新右衛門の妻が乳母となる。そのため、新右衛門と吉田六郎太夫が名付け親を命じられ、万徳丸と命名された。この年、御旗数二十流と吹抜き一流になり、全て竹森新右衛門が預かった。この後、三千石に加増され石見守と称した。筑前国内の検地などに従事。長男も復帰していたので穏やかな晩年であったと思われる。二男雅也は早世。三男を新七、四男を利友といった。後妻である一柳直末の姪が産んだものであろう。

元和七年（一六二一）十一月九日、福岡で没した。七十二歳、墓は妙楽寺にある。

二代目以降

嫡男清左衛門貞幸（一五七八〜一六四九）は父の死後、三千石と御旗奉行職を相続し、江戸・大坂の築城工事でも活躍。島原の乱にも一番に黒田の旗を押し立てた。刀剣の目利き、絵にも才能があったといい、黒田家の最初の系譜『寛永呈譜』も作成した。妻は吉田六郎太夫の四女であった。

寛永二十年（一六四三）、藩主忠之の命令で先祖の感状を提出したところ、全て破り捨てられ領地を没収された。晩年は道也と号して叔父竹森新右衛門利友（千五百石）の領地に閑居した。

三代目藩主光之の時、貞幸の子貞右衛門三安が七百石で復興され、御旗奉行の職も世襲されている。三安―貞武―貞矩―貞武と続き、この家系が幕末まで続いた。

十九　林太郎右衛門直利《はやしたろうえもんなおとし》

黒鳥毛後立《くろとりげうしろだて》　六十二間《ろくじゅうにけん》　小星兜《こぼしかぶと》・本小札《ほんこざね》　黒糸毛引威《くろいとけびきおどし》　胴丸具足《どうまるぐそく》（林太郎右衛門直利所用）

上州製の俗にいう明珍兜である。林太郎右衛門の生まれ故郷軽井沢の東、上野国で戦国時代に生まれた高技術の兜鉢で、武田信玄が好んだことで知られている。日本甲冑はほとんど奈良の春田派工房で作られていたが、戦国期になって関東管領のお膝元で新しく派生した。特に間数の多い筋兜に特徴がある。この兜はそれに黒田家独特の異制吹返しと五段の本小札毛引威の鞠で構成されている。郷里を去る際に持ち伝えたのか、晩年江戸で買い求めたのかは分からない。

鳥毛の後立は当初は熊毛であったとされる。眉庇中央と左右の吹返しには三尊仏の梵字、眉庇左右に家紋である輪違《わちがい》も描かれている。前立は朱の餅紋、これは現存する馬印と旗にも描かれており、黒田長政より拝領したと伝えている。また、甲冑そのものも長政拝領の由が『林家伝記』に記されているから、大きな問題は無いであろう。

胴も見た目は地味だが高級で、拝領品なら納得がいく。左脇に鼻紙袋が付くのは桃山期からだが、亀甲金の小鰭があって襟廻りが無いのは時代変化の特徴でもある。『林家伝記』には関ヶ原合戦をこれで戦ったように記載されているが、時代はそれより下る。袖が無いので具足羽織があったはずなのだが現存していない。その代わり半太刀の腰当てが正確に描かれている。兜櫃が残っているが白木のままの質素なもの。明治まで木像が残っていたが今は所在不明。

幼名を吉六といい、信濃国佐久郡軽井沢で生まれた。上野国との国境に小城を構える松本主税助《ちからのすけ》直光の二男である。先祖は同国筑摩郡松本発祥の松本彦太郎行光といい、その子忠公―光長―為快―為忠―雄信―実秀―元実―元久―久祐―丹後守吉久―兵部丞秀治と続いている。

松本氏は筑摩神社（信濃国の総社・大祝《おおほうり》別当は林氏）の神官武人であったが、戦国時代には信濃国から上野国へ追いやられ、武田信玄に属して関東攻略の先鋒衆となっている。吉久の弟を新六近光といい、その息子が吉六の父である。

筑摩神社は三巴、松本兵部家は丸に三巴、近光の家系は花菱を紋とした。上野国に残った一族の中に

林直利兜図
（尾形家絵画資料・福岡県立美術館蔵）

林直利像（『黒田二十四騎画帖』）

は信玄の娘を嫁に迎えているという伝えもあって、武田家の定紋花菱を使用している。吉六は後に林姓を名乗って輪違を使用している。陣幕は花菱。松本と林は同族らしい。

長篠の敗戦後、松本一家は伊勢神宮を頼って伊勢国山田へ移住。同族の角屋七郎次郎秀持が回船商で成功していたので、その船でたまたま姫路へ寄ったらしい。あるいは神社ネットワークだろうか。二男坊の吉六は官兵衛の小姓として単身出仕することになる。余談であるが、兄七郎兵衛為光と弟善太夫は晩年に筑前国で太郎右衛門の家来になって地方役人を務めている。

吉六は幼少より勇猛才智を認められ、官兵衛の寵愛を受けた。また、一歳上の長政からは弟のように育てられたという。やがて林大学の姓をもらって林太郎右衛門と名乗った。大学は母方の叔父というが、その詳細は不明であり、蜂須賀家政の臣にそれらしき人物がいる。元は秀吉の家来。

太郎右衛門には家族の存在が感じられない。栗山四郎右衛門と同じく身ひとつの奉公である。後に同じ信玄遺臣の貝原市兵衛信盛（一五五〇～一六二六）が合流している。市兵衛

林太郎右衛門家紋

林太郎右衛門花押

は岡山の神主の出で九州出兵前の黒田官兵衛に仕官した。孫が有名な儒者貝原益軒である。

天正十二年（一五八四）三月、泉州岸和田の陣で敵と槍を交えて首を取る。これが十六歳の初陣であった。二年後には、宇留津城攻めに母里多兵衛と一番乗りを果たすまでに成長する。

天正十五年（一五八七）十月、第一次城井谷攻略では長政に従い、敗退する際には槍で敵をくい止めた（『陰徳太平記』）。

天正十六年（一五八八）二月、官兵衛が肥後一揆の処置に向かう際に先手を務める。同年十一月、長政の名のもとに官兵衛から五百十四石を給された。

文禄の役が始まると鉄砲大頭を務め、各地で武功を顕した。なかでも虎狩りにおいて史上唯一、槍で虎を倒すのである。長政自ら一頭を銃で撃ち抜き、菅六之助が二頭目を刀で斬り殺した。

暗くなって山を降りるのは危険である。特に虎は夜行性だ。夕刻に近づいていたので長政一隊は帰途についた。だが、ただ一人残った者がいた。林太郎右衛門である。愛用の京信国の槍（鋒先二尺一寸、柄九尺）で虎を突き止めるまでは帰らぬ覚悟であった。すると、あたりを揺さぶるがごとき唸り声をあげて、血の臭いに狂った虎が再び現れ、襲いかかってきたのである。太郎右衛門は槍を小脇に構えると跳びかかる虎の口の中に突き立てた。鋒先は頭上にまで貫いたが、虎はその塩首を食い折った。猛虎との戦いのすさまじさ、顕然たるものである。太郎右衛門は素早く腰の刀を抜き放ち、とどめを刺して帰陣した。

これを長政より賞されて白熊毛の飾りの付いた暖簾型の馬印と背旗を拝領。共に黄地に朱餅紋である。

また、「虎衝《とらつき》の槍」という名を長政から与えられた。時に文禄三年（一五九四）二月の出来事である。

銘「信国作　応永元年六月廿八日　高麗慶尚道内於機張郡文禄三年二月十三日虎衝也　黒田甲斐守内林太郎右衛門尉直利四月廿五日」。

太郎右衛門は似たような槍二本に黒鳥毛鞘を付けて対にしていたが、この形式は黒田家の持槍として幕末まで使用されている。

その後、長政は三頭の虎を手土産に帰国、漢方薬に凝っていた徳川家康に虎肉を献じている。すると秀吉は、まだ朝鮮に残っていた島津義弘・加藤清正らに、虎の内臓一匹分を塩漬けにして送るように命じた。

結果、島津家が昌原で二頭（翌年三月、死者二名を出す）、加藤家も二頭（一頭は豹《ひょう》）を献上した。ただし、いずれも義弘・清正といった大名自らの虎退治ではない。また、宇喜多秀家の家臣一人も、虎を倒したと伝えられている。なお、加藤清正の虎退治は江戸後期に絵馬などで描かれ始めたが、槍で突いたとする文献資料は存在しない。

当時、林太郎右衛門の虎退治がいかに有名だったかは、文人藩主として名高い諏訪忠明が延宝七年（一六七九）に刊行した『本朝武林伝』に、こうあることから分かる。

「有或時猛虎出、長政于陣営害於士卒、於是猟虎。

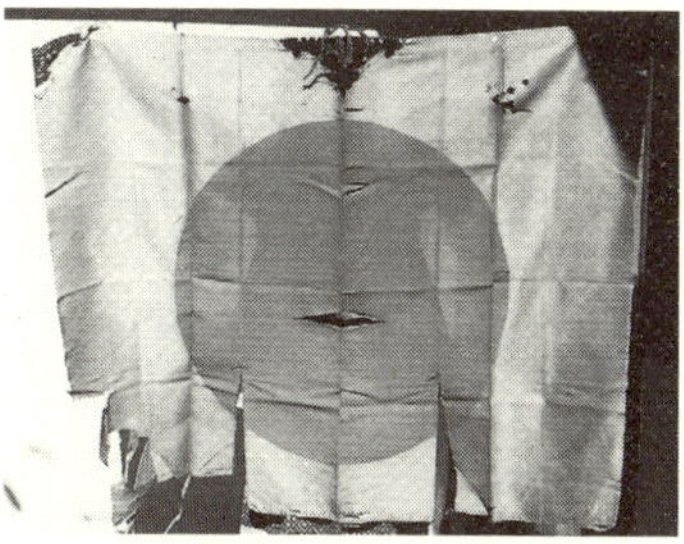

林直利の馬印（個人蔵）

筑摩神社

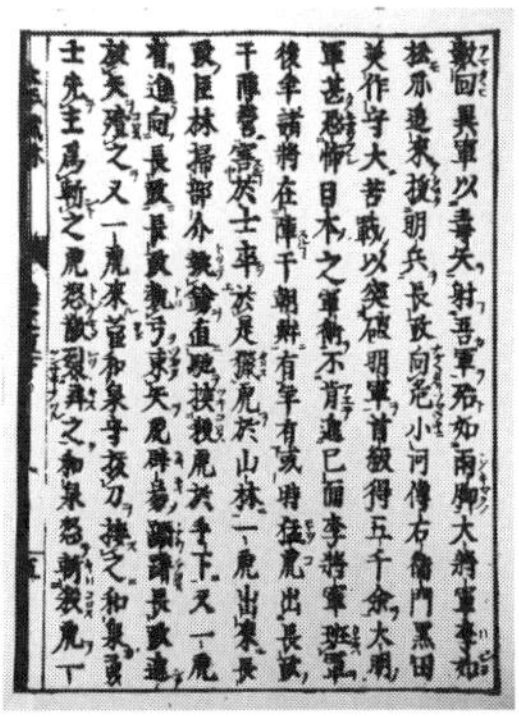

『本朝武林伝』（内閣文庫 蔵）

於山林一虎出来、長政臣林掃部介執槍、直馳突殺、虎於手下」

太郎右衛門は虎と一騎打ちをして倒すほどの豪傑であったが、決して強いばかりが能の荒武者ではなかった。この前後、山中で八、九歳くらいの女児が涙を流している姿を見た。戦乱の中で両親縁者を失い、死を待つばかりという。哀れに思った太郎右衛門は放置するに忍びず日本に連れ帰り、里（別名いち）と名付けて自分の娘同様に養育した。

黒田与右衛門武俊の娘を妻にしていたが子を産まずに死別。豊前の侍・白石監物二男の平八という血縁の無い子も養子にしていた。

その後、山城国の伏見城建築に人夫二百三人を率いて従事。慶長の役では三百七十二人の士卒を従えて稷山や西生浦の戦いで活躍している。

慶長三年（一五九八）五月、太郎右衛門はまだ帰国前だったが、如水から九百二石に加増された。

慶長五年（一六〇〇）八月、関ヶ原合戦では長政に従い合渡川で高名した。太郎右衛門は朝鮮陣にて拝領の背旗と馬印をこの陣より使用したという。虎衝の槍を馬上に横たえて、後藤又兵衛・黒田三左衛門と一緒に颯爽《さっそう》と川を渡り堤に駆け上がった。

そこに待ち受けていた敵は、「南無妙法蓮華経」と書かれた背旗の騎馬武者で、火花を散らして渡り合う。そして、ついに太郎右衛門が虎衝の槍で相手を馬上より突き落とした。馬から下りてとどめを刺そうとした時、右手の堤に馬を乗り上げた長政が、

「我、直《じか》に見たる上は、首を取るに及ばず。先を急げ！」

と、声を掛けて去った。

　その時、敵は寝ながら刀で突いてきたので、太郎右衛門は鍔《つば》で受けた。一瞬の油断から太郎右衛門は左手が傷付いたが、敵を倒して従者に証拠の背旗を持たせた。結局、石田三成家臣・舞兵庫の手の者というだけで姓名は判明しなかった。

黒鳥毛後立 六十二間 小星兜・黒糸威 胴丸具足（古写真・個人蔵）
手前は虎衛の槍、後ろは石田家臣の指物

　太郎右衛門はこの時の教訓で透かし彫りの鍔は使用するなと家中に戒めている。この後も活躍しているから軽傷だったようである。関ヶ原本戦では、林太郎右衛門・野口左助・菅六之助らは相印として荒縄を襷《たすき》掛《が》けにして長政を守った（『美濃雑事記』）。

　それでも長政がただ一騎になるほどの混戦だったと、細川忠興は後に述べている。林太郎右衛門は初陣よりこの関ヶ原の戦いまで合戦に臨むこと十九度に及び、先

名島門

手を務めて一度も武名を落とさず、毎度武功を顕したという。

同年十二月、黒田家は豊前国中津城から筑前国名島城へ移る。この際、城請け取りの使者を林太郎右衛門が務めた。やがて名島城を廃して福岡城を築く際、城門の一つを拝領して自宅の門とした。これを「名島引けの城門」と呼ぶ。桃山期の門のため小型だが、藩内で二階建ての門を許されたのは林家のみの特権であった。現在は福岡城内に移築保存されている。

翌年三月、三千石を拝領して大組頭の筆頭となる。領地は嘉穂郡土師《はじ》村一円で、領内の老松《おいまつ》神社を復興し、柳ヶ元（桂川町湯の浦公園）に居館を構えた。

筑前入国後、黒田家は多くの新参者を召し抱えたが、なかには力任せに私曲《しきょく》を働く者がいた。村山七郎兵衛という三百石取りの悪代官である。長政はある武士に刺客を命じたが、相手が剛強なので太郎右衛門に後見役を頼んだ。そこで、太郎右衛門は村山を呼び出して君命を申し渡し、自らに一の太刀を浴びせさせると、すばやく脇差を抜いて一突きに殺した。刀は脇腹を貫通して後ろの硬い板敷に突き当たり、切先が欠けていた。これは、太郎右衛門が度々仰せつかった仕物の一例である。

慶長九年（一六〇四）三月、如水が逝去した。約一ヵ月後に太郎右衛門は遺物を拝領。それは利子二割の借金をチャラにするというものであった。つまり、「二割米」という低金利の藩士への貸出は筑前時代には存在したということになる。

また、林太郎右衛門は築城技術にも優れ、各地で石垣を築いている。

慶長十五年（一六一〇）二月から九月、豊臣秀頼を追い詰めようと考える徳川家康は、尾張名古屋に築城を決定する。そして、黒田長政、加藤清正らの西国諸大名に築城の助役、割普請《わりぶしん》（分担で濠を掘り、石垣を築くこと）を命じた。

黒田家では林太郎右衛門ら三人の組頭と人夫を差し向けてこれに従った。この工事で清正は天守台を独力で築くという忠誠心を見せた。これに対して林太郎右衛門は担当の東大手門に城内最大の巨石を運搬してみせた。今も真上の石に林の家紋「輪違」が彫られているのがその証拠である。

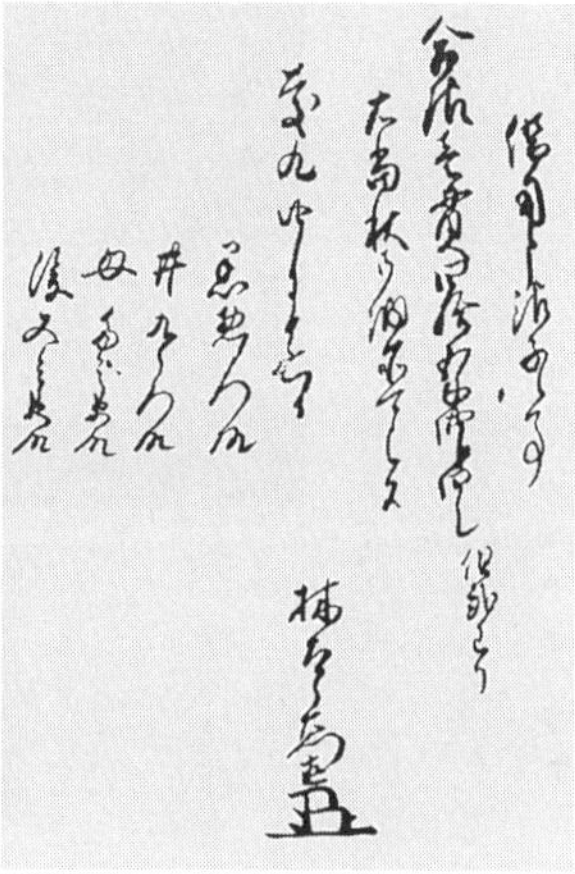
二割米の証文

林 太郎右衛門墓（金龍寺）

普請奉行滝川豊前守忠征（二千石）はこれを大変喜び、家康に相談して、太郎右衛門に永見志摩守貞親（越前松平家付家老二万石）の娘を娶らせることとなる。永見家はもともと知立神社の神官武人で、先代志摩守吉英の娘が家康の側室になって結城秀康を産んでいる。これも神社ネットワークだろうか。通い婚で妻は名古屋で息子正利（一六一二～一六七五）を産んで、そのまま現地にいた。家臣を遣わして領地土師村に妻子を迎えたのは大坂の陣が終わってからである。

慶長十九年（一六一四）頃より掃部亮という借受称号を使用している。作事関係の官名だが、郷里で毎日眺めた榛名《はるな》山の最高峰・掃部岳を連想していたのかもしれない。

寛永六年（一六二九）十一月三十日、林掃部は福岡城大手門向かいの自邸において、六十一歳で世を去った。その少し前、長

高野山 永見氏廟

政が掃部の落馬を気にかけた手紙が残っている。黒田二十四騎の生き残りの面々は、ほとんど毎日病中を見舞ったという。掃部は自分の墓は高麗の石塔の形にする由を家人に遺言し、芦戸山の金龍寺に葬られた。現在の西公園、光雲神社の地である。寺は後に西町に移転した。

掃部は質素倹約の黒田家の家風をよく守り、常に家来にこう言っていた。

「武具馬具等は余分に用意することを要するが、一合戦きりで使えなくなるものも多いので、金銀赤銅を用いる必要はない」

また、一ヵ月に三度、玄米飯に味噌汁で家来一同と食事をした。

「合戦に出ては白米を食する事、はなはだ希《まれ》なり。平素乱世のことを忘れぬよう心懸けるべし」

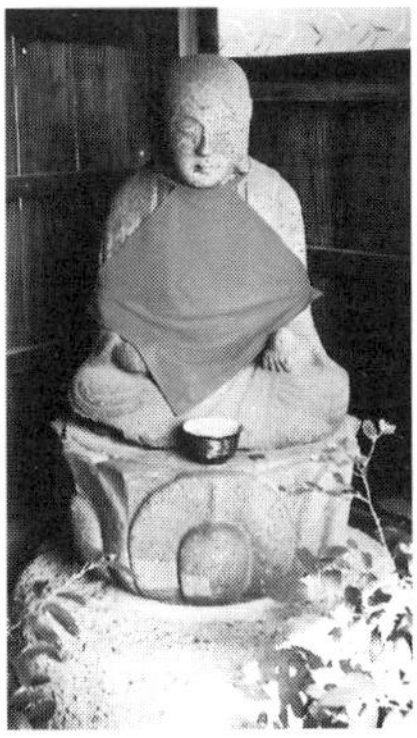

妙清地蔵(金龍寺)

掃部の死後、朝鮮孤児だった里は、金龍寺に入り剃髪して妙清尼と名乗った。掃部の墓近くに小庵を結び、日夜香煙をあげ酒を供えて、死ぬまで恩に報いたという。彼女の作った石地蔵は霊験あらたかで香煙供物絶える暇なく、夏祭等も行われるほどの信仰を集めたという。妙清地蔵または朝鮮地蔵ともいう。

二代目以降

領地土師村にいた正利は九歳になって母と共に福岡に移った。しかし、十二歳で人質として江戸へ差し出され、寛永五年(一六二八)にやっと福岡へ戻っている。

陽流抱え大筒

林掃部の死後、林家は三家に分かれた。養子平八（五百石）・長男正利（二千石）・二男直道（五百石）である。林平八は、実兄白石六之丞が手討ちに遭い、連座で領地没収。

正利の代に屋敷は天神丁に移転した。以後、直義―直清（三百石を弟直秋に分知）―直昌―直寛―直増＝五左衛門直統―丹後守直容と続いて明治に至った。直統は婿養子であったが禄高を増やして家老職を務め藩政に携わった。

二男林直道も暇を下されて土師村に引き籠り、三代藩主光之に再び召されて二百石を領する。直明―直武―直章―直茂―直衝―直拳で明治に至る。直明の弟直益が陽流砲術で身を立て百五十石、利邑―直房―直温―直内（百七十石）―吉六直射で明治に至り、西南戦争に加わって没している。陽流は黒田官兵衛の時代に始まる抱え大筒術で、直射が秋月に伝えて無形文化財に指定されている。

その他

石垣原合戦で首五つを取った林吉六は林掃部直利の家人で、その姓を許された者である。大音彦左衛門重泰の廃嫡された長男であった。晩年は大音作右衛門と名を変えて嘉穂郡大隈に土着した。

二代藩主忠之の近侍で林五助と称し三百石を領する士がいる。もと林家の家来で、朝鮮の役の後に長政に召し上げられた。掃部が林姓を与えた者である。

水軍を司った藩士松本主殿（七百石）は、紀伊国熊野出身の別族である。

二十　原弥左衛門種良《はらやざえもんたねよし》

蛤蝶脇立《はまぐりちょうわきだて》 南蛮鉢兜《なんばんばちかぶと》・山道頭《やまみちがしら》 胴丸具足《どうまるぐそく》（原弥左衛門種良所用）

家紋に合わせて金の蛤蝶をアクセントにした変り兜。雑賀風の装飾もあって珍しい形式。桃形でもないし米粒形か？　和製南蛮か？　前立の金の三輪は錫杖《しゃくじょう》のようである。鞠は五段で吹返しは無い。眉庇は波型、胴も山道で統一している。

胴の草摺も山道で紺糸の素懸威、最下段は熊毛植。二十四騎中一人豪華な袖付羽織を着用しているのは、たまたま遺品が残されていたからであろうか。第一次城井谷攻めで謡いながら帰陣したというから、風流なのであろう。四段の小さな袖（鉄製小鰭？）が肩にあるのだが、隠れて見えない。

弥左衛門の旧姓は宝珠山《ほうしゅやま》といい、もともと筑前国の名族原田氏の支流であった。遠祖は漢の高祖の末裔という。大蔵広隅—国足—泉—麻呂—子足—真勝—広勝—常直—春実と続き、春実が平安時代に征西将軍に任じられた。筑前・豊前・肥前・壱岐・対馬の管領職となり、移り住んだ筑前国御笠郡の地名をもって原田氏と名乗ったとされる。

春実の庶子春近（種近）の後裔が、足利尊氏から筑前国上座郡宝珠山（六町＝約百五十石）を与えられて姓とした。その末裔が宝珠山隆種—左近将監隆信—左近太夫種良と続いた。父宝珠山隆信は大友宗麟に属

原 種良像（『黒田二十四騎画帖』）

して手柄を立て、豊前国田川郡伊方庄八十町（約二千石）を給された。香春岳城の眼下である。家紋は割蛤。

天正十四年（一五八六）冬、秀吉の九州征伐の魁として黒田官兵衛が豊前国に入る。すると宝珠山隆信は嫡男左近太夫種良孫三郎を人質に出して案内役を買って出た。この時左近太夫は三十歳である。左近は勝手に名乗っていた官名だったので孫三郎と改称している。その結果、香春岳城（城主高橋元種）を簡単に落とすことができた。

天正十五年（一五八七）早々に官兵衛は書状を発している。

俄罷上候、同道申事ハ不レ可レ成候間、如レ此去年以来御有躰調、御判候て可レ給候。於二京都一可二達上一聞候、留守中雁股岳ニ能々御番候て可レ給候。恐々謹言

正月廿一日　　官兵衛（花押）

宝珠山殿御宿所

同年二月、官兵衛は宝珠山隆信に当座の領地として仲津郡稲戸村三百石を与えた。一家はそこへ移住する。石田三成が秀吉に報告し、四月七日に朱印状が出た。さらに七月三日、秀吉から黒田家の家臣になるよう命令が下っている。官兵衛はその姓の読みが長いので、宝珠山姓から原姓に改めさせた。次い

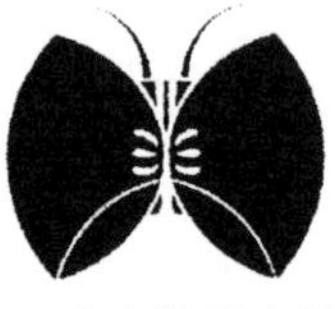

原弥左衛門家紋

で種良は名も変えて原弥左衛門と称した。

同年十月、長政が城井谷を攻めて敗北したことは再三述べてきた。この時、原弥左衛門は深い泥田に馬を落としてしまった。すると原は突然大声で謡い出す。

「深田に馬を駆け落とし、引けども上らず打てどもゆかぬ、望月の駒の頭も見えばこそ、こは何とならん身の果て」

城井勢の三騎が原を討とうと畦道を回っていたがこれを聞いて、

「こんな時に声高に謡を歌うとは大剛の者ならん」

と、恐れて引き返してしまったという。

当時の黒田家の居城馬ヶ岳に戻って反省会になった時、後藤又兵衛が本日の殿軍は自分であると主張した。それを聞いて弥左衛門は、泥だらけの猩々緋《しょうじょうひ》の具足羽織を取り出して言った。

「これは貴殿が途中で脱ぎ捨てた羽織でござる。これを拾ったということは、某こそが殿軍ではござらんか？」

それを見せられた又兵衛は、ぐうの音も出なかったという。

また、神楽山古城を改修して城井勢に備えた際、官兵衛は原弥左衛門と桐山孫兵衛に兵三百五十人を付けて守らせた。弥左衛門は孫兵衛と協力してよく敵を防いだ。

同年十二月、下毛郡の長岩城攻めで、原弥左衛門は支城の雁股ヶ岳城を攻撃している。ここは長岩城以上の天険であったが、地元の武士ということで任されたのであろう。

文禄元年（一五九二）四月、秀吉の野望により、二十五万もの大軍が海を渡った。原弥左衛門と毛屋主水は黒田二十四騎中、遅れて加わった二人であったが、信頼が厚く長政の馬廻組を務めている。

文禄二年（一五九三）三月二十八日、仲津郡稲戸村で父の隆信が異国の息子を心配しつつ没した。同年六月、晋州城攻撃では自身で鉄砲を撃って敵を倒した。

慶長二年（一五九七）九月、稷山の戦いに戦功ありというが詳細は伝わっていない。

慶長五年（一六〇〇）九月、原弥左衛門は天下分け目の戦いでは如水に従っている。十三日、通過した西軍の安岐城の兵二百人が追撃してきた。如水は安岐川に待機してこれを迎撃する。弥左衛門は長男吉蔵種盛・二男与六・弟喜右衛門ら六騎で川に飛び込んで一番駆けをした。この功で二百石の加増を約束されている。

同年十月、弥左衛門はそこの地理に明るかったからか、西軍森吉成の領内（豊前国田川郡三ヶ村）で、代官を命じられている。香春岳城を落とすためと兵糧確保のためであろう。その後の行軍には加わっていない。

慶長六年（一六〇一）、福岡城下大手丁に宅地を賜う。

慶長七年（一六〇二）十二月、鞍手郡の内で二千石を拝領。弟喜右衛門・五郎左衛門に二百石ずつ与えて家臣とし、二男与六にも二百石を与えた。

慶長十四年（一六〇九）十二月十四日、母の麻生氏が没する。同年十月、福岡城代となり、母里与三兵衛と共に南の丸に居住する。

慶長十六年（一六一一）三月、石高は二千石のままで、領地が夜須郡・下座郡の一部へと変更になる。

慶長十九年（一六一四）十二月二十九日、福岡から播州に着く。大坂城外濠埋め立てに遅れて加わるた

原弥左衛門墓（順心寺）

めであった。原弥左衛門は翌年正月二日から参加する。

元和六年（一六二〇）、黒田長政より原弥左衛門・野村大学・野口一吉の三人が遠賀郡堀川の開削を命じられる。翌年正月より堀川の工事に着工したが、この水路は長政が没して途中で中止となった。

寛永十年（一六三三）、黒田騒動の後、栗山氏に代わって左右良の押さえとなり、忠之の命により伊予守と号した。この年、嫡男の種盛が病没する。

寛永十三年（一六三六）、原伊予は連歌を好んだが、その師匠里村昌琢がこの年没した。

寛永十五年（一六三八）、島原の乱が起きる。原伊予は国境整備のため従軍せず、孫の吉三郎種庄が名代として戦い、甥の喜平次（五郎左衛門の子）と共に討死した。

寛永十六年（一六三九）、原伊予は隠居して孫の弥左衛門種常に家督を譲った。そして博多の聖福寺に参禅して、樹中庵と号した。

寛永十七年（一六四〇）十月二十六日、原伊予は八十三歳で永眠した。聖福寺の塔頭順心庵に墓が建てられている。順心庵は現在は順心寺という。

二代目以降

種常は千五百石を領したが、黒田忠之の勘気を被って浪人して断絶。種盛の三男弥三郎種一が七百石で跡を継いで明治に至った。数家に分散したようで石高は減っている。

原伊予の二男与六の末裔は磯野金右衛門といって、明治時代に鋳物業で成功している。

二十一　堀《ほり》平《へい》右《え》衛門《もん》定則《さだのり》

帆立貝《ほたてがい》頭立兜《ずだてかぶと》・桶側胴《おけがわどう》具足《ぐそく》（堀平右衛門定則所用）

堀平右衛門は出国して凄惨な最期を遂げた人物なので遺品は皆無に等しい。したがって、この絵は空想画と思えるが、兜の下絵だけは残っている。それを見ると完成画とは違って、兜の鞠に黒熊（ヤクの毛を黒く染めたもの）の引回しが付いている。鞠は紺糸の素懸威。帆立貝は頭立というか大きな前立というか、日根野頭形兜をすっぽり覆っているものである。水軍関係者に好まれたが平右衛門と海の関係はよく分からない。故郷の明石の海を思い浮かべて作らせたものか？　胴は桶側、草摺は紺糸の素懸威。五千石の大身にしては意外と地味である。彼の性格を思うと理解もできる。

秋月藩では小笠原流の絹で表面をすっぽり包むような派手な胴が好まれて「島原合戦図屏風」に数人見かけるが、平右衛門の時代にはまだ存在していなかったのであろう。

益田与助や井口兵助と同じく取り立ての者である。初めは長政の臣住江武右衛門の従卒で、明石久七と称する微賤な従者だった。住江は筑前国で五百石だから仕えた当時は八十五石かもしれない。性格は

堀定則像（『黒田二十四騎画帖』）

乱暴で、その戦いぶりは毎度人の目を奪ったという。

文禄の役に際して異例の抜擢を受けて百石取りの直参となった。俗説（二十四騎像などに書き込まれた注）では、文禄元年（一五九二）に三十五歳だが、栗山四郎右衛門の娘を嫁にしているところをみると、二十五歳の誤筆ではなかろうか。明石という姓も、この妻の母が明石正風養女（実は但馬国の村尾氏）という立場であるところから来ている。ちなみに妻の姉たちは、黒田三左衛門・小河久太夫政良・黒田六郎右衛門らに嫁いでいる。

文禄元年（一五九二）四月十八日、秀吉の大陸遠征の野望により、二十五万もの兵が海を渡ることになった。三番隊の黒田軍六千が最初に攻めたのが朝鮮国慶尚道の金海城であった。大手一番乗りは黒田三左衛門と曽我部五右衛門。搦手一番乗りは明石久七と後藤半内であった（『武家事記』）。

そんなある日、陣中で古参と大口論に及び謹慎処分を受ける。長政は年功序列を重んじる人であった。明石久七はぷいっとヘソを曲げて出ていってしまった。

文禄二年（一五九三）、明国との休戦交渉中に、豊臣秀吉は慶尚道の晋州城に兵を集結させて攻撃を命じる。前年に細川忠興ら二万の兵が落とせなかったことに対する雪辱戦でもあった。籠る兵力は義兵を含めて二万人であった。秀吉は朝鮮の南半分割譲を和議の条件にしていたので、面目にかけてもこの城は落とさねばならなかった。そこで九万三千の兵をこの攻撃に当てている。

堀平右衛門家紋

六月二十一日、晋州城の周りを囲み、翌日から八日間攻撃が続いた。この城は南に南江という川があり、古川広家の兵若干がここに備え、城の大手を黒田・加藤・鍋島等二万五千余が攻め、西面を小西・細川・伊達・浅野等二万六千余、東面を宇喜多・石田・大谷等一万八千余が攻めたてた。

しかし城兵はこれを寄せつけず、矢を放ち大石を落として対抗したため、死傷者が数万人も出たという。

そこで大手門右に陣する黒田長政と左に陣する加藤清正は相談の上、門の石垣を崩そうと新兵器をこしらえた。それは「亀甲車」と呼ばれる戦車であった。浅野長吉と共に西面に陣を構えていた黒田如水が長政に授けたものである。これは西洋兵器の「タートル」と呼ばれるものである。前進は中に入った人間が金梃子《かなてこ》で押して進み、後退は後ろの縄を引き寄せた。目的は敵の矢を避けて石垣の真下に出、金梃子で石垣を崩すことにある。清正は妻子に恩賞を与える条件で足軽三人を立候補させ、これに乗せた。

一方、長政の方は後藤又兵衛の家来四人と吉田六郎太夫の家来一人がこれに乗った。二十七日城寄せを開始する。しかし、石垣下まで来ると城兵たちは松明を投げてこれを焼こうとした。長政も清正も慌てて縄を引かせて中止した。そこで一計を案じて牛を集めると、翌日その皮をはいだ。そして生皮を亀甲の上に張り合わせると再び出発させた。今度は火にも焼けず石垣を壊し始めた。門の櫓は大きく傾き、翌二十九日、両側から崩れ落ちた。

堀平右衛門花押

清正の臣森本儀太夫がこの崩れた石垣上に一番に駆け登ったが、脛に銃弾を浴びて転げ落ちた。続いて長政の臣後藤又兵衛と明石久七がよじ登ったが、清正の臣飯田覚兵衛は又兵衛の帯をつかんで引きずり下ろし、

「加藤主計頭《かずえのかみ》内飯田覚兵衛一番乗り！」

と、がなって旗を差し上げた。怒った又兵衛も、

「一番乗り後藤又兵衛！」

と叫ぶ。この時一番乗りを目指して突入した者は多く、長政、清正自身も即刻城内へ乗り入れ、他の諸将もこの機に乗じて、それぞれの攻め口から突入した。

この戦いで討ち取った首級一万五千三百。金海城から逃げた徐礼元がここの主将になっていたが、この日討死した。あとは南の崖から身を投げた者あり、川で溺れた者あり、全滅であった。文禄の役始まって以来最大の戦いとなった。

特に明石久七は水色地に朱餅紋の背旗を翻して実質的な一番乗りを果たしたわけである。軍議の席上、誰が一番乗りかということになり、後藤・明石・森本・飯田の四人が呼び出されて話し合った。その結果、左の通り秀吉に注進された。

森本儀太夫　一番乗りだが銃に当たって落ちた
後藤又兵衛　二番乗りだが名乗らなかった
明石久七　二番乗りだが名乗らなかった
飯田覚兵衛　四番乗りだが一番首を挙げた

この功により明石久七は長政から許されて五百石に加増。場所が濠ぎわ塀ぎわだったため堀平右衛門と名を改めたその後、稷山の戦いでも戦場で暴れまわって日本に帰国している。

慶長五年（一六〇〇）八月の合渡川の合戦では黒田長政が泥田に落ち、ただ水牛の角が見えるだけになった。堀平右衛門は飛び込んで長政を救い上げると自分の馬に乗せ、近くにいた林五助（林太郎右衛門の家人）の馬を奪って走り去った。五助は困って長政の馬を引き上げたが乗るわけにもいかず、手柄を立て損なったという。

同年九月、平右衛門は関ヶ原の本戦でも高名あり。それまでに首二十二級を取ったという。

筑前入国後は二千六百石を拝領した。さらに長政の三男長興が秋月に分封される時、五千石に加増されて筆頭家老となる。この後の平右衛門の奮戦は、学問が無く治術に暗いといわれながらも、秋月藩成立のための奔走に変わる。

元和九年（一六二三）八月四日に黒田長政が没すると、その遺命に背いて長男忠之は分封を許さぬ構えを見せ始めた。長興が独立した大名として公認されるには、江戸に出て将軍に拝謁する必要があった。そのため堀平右衛門は長興の江戸参府を画策する。

ところが、福岡本藩から長興の江戸参府を禁止する命令が届く。平右衛門はこの命令に対決姿勢を示した。

この時、小倉城主の細川忠利は密かに使者を寄越した。

「承れば近頃、長興殿と忠之殿とのご内訌《ないこう》により、長興殿ことのほかご迷惑の趣。隣国の御好みは、かような時でござる。もし江戸へご出府の節は、御召船並びに御供船を合わせ十艘ぐらいは、いつでもご用に立てましょうぞ」

　使者の口上を聞いた平右衛門は、

「主に申し上げましたところ、『ご昵懇《じっこん》のほどは忝《かたじけな》く思えど、我が宗家と忠利殿とは先代以来ご不通の間柄。されば、我ら兄弟行き違いを生じたからとて、ご助勢の儀は一切お断り申し上げまする』とのことでございます」

と、断った。使者は帰って復命した。

　忠利は平右衛門の峻烈さに感心しながら、さらに再び使者を発した。

「今後はともかく、この度のご出府の御召船だけでも寸志として受け取っていただきたい」

　平右衛門は聞くなり、

「長興は若年ではありますが、一度お断り申し上げた言を、変更いたすような者ではござらぬ。重ねての御使者はご無用に願います」

と、ついにこれを受け付けなかった。

　やがて下関から小船二艘を回させて、夜陰にそれで国を出た。こうして、苦労の末に主従は江戸に到着する。

　寛永三年（一六二六）正月、長興は三代将軍・徳川家光と前将軍・秀忠への拝謁が許され、翌年八月には朝廷から甲斐守に叙任された。さらに秋月領五万石の朱印状を得るのには数年を要している。

　しかし、創業の功臣必ずしも守成の能臣ならずの諺《ことわざ》通り、堀平右衛門は軌道を外し始める。一部の家臣の告げ口を真に受けて、独断で藩内の裁きを続けた。分別のつく年齢に成長した長興は、切腹を追放、追放を逼塞に替えて対処したが、やりきれずに幕閣に相談した。

阿部四郎五郎、花房志摩守、荒木十左衛門らが意見すると堀平右衛門はむくれた。

「某は身命を投げ打って長興公を助け、故長政公の知遇に報いんと思うのに、行いを悪く受け取られるとは心外でござる！」

同五年（一六二八）秋、平右衛門は、

「息子右馬丞を病気治療のため京都へ上らせたい」

と、数日間の暇乞いを申し出た。

怪しいと思った長興は、秋月から次席家老田代半七を江戸桜田屋敷へ呼び寄せる。それを知った平右衛門は烈火のごとく怒って、九月十三日に参邸すると、息子を次の間に置き、長興の部屋に飛び込んだ。

その尋常でない憤怒を帯びた顔を見て、長興は思わず重代の刀「兼光」を脇に引き寄せた。平右衛門は両手を突き、

「倅《せがれ》右馬丞、病気治療のため御暇を頂きましたるところ、幸いご当地にて良医を探し出し申した。治療を受けさせ申した甲斐あって、全快に及びました故、今日連れて参りました。御目見え仰せ付けられますれば、有り難き次第に存じ上げまする」

と申し出た。

長興は一言も発せず、長い時間が経過した。平右衛門はたまりかねて聞いた。

「右馬丞御目見え、仰せ付けられませぬか？」

長興は初めて口を開き、

「いかにも目通り許さぬ、その仔細を申そう。前に右馬丞を病気療養のために上京させると言い立てて、届け出もしていない。勝手に神田あたりに旅宿し、その侘びも無い。かつ、平右衛門よく承れ、その方、近頃とかく政道に相違の節多い。それで歴々の方々をもって、その方の考えを改めるよう促したところ、かえって不満に思い、こうしたあるまじき振る舞いに及ぶ。余は誠に心外に存ずる。さりながら、これまでの忠節に免じ、今日の無礼はあえて問わぬ。これからは慎め」

と、諭した。

平右衛門は両手を突き、沈黙することややあって、

「それでは何度お願い申し上げても、右馬丞の御目見えは、仰せ付けられませぬか？」

と、三度請うた。

だが、長興は黙して返事もしない。平右衛門は座を立ち、右馬丞と家臣を引き連れ、己が邸宅にも立ち寄らず、そのまま桜田の屋敷を去った。

長政は生前、妻の栄姫に語っていた。

「平右衛門は確かに長興を盛り立つべき者。それゆえ、特に家老として付けておく。しかしながら長興が追々成長して、自身で政務を執るようになったら、平右衛門に家老は務まるまい」

退去後、栄姫がこのエピソードを披露したという。

平右衛門は江戸と秋月とに、有事の際の準備金として五千両を蓄積していた。人々はそれがどうなったであろうかと私語した。すると、屋敷出入りの者に託して目録と木箱が送り届けられた。

長興が見てみると、そこにはこうあった。

「銀百五拾貫目は公儀御用。同銀百五拾貫目は御慶事御用。外に金千枚は長政公御譲りの金故、手を掛けざる事にいたし置き候」

平右衛門はしばらく江戸の麹町に蟄居《ちっきょ》していたが、その名声から家臣に望む声は多かった。しかし、後藤又兵衛のように当時は奉公構えが一般的である。

寛永九年（一六三二）十一月、老中稲葉正勝（一五九七〜一六三四）が、十一万五千石で小田原城主となった。大奥で権勢を振るった春日局の息子で、下野国真岡からの増封栄転である。そこで、正勝は部下に英傑を求めて、平右衛門を浪人分として召し抱えたいと黒田長興に申し出た。

「浪人分でお使いなさることならば、あえて支障は申しません」

長興はこう回答したという。

同十年（一六三三）一月十七日、黒田騒動で江戸謹慎中の黒田忠之が、福岡の吉田壱岐長利に出した手紙に次の一節がある。

「堀平右衛門儀、小田原を丹後殿（稲葉正勝）拝領候故、留守居に召され候わんとて、甲斐守（長興）に丹後殿より御貰いにて候。定て相調うべくと存候」

この結果、平右衛門は無役三千石を拝領し、箱根関所の総番頭となった。無役というのは軍役を必要としないので、実収は三倍に近い。この頃、諱を正勝と称していたが、主君と同じになるので正儔《まさとも》と改めた。

平右衛門は旧主黒田長興が関所を通過する度に、町屋の奥で衣服を改め、裃を着して両手を突き、行列が見えなくなるまで額突《ぬかず》いていたという。

稲葉正勝は平右衛門をよく理解してくれていたが、二年もたたずに他界した。跡を継いだ息子正則（一六二三〜一六九六）との相性はどうだったのであろう？

『二代正則公御代分限帳』を見ると堀平右衛門は三千石で筆頭家老である。他は千五百石以下なので秋月藩と同様の扱いであった。

それにしても平右衛門の横暴ぶりは相当であったらしい。たまりかねた春日局が孫の許へ、

「平右衛門を小田原へ差し遣わすので田辺権太夫（家老）とよく相談の上、然るべく取り計らい申すべき」

堀家の菩提寺・導伝寺

と、暗殺指令の手紙を寄越してきたくらいである。さすがは大奥の怪女である。

当時十四歳の稲葉正則は、平右衛門に対し、

「その方は勤番中、とかく我《わ》が儘《まま》の振る舞い致したるかどをもって、手討ちに致す」

との旨を申し渡した。

権太夫は平右衛門と同座の間、万一を思って小柄《こづか》を抜き、平右衛門の袴を畳に綴じ付けていたという。

平右衛門が立ち上がろうとしてつまずいたところを、正則があっけなく刀で討ち止めた。

そして、正則は謡曲「田村」の一節を謡い上げた。

「ただ頼め。標茅《しめぢ》が原のさしも草」

そして、そのまま居間へと入ろうとするので、権太夫が呼び止めた。

「若殿は家来の一人を御手討遊ばされて、謡われるのは何故にございます？」

「余もこうした事はしとうなかったが詮方なし」

と、直ちに血に染まった着衣を脱し、権太夫へ与えた。

また、この刀は「さしも草」と呼ばれて稲葉家の家宝として伝えられたという。時に寛永十三年（一六三六）の出来事だった。

平右衛門の子右馬丞は父の仇を討とうと箱根山中に潜伏し、猪狩りをする正則を銃で狙撃したが、弾は股間をかすめただけに終わった。捕らえられて直ちに処刑されたのは言うまでもない。

正保二年（一六四五）六月三日であったというから、十年越しの復讐が実らなかったことになる。

　一筆申し候。いつぞや此方へ御越しになり平右衛門こと未だ此うちに入府なりにい申し承り候。角太夫を加賀守所へ遣わし候へば、小田原には五左衛門・七郎兵衛はかりい申し、御耳にたち候も如何しく申したまい候。平右衛門に小田原へ参り候へと御申しつけ候て、まいり候間敷きと申し候はば、権太夫を小田原へ御遣り候はば、よく存じ候。平右衛門事は左様にそもし思い入れもなく、浮雲のように致し候はば、例え小田原へ参り候とも、頼みもなき御事と存じ候えども、無事参り候わんとさえ申し候はば、ま入間敷よく候。権太夫にも此文の事申し遣わし候。かしく
　五月十四日　　かすか（春日）
　稲葉美濃守殿

秋月に残されていた二男の真明は、修行の末に真言密教の僧となる。そして、豊後国玖珠郡戸畑の地

蔵院導伝寺の住職となった。寺はその後、浄土宗となり、この子孫が続いている。

二十二　衣笠《きぬがさ》久右衛門《きゅうえもん》景延《かげのぶ》

割蛤脇立《わりはまぐりわきだて》 突盔兜《とっぱいかぶと》・茶糸威《ちゃいとおどし》 胸取胴具足《むねとりどうぐそく》（衣笠久右衛門景延所用）

南蛮がかった突盔風の兜である。大きな割蛤脇立は、秋月黒田家に伝来した長政の遺品によく似ている。何か関係があるのかもしれない。衣笠の故郷も明石のすぐ近くなので、海が恋しかったのであろうか。

胴は段替の茶糸威、立挙と草摺が毛引である。小鰭は鉄板の四段。二十四騎中で唯一扇子を開いた構図なのは文化人であった面を強調しているのだと思う。

衣笠氏は赤松八十八家の一つといわれ、赤松円心の弟円光を祖とし、円光―敦範―持則―持祐―祐定―衣笠祐盛―範弘―豊前守範景―弥五郎政盛と続いている。家紋は丸に九枚笹（衣笠久右衛門は左三巴）。祐盛は赤松政則に仕えて軍功を挙げて衣を賜った。それを笠印にしたのが衣笠姓の始まりと伝える。ただし、実際は嘉吉の乱（一四四一）以前から衣笠氏は存在する。播磨国明石郡の端谷《はしたに》一帯（兵庫県神戸市）六千石を領した。赤松家の当主が義村の時代、衣笠範弘はその三奉行の一人であったという記録も

衣笠景延像（『黒田二十四騎画帖』）

残っている。

また、秀吉が播磨に入ると国人領主たちはいったん帰順したが、翌年の別所長治の離反に同調して反旗を翻した。衣笠範景は別所に与して端谷城で秀吉軍と戦った。だが、敗れて落城している。範景は野に降ったとも別所氏の三木城に逃げ込んで戦死したとも伝える。

隣接する枝吉城の明石氏と縁戚関係があったため、範弘は二男の久右衛門を黒田職隆に小姓として出仕させた。初めの諱は佐範といって、父兄と同じ通字を使用している。その後、景信とも称した。

永禄十二年（一五六九）八月、青山合戦の時には二十三歳であったから、当然職隆に従って参戦していたと思われる。ただし、何も伝えられていない。

天正五年（一五七七）五月、英賀合戦で栗山四郎右衛門が、房野弥三郎という鎖鎌の達人を倒した。相手の仲間大勢が仇を討とうと襲ってきたのを、四郎右衛門は一人で迎え撃とうとする。

「こんな無謀な戦いは武功になり申さん、直ちに引き返すが上策でござる！」

と、年長者の風格を見せ、四郎右衛門を無理やり馬に乗せて姫

衣笠久右衛門家紋

衣笠久右衛門花押

小寺氏歴代の墓
（承天寺）

路へ帰った。分別者として知られる栗山も若い頃は、やんちゃである。

天正六年（一五七八）冬、官兵衛が有岡城で捕らえられてしまった時、家臣一同が誓紙を提出した。この中で久右衛門は職隆付きから官兵衛付きになっていたことが判明する。

天正十年（一五八二）、官兵衛の旧主君・小寺政職が備後国鞆津《ともつ》で没した。五十八歳であった。官兵衛はその遺児を保護するために衣笠を派遣した。久右衛門が見事に探し出して招聘《しょうへい》した。このお陰で小寺氏は福岡藩内で氏職―清職―貞職―信職―詮職―勝職―常職―職光―民清―美職と続いて明治に至っている。

播州・上方・九州陣と従い、天正十五年（一五八七）十月、豊前国姫隈城（福岡県築上郡）攻めで高名する。これは同国で最初に起きた国人一揆である。

長政は出かけていた官兵衛に伝令を走らせると、即座に陣ぶれを出して兵を集めた。当時の居城は京都《みやこ》郡馬ヶ岳城で、そこから上毛郡まで夜中に六里を走る。そして、姫隈城の虎口《こぐち》を破って攻め込んだ。先手が反撃に遭って後退すると、井上九郎右衛門・黒田三左衛門・衣笠久右衛門の三人は、城戸脇に槍を手に留まった。それを見て敵は攻撃を止め、崩れた先手の兵が取って返して城を落とすことができたのである。

久右衛門の子孫は武家として福岡に残らなかったので、記録が少ないが、こうして要所要所で名を見掛ける。智謀才覚人に優れ、武勇もあって朝鮮では先手を仰せつかった。

文禄元年（一五九二）に始まる朝鮮の役では、後藤又兵衛基次と一隊の組み合わせとなり、負けず劣らずの武勇を見せた。

同年六月、平壌城の戦いで久野四兵衛が傷ついた時、その場に残って手柄を立てた。また、敵の武具を拾って帰ったという。

慶長二年（一五九七）十二月、蔚山城救援で長政が留守にした梁山城を八千の明軍が襲撃した。梁山城はまだ工事中で総構えが不完全な上、残っていた兵は衣笠久右衛門・黒田惣右衛門と人夫も含めて千五百人余であった。釜山から如水が駆けつけるまでよく敵を防いだ。梁山城は他の日本軍の城と違って内陸部にあり、危険な場所にあった。

如水は到着するなり、敵の馬を目がけて鉄砲を一斉射撃せよと命じ、騎馬軍団であった彼らはたちまち戦意を喪失して退却した。思うに蔚山城攻撃の遊撃隊として威嚇だけが目的だったのではあるまいか。撃退はしたものの、後に秀吉の命令でこの城は放棄された。

慶長五年（一六〇〇）、久右衛門は天下分け目の戦いでは如水に従い、刈田松山城（福岡県京都郡）を守って小倉方面からの敵に備えた。

筑前入国後は三千石を拝領、林太郎右衛門の組下になっている。晩年は中老なみに扱われ、借受称号で因幡守を名乗った。城下の天神丁に屋敷を構えていたといい、その場所は近年まで「因幡町」と呼ばれていた。

大坂の蔵屋敷を任せている大野九兵衛が帰国した時、黒田長政は尋ねた。

「上方で何か取沙汰は無かったか？」

「はて、京童《きょうわらべ》どもの申す話をお聞きになりたいとは、殿様は軽薄にござる」

「何を言う。その方を大坂に置いているのは、情報を得るためでもあるぞ」

と、長政は立腹した。大野は赤面して縮こまったが、井上周防が口を挟んだ。

「九兵衛が申す通り軽薄でござる」

　長政はさらに腹を立てて大脇差に手をかけたが、周防は怯まない。

「まずは御心を静めなされ。只今のご作法こそ軽薄にございます」

　一座が肝を潰していると、衣笠因幡が涙を拭って溜息をつき、大声を上げた。

「おめでたき事かな。今の世にこういう進言をする家臣はござらん。御家長久の証なり」

　長政はこれを聞いて納得し冷静になった。

「なるほど。余はよき家臣を持ったぞ」

　またある時、衣笠因幡が江戸の使いより帰った時、長政は聞いた。

「江戸で何か聞いた話はあったか？」

「加藤清正殿をことのほか、褒めてございました。清正公は小身より身を立て、武功をもって大国の主になられました。ところが、天下太平となった今、武勇などと申せば公儀に疑われてしまう。ですから武芸のたしなみを止め、日夜美女歌舞伎などを召し集めては、酒宴に溺れる毎日とか」

　因幡の答えを聞いて、長政は少し考えてから答えた。

「さもあるべし。余もそうしようと思っていたが、子孫のため、国のためによろしくない。それでは一代で滅びる！」

衣笠久右衛門墓（金龍寺）

「よくぞ仰せられました。某も左様かと存じます」

衣笠因幡からは突飛な言葉は出てこない。いたってまともな良臣であったのだろう。卜斎という号を持ち、歌人としての才能もあったという。辞世の句が残されている。

「八十《やそ》あまり作りおきたる罪咎《つみとが》を　今切りはらう吹毛《すいもう》の剣」

寛永八年（一六三一）三月十八日に世を去った。享年八十五歳。墓は金龍寺にある。

久右衛門の妹は播州志方の地侍・高橋平太夫匡順に嫁いでいた。衣笠久右衛門と一緒に黒田家に仕え、豊前国で五百石を拝領している。

そして、第一次城井谷攻略で主従八人討死した。官兵衛は落涙して弟惣介を倍に加増した。また、子の彦次郎はまだ幼少だったので、夫人にどこかへ再嫁するよう勧めた。

しかし、夫人は貞節を守りこれを固く辞した。そこで彦次郎に五十人扶持を与え、筑前入国後は二千石にまで引き上げた。長政も彦次郎を重用して伊豆守の借受称号を与えた。総舟奉行を務め、藩政に深く関わった。ただ、武功一つ無くここまで出世すると周囲の目は冷たい。長政の没後に周囲の圧迫から追腹を切っている。墓は崇福寺の長政の墓の隣と金龍寺とにある。

『家中善悪之帳』はあくまで長政の主観だが、衣笠と高橋は仲が悪いと記されていて面白い。

二代目以降

遺領は長男左兵衛と二男左近に分配されたようである。ただし、左兵衛は江戸で忠之（二代目藩主）の勘気を被り奥州相馬家に去った。左近は武士を辞め、子孫は博多で医師と絵師になっている。天保・安政年間（一八三〇～一八六〇）の分限帳に、三人扶持で衣笠雲山、五人十五石で衣笠要人とあるのがそれである。

二十三　毛屋主水正武久《けやもんどのかみたけひさ》

金箔押《きんぱくおし》　饅頭形兜《まんじゅうなりかぶと》・山道頭《やまみちがしら》　胴丸具足《どうまるぐそく》（毛屋主水正武久所用）

関ヶ原合戦時、徳川家康から饅頭を賜ったのを記念して作らせた甲冑と思われる。特に兜は金や朱を大胆に使用しているし、三段鞆の最下部を波型に切っているのも江戸期に入ってからの遊びである。

饅頭形兜の遺物としては高野山の伝武田信玄兜が有名だが、それは鉄の打出しで時代の下るもの。バランスが悪いと格好悪くなる。これは家康の大黒頭巾形兜と同様な張懸だったと思われる。

胴は段替えで立拳と草摺のみが毛引威となっているから江戸期のものであろう。草摺の最下段は熊毛植である。袖も毛引威で糸は全て紺色。左脇に鼻紙袋があるが画像では省略。全体に地味で兜ばかりが垢抜けている。波型で統一を図っているのかもしれないが、合わせものかもしれない。主水の具足は、はなはだ大きく、中年の頃から使用していたものは、大の男が二人がかりで木綿の袷《あわせ》を着せて抱き合わせて着すると書かれている。また、明光寺（福岡市）には没後すぐに描かれた画像も存在していたらしい。

毛屋武久像（『黒田二十四騎画帖』）

本姓を田原といい、琵琶湖の大百足《おおむかで》退治で有名な俵藤太《たわらのとうた》の末裔である。家紋は平角に毛の字。主水は幼名を虎千代といい、近江国神崎郡（滋賀県彦根市周辺）に生まれた。父田原《たわら》与次郎長久は、七歳の時に織田信長と六角承禎との争いで亡くなっている。虎千代は母と二人の妹を村に残し、六角承禎に仕える書家の建部賢文（一五二三～一五九〇）に養育された。家来の子に松虫を取ってやるなど優しい少年であった。

元亀二年（一五七一）、十六歳で田原金十郎と名乗り、摂津国高槻城主・和田惟政に仕えた。キリシタン大名として知られている。しかし、その年に惟政は討死してしまう。金十郎は近江国に戻って織田派の山崎志摩守片家（一五四七～一五九一）に仕え、比叡山焼き討ちに参加した。その縁で織田家の重鎮柴田勝家に転仕して越前国北ノ庄に移住する。

天正三年（一五七五）五月、勝家の配下として長篠の戦いに参戦した。この時、織田軍が敗走することがあった。金十郎は従者が四散して窮地に立っていた蒲生氏郷を助けている。

「某は田原金十郎と申して柴田勝家の家臣なり。貴殿と我が主は不仲と聞いてござるが、ただ今の危機を見捨て難く思

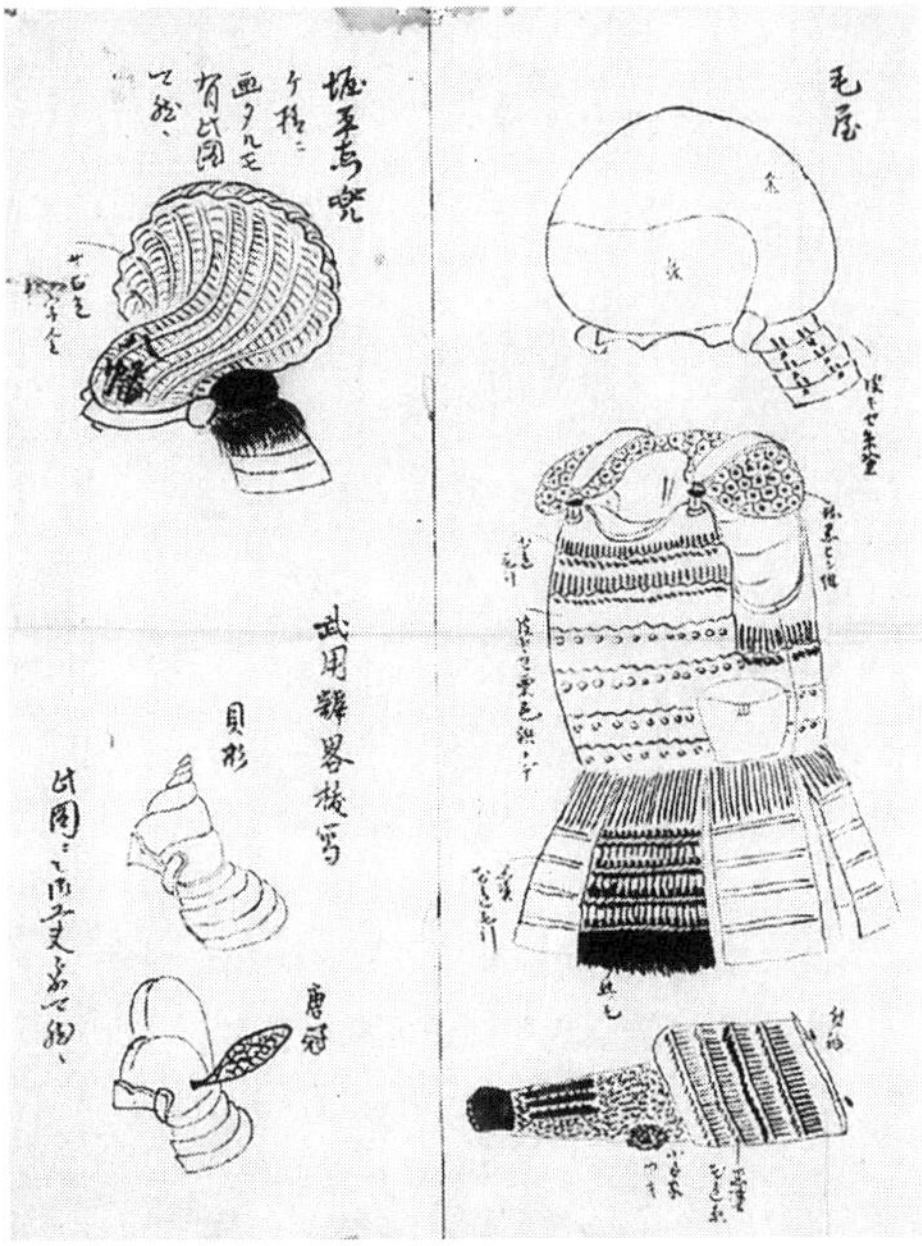

毛屋・堀・菅・井上氏兜図
（尾形家絵画資料・福岡県立美術館蔵）

い、お救い申した」
金十郎の言葉に氏郷は笑顔で答えた。
「今日の志、忘れまじ！」
また、越前国毛屋畠で一揆があり田原金十郎が鎮定する。この時、倒した相手の子が襲い掛かってきたが、難無く斬り伏せて首二つを挙げた。この功により勝家から三百石を賜い、田原姓を改めて毛屋主水正と名乗るよう命じられる。

ところが、賭博疑惑を受けたために退去し、能登国の前田利家を頼って三年間扶持（八十石）をもらい、かくまってもらった。退去の際は毛受《めんじょ》庄助が密かに力添えしてくれたという。

天正六年（一五七八）、摂津国有岡城攻めに織田方雑兵として参加して首三つを取る。

天正八年（一五八〇）、池田恒興が摂津国で十二万石を領すると、毛屋主水は同家に七百石で仕えた。

天正十一年（一五八三）、恒興が美濃国大垣城主となると毛屋主水は致仕し、佐々成政に出仕して再び越前国へ戻る。そこでは組頭として認められた。成政はやがて秀吉によって肥後国への配置転換を余儀無くされる。主水もこれに従って移住した。

天正十六年（一五八八）閏五月、佐々成政が肥後国一揆の責任を問われ自刃。主を失った家来たちは四散して足軽等にならざるを得なかった。ところが、毛屋主水は豊後国に来て黒田長政に仕えた。検視役が官兵衛だったことによる。禄高は三百石であった。

天正十八年（一五九〇）、陸奥国会津に入封して百万石を領した蒲生氏郷から、一万石を与えるから自分の所へ来ないかと密かに誘われた。しかし、毛屋主水は今は朝鮮出陣の準備中であるからとこれを断わったという。余談であるが、蒲生氏郷も黒田官兵衛もキリシタン大名という点が共通していた。

文禄元年（一五九二）六月、小西行長と黒田長政は朝鮮国王を追って平壌城を攻めた。大同江を渡る時、先勢は河上を渡り、黒田軍は河下を渡ることになった。だが、その日は霧が深くて様子が全く分からない。

「河上の軍勢はもう渡ったと思われます。なぜなら、河の流れが濁っております」

毛屋主水の報告に長政は納得して、直ちに全軍に総攻撃を命じた。平壌が陥落したのは言うまでもない。

毛屋主水正家紋

文禄二年（一五九三）春、講和休戦となり黒田軍は全員帰国した。長政は主水の領地を三百石から六百石に加増しようとした。ところが主水は固辞した。実は黒田家を去って蒲生氏郷の所に行こうと考えていたのである。それを知った長政は許さなかった。主水と親しい菅六之助と津田長右衛門に、もし主水が国外へ去ったら、お前たちは切腹だと言い渡した。渡り奉公を重ねてきた主水も去り難く、もう少し黒田家に留まろうと決意するのであった。

この翌年、氏郷は没してしまったから、結果的には賢い選択だったことになる。

慶長二年（一五九七）九月、二度目の渡海で長政軍は最北限の稷山にいた。

「某が日本で大軍を見たのは長篠合戦が一番でござった。しかし、目の前にいる敵はそれよりはるかに多い。日本の兵は指物があるので、多く見え申すが実際は少ない。まともに合戦したら士卒のほとんどは討ち取られましょうぞ！」

物見に出た毛屋主水が、珍しく弱音を吐きながら興奮していた。

「ただし、敵の一陣を破って怯ませてから後退すれば、武田勝頼のようにその場はしのげるかと！」

一同は納得して、その戦法に賭けてみることにした。敵は鉄の楯を持って隙間無く並べていたが、主水の命令で鉄砲隊の一斉射撃によって、それを粉砕した。そして戦っているうちに、後続の毛利隊が到着して戦局は一変した。明軍が漢城へ退却していったのである。

慶長三年（一五九八）一月、朝鮮役最後の大戦蔚山城の戦いで、主水はまた物見の手柄を立てた。黒田長政の命令で早朝、偵察に出た主水が戻ってくると、長政は尋ねた。

「おおっ毛屋主水よ、敵陣の様子はどうであったか？」

「ただ今合戦すれば、必ず勝ち戦となりましょう。敵陣は飯を炊く時間なのに煙が見えません。今朝だけではございません。昨日も同じ様子で、どうやら兵糧が尽きたと思われます」

毛屋主水は思った通りを答えた。

「しからば、敵が逃げ去る前に追い討ちをかけようぞ、者共かかれーっ！」

長政は二千五百の手勢に攻撃命令を下した。

不意を突かれた明軍はたまらずに後退し、討ち取られる者が多かったと伝えている。明の総大将・楊鎬はこの敗戦で失脚し、日本軍はあまり痛手を受けずに帰国することができた。

慶長五年（一六〇〇）九月、天下分け目の合戦では長政に従って美濃国にいた。旗奉行の竹森新右衛門は如水と共に豊前国に残ったので、毛屋主水が御旗六流と大馬印を預かってもいた。

初戦の合渡川合戦で土手に御旗を立てていた時、足場が悪くて大いに傾いた。主水は慌てて下馬して槍の石突《いしづき》を地面に突いて叫んだ。

「かかれーっ、かかれーっ。御旗を傾けた奴は突き殺すぞーっ」

旗持たちがなんとか踏ん張ると、自分も一緒に掛け声を上げた。

「えーいっ、えーいっ！」

旗色が悪いと全軍の士気にも影響が出る。主水は初の大役をこうしてこなした。続く関ヶ原の本戦では、合戦前日のこと、小早川秀秋の陣が何やら騒がしい。

長政は主水を物見に出していたが戻ってこないので、後藤又兵衛をさらに派遣した。すると二人は道でばったりと出会った。

「合戦を始める様子はござらん。今は八つ時（午後三時）、今始めたら夜になり申す。ただの陣替えでござるよ」

と又兵衛に言い、それを長政に報告した。又兵衛も確かめて陣替えと判断した。さて、合戦当日の朝。徳川家康に諸将の物見が敵の人数を見積もって報告していた。誰もが敵数の多さを強調していたが、一人主水だけが、

「敵は無勢でござる。大軍と見えても戦をするのは石田・小西・安国寺・島津だけでござる」

と断言した。家康は感動し、褒美を渡そうと考えたが手元にあるのは饅頭だけだった。

「毛屋主水とやら、よく言った。これを遣わそう！」

自信たっぷりに渡された饅頭を見て、毛屋主水がどういう反応をしたのかは伝えられていない。やがて長政の持ち場である丸山の頂から、合戦開始の合図である狼煙が上がった。両軍入り乱れての戦闘が始まった。長政がふと気付くと、中白の御旗が目立つ丘（青塚）の上でなく、低い所に翻っている。

「主水よ、御旗をもっと高い所へ移動しろ！」

と長政が言うと、主水は答えた。

「御旗は前進したからここにあり申す。たとえ目立つからと後方の丘に下げれば、敵からは敗軍と思われましょうぞ！」

最前線で戦っている家来たちは前進する御旗を遠目に見て、さらに前線で戦う勇気をもらう。戦う相手は威圧されて後退する。主水は旗奉行としての働きを全うした。黒田長政は論功行賞で筑前国五十二万石を獲得する。

慶長五年（一六〇〇）、藩士に対して新たな領地分配があった。ほとんどの者が倍以上に加増されていた。ところが毛屋主水にはまるで音沙汰が無い。先に朝鮮陣の功を賞して加増を示したところ主水が辞退したことを、長政は面目を失ったとして根に持っていたのである。

長政は如水に意見されて、毛屋主水を七百石にして益田与助の組下に入れた。ところで、主水はこの頃もう四十歳を過ぎていたが独身であった。

長政の腰元に豊前一揆で滅んだ鬼木掃部の娘（名は長）がいた。如水は二人を結婚させて、もう他国へ逃げ出さないように縛ることにした。毛屋主水もまんざらでもなかったのか、筑前国に骨を埋める覚悟

毛屋主水正 墓（円覚寺）

をしたのであった。お長との年齢差二十三歳であった。

大坂の両陣（一六一四〜一六一五）にも、高齢だが従軍している。幸い黒田家は戦闘に不参加。

元和二年（一六一六）、糟屋郡の検地に堀久右衛門と従事する。

元和六年（一六二〇）、大坂城の天下普請に従事。完成は四年後。

元和八年（一六二二）、長政から主水正を改めて武蔵守を称するように命じられる。菅和泉の子、孫次重俊にその称号を与えるためであった。武蔵は将軍家の領地なので後には敬遠されるが、この当時はまだ使用できたようである。

寛永三年（一六二六）十二月、息子太右衛門武重に家督の五百石を譲り、残りを自分の隠居領とした。体は大きく、戦歴の割には傷は少なくて七ヶ所であったという。学問の道には疎く、老年になってから博多明光寺の生雄和尚に参禅した。晩年は中風を患い剃髪して文賀と号している。また、若い時に仕えた山崎片家とは後々まで交流していた。

寛永五年（一六二八）十月二十六日没、七十五歳であった。墓は明光寺、後に聖福寺の塔頭円覚寺に改葬された。

二代目以降

武重の家系はそのまま五百石となり、分家が二百石を分地されて明治を迎えている。

二十四　井口兵助吉次《いのくちひょうすけよしつぐ》

黒天衝脇立《くろてんつきわきだて》 朱漆塗《しゅうるしぬり》 日根野頭形兜《ひねのずなりかぶと》・朱塗《しゅぬり》 胴丸具足《どうまるぐそく》（井口兵助吉次所用）

黒田家で朱具足の着用を確認できるのは菅六之助と井口兵助だけである。槍まで皆具なのは兵助だけかもしれない。胴の威糸も全て赤である。天衝が黒で刀の柄巻が青い。この兜は一般的な日根野頭形だが、原図だと頂がやや小さく裾が広がっているので古頭形兜かもしれない。それだと時代的に古いものである。小さな吹返しで鞠が細かくて七段もある。前立は幕末期にすでに無く、角元のみが描かれている。

胴は段替えで立拳と草摺のみが毛引威（紺糸威）となっているから、やはり江戸期のものであろう。左脇に鼻紙袋が付いているのだが、画像では省略されている。小鰭が数段の鉄板なので具足羽織は着ていなかったかとも思われる。

先祖は赤松八十八家の一つといわれ、赤松円心―氏範―志方家則―井口家全―家基―家繁―茂元―繁春と続いている。家全の弟は櫛橋祐則といい黒田官兵衛妻（光姫）に繋がる。もっとも櫛橋氏は鎌倉御家人の末裔であって、その系譜は怪しい。城跡の観音寺に正しい系図が伝えられている。

家則は播磨国印南郡の志方城主となって志方姓を名乗ったが、家全は弟祐則に城を譲って加古郡井ノ口を新たに領地とした。そして姓も井口に改めている。この頃の井口氏は絶頂期だったのか、同国三木郡吉川や美作国吉野郡大原にも分家している（後に滅亡）。

数代抜けているようだが家繁（一四五七～一五三四）の時、揖西郡浦上庄栄村に移動した。その栄城を中心に千八百貫（約九千石）を領したという。井口家繁は近くの朝日山で浦上村宗に殺された。

その後、山陰の尼子氏の播磨乱入があったが、黒田重隆がここにいて三男の友氏が生まれている。さらに家繁の娘が黒田重隆の養女となって、村宗の孫清宗に嫁ぎ、龍野赤松氏に攻め殺されているから複雑である。以上は江戸時代初期に現地に土着して庄屋になった井口家の説明である。

一方、兵助吉次（初名・与一之助）の家系は祖父までしか遡れない。祖父の名を井口休兵衛尉（一四九九～一五五五）といい、家繁の弟と思われる。小寺則職を頼って御着近辺で帰農していた。田地屋敷を広く持ち、数十人の作男がいたという。家紋は登り藤に井の字。

井口吉次像（『黒田二十四騎画帖』）

息子与次右衛門（一五一八～一五八五）は広峰氏娘を妻にした。広峰氏は広峯神社の神官武人で、赤松・小寺氏との血縁関係がある。この二人の間に生まれたのが猪之介・六太夫・甚十郎・与一之助の四兄弟である。講談『夢幻物語』はこの与次右衛門を広宗神社の神主とし、名を井口太夫に作り、黒田家伝の目薬を御札に抱き合わせて販売してくれたと創作しているわけである。

与次右衛門夫婦は子供たちを戦いに明け暮れる武士に戻した

井口兵助家紋

くはなかった。しかし、官兵衛のスカウトで四人とも武士になり、三人までもが戦死してしまう。

長男・猪之介は天正五年（一五七七）五月に町坪構を死守して討死。

二男・六太夫は元亀二年（一五七一）十二月に北条構で一揆軍と戦い討死。

三男・元服前の甚十郎は姫路城下の家籠《やご》り者四人と刺し違えた。


天正五年（一五七七）夏、猪之介を失ったばかりの官兵衛は井口邸を訪ねて詫びた。

「せめて、幼少なりとも末子の与一之助を拙者にゆだねられよ。兄三人の忠死をこの子で償いたい」

親はもちろん、残されたただ一人の男子であるから手放すことに同意しなかった。

広峯神社

そこで官兵衛は、菓子を与えながら与一之助の耳元で囁《ささや》いた。
「お前はわしの家に来るべきだ。その方が親元にいるより全てにおいて得であるぞ」
これで与一之助はついていってしまった。この時十三歳であった。この後、九月に官兵衛の子松寿丸（長政十歳）が人質として出されるのに、与一之助は付人となっている。つまり、五月から九月までの間の出仕だったことが分かる。もっとも、与一之助には九歳の時に官兵衛が肝試しをしたエピソードもあるので、兄三人が死んでから仕えたというのが本当かどうか分からない。

与一之助は大人の付人・大野九郎右衛門と共に長浜城へ行く。そして、松寿丸の馬になったりして遊んだという。『古郷物語』に「殿の松寿の頃、信長へ証人に出で給い、近江の長浜に御座なされ候時、御遊伽に参りたる小草履取《こぞうりとり》なれば、座敷には走せ馬とて、帯を轡《くつわ》とてかませ、彼が背中に乗り給いし事を云々」とある。

この少し前、御着城主小寺政職が二男良明を人質に出した時、与一之助の叔母が付人として従っている。人質は荒木村重の有岡城で生活していた。後に官兵衛が幽閉された際、衣服の洗濯や食事の差し入れをして官兵衛を勇気づけた恩人である。落城後、小寺良明は尼崎で生き延びたが、彼女の行方は分からない。

天正八年（一五八〇）春、十六歳で元服して兵助と名乗り、英賀城攻めに初陣した。乱暴・我が儘な性格だったというが、守り役がよく続いたものである。松寿丸の帰還はこの年の閏三月であるから、長浜城から竹中半兵衛の郷里菩提山城（実際は城下の家老屋敷でかくまわれた）へも付き従っていたと思われる。

官兵衛は兵助を危険な目に遭わせたくなかったらしい。与次右衛門夫婦からの懇願もあったであろう。しばらくは目立った活躍はしていない。

天正十二年（一五八四）三月、二十歳の兵助は常々馬を欲しく思っていた。そこに和泉国岸和田の戦い（小牧・長久手合戦の局地戦）である。相手は徳川家康に同調した根来・雑賀衆であった。

「官兵衛公もいないし、思いっ切り暴れてやるか！」

兵助は川向かいの芦毛の馬に乗った武者に目をつけて一人で川を渡った。そしてこっそり忍びより、斬り殺して武具刀槍全てを奪い取った。徒歩で攻め込んだはずの兵助が立派な甲冑騎士姿で帰ってきたのだから皆は驚いた。

後に官兵衛が、

「見事な働きだったと聞いておるが、危ない真似はするでないぞ」

と、注意した。しかし、聞くような性格ではなかったらしい。翌年に父親が亡くなると、いよいよエスカレートする。中間に二人でなくては持てぬ物を一人で持たすなど、家来の扱いもひどかった。

天正十六年(一五八八)、豊前国において二百五十石を拝領。官兵衛は兵助の母が広峯神社の神主の娘だったことに鑑み、宇佐神宮の神主宮成吉右衛門への婿入りを算段した。ところが、本人にその気は全く無く、御破算となっている。

文禄元年(一五九二)から始まる朝鮮陣では足軽大頭を務めた。ある時、益田与助の背後を狙う明兵の両腕を斬り落とす。この刀を自分で「小手切」と名付けている。

また、蔚山城の救援に向かう途中、切岸に横穴を掘って日本勢の行軍を阻む明兵がいた。その弓隊を兵助主従だけで蹴散らしてみせた。そして、

「ご加増は望みませんから『朱柄の槍』を用いることをお許し願いたい」

と申し出た。

朱柄の槍とは徳川家の血槍九郎が有名で、戦場において毎度勇戦したため、柄が血で染まったことに始まり、家康の祖父の時から代々許されたという由緒がある。中国地方では一日に首七つ取ったらそれが許されるとする考えがあり、長政は家老と相談の上、却下した。

すると兵助はそれを不服とし、即刻陣所を立ち退いた。そして、鶴を鉄砲で撃ち落として下人に持たせ、立花宗茂の陣所でこう叫んだ。

「黒田家にいてはこれ以上の出世ができない。某を高く買ってくれ」

しかし立花に諭されて帰陣し、その後、本当に首七級を取った。家来の山崎加兵衛も六級を取り、長政の実検に添える。

「分かった。その方一代に限り朱柄の槍を許そう」

兵助はこれ以前から朱具足を許されていたので朱の皆具となった。背旗は白切裂の撓いだったというから、さぞや戦場で映えたであろう。

慶長五年（一六〇〇）、天下分け目の合戦時、兵助は三十五歳の働き盛りであった。しかし、如水は兵助を長政には従わせず身近に置いた。だから手柄は挙げていない。

同年十月二十日、如水は柳川城攻撃を中止して包囲軍の鍋島直茂陣営を訪ねた。この際、井口兵助を伴っている。直茂は自分の家臣を紹介した。

「ここにいる村田隠岐は武功が多いが、一度も傷を負ったことのない幸運な武士でござる」

「ほう、この井口と申す者は討死しやすい家系で、兄三人が比類無く働いた末に亡くなってしまい申した。その幸にあやかれるよう、村田の苗字を頂けまいか」

村田隠岐はにっこり笑って答えた。

「ごもっともな儀にござる。どうぞお使い下され」

こうして、井口兵助は村田兵助と名を変えることとなった。

黒田家の筑前入国後、村田兵助は二千石（与力分を含めると三千石）を賜い、桐山孫兵衛の組下に置かれた。その関係で甘木宿の二代目代官になっている。そして如水の没後、出羽守という借受称号を使用して大組頭となっている。

ところで、毎年五月五日に兜と指物を門脇に飾る風習のあったことは第六章で触れた。ある年、白切裂の撓いを村田出羽と堤九郎兵衛（百石）が立てた。

「白切裂撓い旗は、この村田出羽が久しく使用してござる。ご存じないのであろうか？　紛らわしいので止めて下され」

出羽は使いを出してこれに意見した。これに対して堤九郎兵衛は答えた。

「昔のことは存じませぬ。如水公が石垣原合戦に出られた時、某はこの指物でござった。貴殿は金の半月を指されていたではないか。その方こそ止め給え！」

石高の差こそあれ、武士には武士の意地がある。

「あの時は御使番を仰せつかっていたから、その規定の揃い物を使っていた。今は立身出世して足軽頭になったから、昔使用していた撓い旗を使いたい。古い衆に聞いてご覧なされ！」

「かつてはそうでも、一陣使用した指物ゆえ、この堤九郎兵衛も止めはせぬ！」

堤の回答に怒った村田出羽が叫んだ。

「えーい。堤の家へ押しかけ、その指物を踏み折ってくれるわ。道で行き会ったら刺し違えてやる！」

双方の親類・知人が集まり、福岡城下は騒然となった。藩の重役の耳にも入り、家老が意見したが、二人とも腹を切らせてでも止める気配が無かった。

「幸い明日は栗山備後様の御登城日、お任せいたすとしよう！」

翌日、これを聞いた備後は、二人を呼び出した。

「早く聞いていれば、それほど難しいことにはならなかったものを！」

　そして、家来に具足箱を持ってこさせると開いて見せた。

「今は別の小馬印（奉書紙の切裂）を使っているが、これは某が若き日に差していた同じ白切裂撓い旗じゃ。息子大膳への遺物じゃよ。以後、無用の口論は止めよ！」

と言って、からからと笑った。二人とも怒りが冷めたという。

　また、村田出羽は常に人に吹聴していた。

「当家に恐ろしき存在は殿様以外にはいない。年寄り（家老）衆はへちまの皮とも思わぬ！」

　聞いた栗山備後は一喝した。

「出羽よ。我らの前でそのような口を叩くでない。御家のためにならぬ奴め！」

　言われた村田出羽もへこまない。

「それこそ、一老（一番家老）に似合わぬ言葉でござる！」

「黙れ、殿が許してもわしは許さぬ。家中に恐ろしき者が有るか、無きかもういっぺん言ってみよ！」

と栗山備後にしては珍しく短刀を振り回した。

　すると、出羽は珍しく斬られようと頭を垂れたという。

「あの時は内心、『妙に刀早き奴だ。やれば両成敗になるからできるわけないさ』と、思っていた」

と吹聴して回った。

　聞いた黒田長政の感想は次のようなものであった。

「出羽めは生まれ付きの理不尽者！　謹慎を申し付けても何の効き目もござらん」

村田出羽墓

元和六年（一六二〇）十月、幕府による大坂城再建工事が始まり、全国の諸大名が動員された。主に豊臣系の大名が石垣工事を分担している。この頃は大組頭となっていた村田出羽が主張した。

「人並みの普請場より、天守台を築いた方が徳川将軍の目に止まってよかろう！」

しかし、他の者たちの反対で取り止めとなりヘソを曲げている。

石垣の石材は西宮の石切場で調達されたが、吉田七左衛門重成（当時二千石）と道でかち合ってしまう。双方とも巨大な大石を修羅で引いていた最中で、村田出羽はライバル心をむき出しにした。そこで、なんと出羽は吉田の石引き道を妨げるように横になり、嘘寝を始めてしまう。吉田組の人夫が六人がかりで取り付いても、鼾《いびき》をかいてびくとも動かなかった。

「構わぬ。村田出羽などひき殺してしまえ！」

と、吉田七左衛門も息巻いたが、人夫たちはその命令をきくわけにいかずに当惑していた。

そうしているうちに、村田組の大石が先を越して追い抜いた。すると出羽は、何も無かったかのような顔をして起き上がり、自分の組の石運びの音頭を取ったという。七左衛門は耐えた。家臣同士のもめ事で、改易されてしまう藩もあるからである。その後も出羽は鍋島藩ともめ事を起こし、周囲をハラハラさせている。

この石垣工事に約一年かけて帰国すると出羽は急死した。時に元和七年（一六二一）十月二十九日、五十七

残石公園（小豆島）にある石引きを再現したもの

歳であった。墓は領地であった夜須郡朝日村の平岡家墓地内一本栗の下である。現在は民家の庭になってしまった。墓碑を建てたのは同郷同族の志方彦太夫であった。妻は黒田与右衛門武俊の娘（尾上氏）で二人の男子を産んでいる。二人とも島原の乱で武功あり。

村田出羽は二十年間夜須郡を領した。その間に、気に食わぬというだけで、領内の者八十余人の首を斬り、妻子を放置したという。しまいには出羽に奉公したいという者がいなくなった。暇を乞えば一生奉公せよと長屋牢に入れ、逃げれば一類の者の首を刎ねた。罪人を生きたまま斬り刻み、苦しめ抜いて殺したとも伝える。宝蔵院流槍術の免許皆伝だったという話もある。

二代目以降

長男兵助吉常は父の遺領を継げずに豊前国中津へ去った。そこの薦《こも》神社宮司・池永主計宅に寄宿していたが、藩より呼び返されて二百石を拝領した。吉常―杢左衛門重兼―兵助好重―兵治重勝―甚吉と続いて明治に至っている。

二男は九右衛門正治（無玄入道金常）という。この家系は途中断絶しながらも井口姓で明治に至っている。正治は読み書きができなかったといい、『夢幻物語』の作者ではない。

三男は三太夫、四男は七之助といった。なお、阿波国徳島藩士に播磨出身の井口家がある。こちらは「いぐち」と発音して別族である。

黒田二十四騎の石高変遷

氏　名	播磨時代	豊前時代	筑前時代	待　遇
黒田兵庫助	秀吉に仕える	10000石	(14000石)	騎士
黒田修理亮	秀吉・秀長に仕える	2000石	12000石	騎士
黒田惣右衛門	秀吉・秀長に仕える	4556石	12000石	騎士
栗山四郎右衛門	83→200石	6000石	20000石	徒歩→騎士
久野四兵衛	黒田職隆に仕える	6000石	(6000石)	小姓→騎士
井上九郎右衛門	黒田職隆に仕える	6000石	20000石	小姓→騎士
母里多兵衛	83→200石	6000石	18000石	徒歩→騎士
後藤又兵衛	83→100石	5000石	15000石	小姓→騎士
黒田三左衛門	83石	2488石	14700石	騎士
野村太郎兵衛	83石	2960石	(6000石)	徒歩→騎士
吉田六郎太夫	83石	1282石	3200石	徒歩→騎士
桐山孫兵衛	黒田職隆に仕える	965石	6000石	小姓→騎士
小河伝右衛門	83石	5000石	(10000石)	小姓→騎士
菅 六之助	83石	200→500石	4400石	小姓→騎士
三宅山太夫	300石	1500石	3600石	騎士
野口左助	83石	630石	3000石	徒歩→騎士
益田与助	83石	500→698石	3000石	徒歩→騎士
竹森新右衛門	83→200石	600→900石	3000石	徒歩→騎士
林 太郎右衛門	83石	514→903石	3000石	小姓→騎士
原 弥左衛門	大友宗麟に仕える	300→500石	2000石	騎士
堀 平右衛門	陪臣	83→500石	5000石	徒歩→騎士
衣笠久右衛門	黒田職隆に仕える	不明	3000石	小姓→騎士
毛屋主水	佐々成政に仕える	300石	700石	騎士
井口兵助	83石	250石	2000石	徒歩→騎士

第八章　黒田孝高（官兵衛）・長政合戦総覧

砥堀《とほり》の戦い

天文十七年（一五四八）五月二十四日
赤松晴政 vs 別所就治
兵庫県姫路市砥堀

東播の三木城主別所就治が三千の兵を率いて置塩城（赤松晴政）と御着城（小寺則職）の喉元にある庄山城を占拠した。この日、砥堀において合戦となり、則職の属将芥田五郎右衛門家久が就治の属将妻鹿射場《いば》父子（高峰山城主）を討った。黒田重隆の妻の実家はこれによって滅ぶ。

置塩城

置塩城のクーデター

永禄元年（一五五八）八月七日
赤松晴政 vs 赤松義祐・小寺則職
兵庫県姫路市夢前町

小寺則職の娘婿であった赤松義祐が義父と組んで、実父である赤松晴政を置塩城から追放した。晴政は南条砦で交戦したが敗れて、翌日、龍野城の娘婿・赤松政秀を頼った。小寺則職が深く関わっている。

日岡神社の焼討

永禄三年（一五六〇）

別所安治 VS 猪上俊久
兵庫県加古川市加古川町大野
　神主である猪上新兵衛俊久が小寺派であったため、加古郡を支配下に置こうとする別所軍二百五十人によって夜襲を受けた。長男と二男は防戦して死に、俊久は姫路へ逃れて黒田職隆を頼る。三男は黒田二十四騎竹森新右衛門次貞となった。

日岡神社

黒田官兵衛の初陣

永禄五年(一五六二)
黒田職隆 VS 不明
兵庫県姫路市近郊
　黒田職隆が姫山の頂にあった寺を移転し、姫路城を大改修した翌年の出来事。職隆に従って官兵衛が初陣したとのみ伝える。職隆の従弟母里小兵衛がこの頃討死していて、青山合戦と混同されている。

婚礼の夜の変

永禄七年(一五六四)一月十一日
赤松政秀 VS 浦上政宗
兵庫県たつの市御津町室津
　室津城主浦上政宗の息子小次郎清宗に職隆の妹(実は故井口家繁の娘)が嫁ぐことになった。浦上氏はこの縁組で勢力拡大を狙ったが、龍野城主赤松政秀の兵三百の襲撃を受けて滅んだ。政秀は同時に栄城も攻撃して井口氏を滅ぼした。黒田家臣の八代道慶が左目を射られながらも奮戦した。

竹森新右衛門の初陣

永禄八年(一五六五)春
黒田職隆 VS 不明
兵庫県姫路市近郊

竹森新右衛門が初陣したというが詳細は不明。新右衛門が取ったのは兜首であったという。

栗山四郎右衛門の初陣

永禄九年(一五六六)
黒田官兵衛 VS 不明
兵庫県姫路市

この年、栗山四郎右衛門が初陣したというが詳細は不明。

沢蔵軒退治

永禄十年(一五六七)冬
黒田官兵衛 VS 沢蔵軒

兵庫県姫路市近郊

近江国出身の沢蔵軒という天台僧が二、三百人の賊徒を率いて、姫路近辺を荒らしまわっていた。この破戒僧なかなかの戦上手であったが、母里雅楽助が首を取った。峰相山《みねあいさん》鶏足寺（兵庫県姫路市太市）を根城にしていた可能性が高い。

山脇構の攻撃

永禄十一年（一五六八）冬

小寺政職 VS 山脇六郎左衛門

兵庫県姫路市四郷 八重鉾山

織田信長が挙兵上洛すると、東播三木城主の別所安治と西播龍野城主の赤松政秀が直ちに参陣した。小寺政職は反織田派で、それに反対する譜代の臣山脇六郎左衛門を滅ぼす。この時、官兵衛が一対一で直接手を下したと伝え、小寺の兵が構に火をかけて妻も殉死したとされる。

御着城攻め（第一次）

永禄十二年（一五六九）二月～十一月

織田信長軍 VS 小寺政職

兵庫県姫路市御着周辺

二月、別所安治の兵が随願寺領を侵害。五月、安治自身が三千の兵で小寺領内を侵犯して庄山城（御着城の詰の城）を占拠。御着城を包囲した。七月、織田軍（木下秀吉・池田勝正等）が別所氏の案内で二万の兵で播磨入りする。目的は毛利元就の要請による背後攪乱であった。

八月一日、織田軍は但馬国の生野銀山を制圧する。この日、黒田職隆は七百人で、弟・小寺休夢の有明山構に入城。十二日、別所安治によって随願寺と有明山構が落とされる。休夢は衆徒三百人を連れて御着城下へ退去した。前後して小寺派の高砂城（梶原氏）・北脇城（大塩氏）も落とされ、姫路城下や松原八幡、国分寺も焼かれた。十三日に木下・池田等は帰国したが織田軍の一部と別所軍は残り続けた。織田軍の軍監日乗が庄山城から十九日に毛利元就に戦況報告をしている。

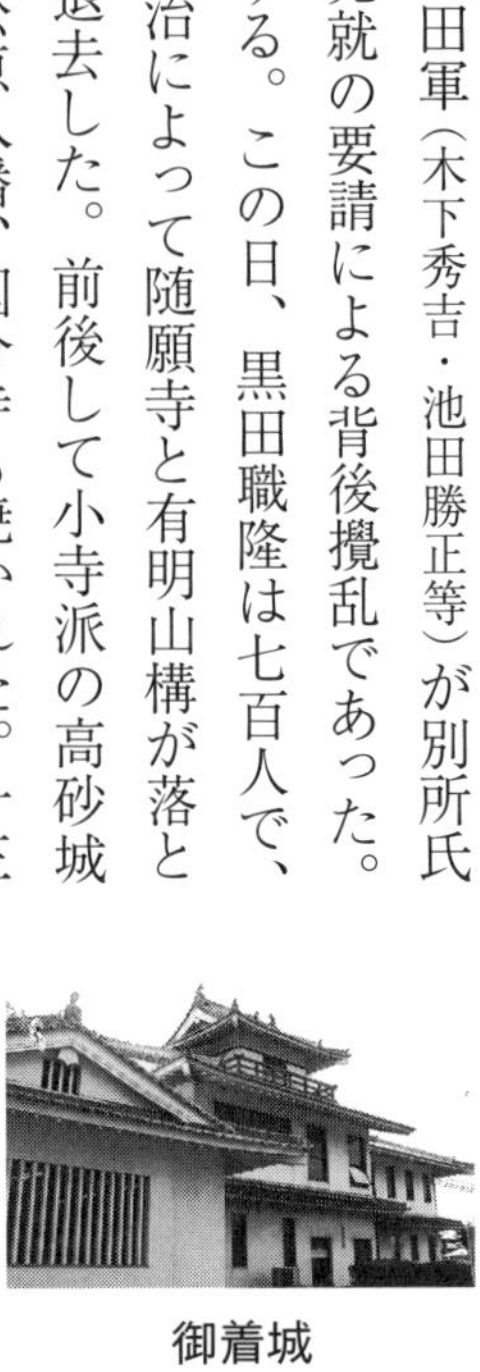
御着城

十月十四日、織田軍（池田勝正等）が再び播磨入りして、加古川から出港し、二十六日に室津城の浦上勢を排除する。翌月、赤松政秀兵七百が青山に出陣。黒田家臣の吉田長利が夢前川を一番懸けして敵の首三つを取った。この前後、小寺氏と同盟を結んでいた浦上宗景が政秀の龍野城を攻撃したため、赤松政秀は逃げ戻って降伏した。その結果、織田軍は十二月には播磨から引き上げた。翌年に入って浦上宗景は別所氏の本拠三木城まで攻めて南曲輪《みなみくるわ》を焼いたという。

青山合戦

永禄十二年（一五六九）八月九日
赤松政秀 VS 黒田官兵衛
兵庫県姫路市青山西 船越山から笹峠

御着籠城の機に赤松政秀は三千の兵で姫路城の西口、青山の小丸山に出陣した。この際、船越山から発見されるのを避けるため、龍野街道の桜峠からかろと谷の山道を選んだようである。黒田勢は三百人が船越山から瓦山《かわらけやま》にかけて布陣。十分の一の兵力である。合戦は黒田勢が苦戦を強いられ、土器坂《かわらけざか》で井手友氏と母里一族二十四騎を失いながら撃退した。母里家の伝承では前日も激しい戦闘があったとされる。龍野勢は名ある士、七十人の首が取られ、死者は二百八十七人に及んだと『小寺政職家中記』にある。また、青山西に首洗い池（千石池）も残っている。小寺側の死者数は不明。永禄十年（一五六七）二月説は『黒田家臣伝』の栗山項にしかなく、ここでは写本時の誤記と判断した。ただし、小寺氏と龍野赤松氏の境界として絶えず争いがあったようである。

なお、官兵衛はこの九日を黒田家にとって吉日と考え、最晩年の豊後の陣（九州の関ヶ原）では九月九日に出陣している。

青山合戦最後の激戦地笹峠

青山合戦の小丸山

英保山合戦

永禄十二年（一五六九）
黒田官兵衛 VS 一揆？
兵庫県姫路市英保

桐山孫兵衛信行が官兵衛に従って初陣したというが詳細は不明。御着城攻めの局地戦と思われる。

小河伝右衛門信章の初陣

元亀元年（一五七〇）
黒田官兵衛 VS 不明

この年、小河伝右衛門信章が初陣したというが詳細は不明。十月の浦上宗景による三木城攻めの助勢であろうか？　小寺領を通過せずに、室津から船で加古川へ渡り攻撃したと思われるが、小寺氏と浦上氏は反織田信長で同盟を組んでいたから補佐しているはずである。

北条構の戦い

元亀二年（一五七一）十二月
黒田官兵衛 VS 一揆
兵庫県姫路市北条

北条構は姫路のわずか二キロ南の地点にあった支城である。黒田家臣井口六太夫（兵助の兄）を大将に五十人で守っていたが、一揆が起きて六太夫は殺害された。官兵衛は兵百五十人を投入して鎮圧。地元の大百姓北条平左衛門等六人に黒田姓を授けて撫民《ぶみん》に努めた。

印南野合戦

天正元年（一五七三）四月～五月
別所長治 VS 小寺政職・黒田官兵衛

兵庫県姫路市〜加古川市

印南野とは明石郡西から加古郡にかけてをいう。高砂市曽根のあたりに印南野城という小寺氏幕下の英保氏の城があった。黒田の親類である明石・櫛橋・神吉氏らは態度保留か？　別所の先鋒として小寺を攻めるでもなく、小寺の属軍として別所勢の矢面に立って防戦した話も伝わっていない。加古郡魚住城主の魚住左近太夫頼治が小寺氏を裏切って別所氏に与した。母里多兵衛と野村太郎兵衛が初陣。十二月になると浦上宗景も織田派に転じた。

置塩城の戦い

天正二年(一五七四)五月五日
別所長治 VS 赤松則房
兵庫県姫路市

一月、織田信長の脅威と別所氏の調略で置塩城の赤松家臣間で内紛が起きる。機が熟したと察知した別所長治が数千の兵で五月に置塩城を攻撃。白国治太夫が別所先鋒の恒屋肥前守を討つ。吉田六郎太夫が活躍。宍粟郡の宇野氏や備前の宇喜多氏が別所長治に同調していたという説もある。

太田城攻め

天正三年(一五七五)九月九日
小寺政職・赤松広英 VS 赤松範実

兵庫県揖保《いぼ》郡太子町
城主赤松範実は置塩城主赤松則房の弟左兵衛範実というが定かでない。赤松広英は、小寺政職が織田信長派に転じたため、協力して両氏の領土境界にあるこの城を落としたという。

町坪構の戦い

天正五年（一五七七）五月
黒田官兵衛 VS 町坪弾四郎
兵庫県姫路市
天正五年三月、毛利の先兵宇喜多直家が龍野城を攻撃し、四月に小早川隆景が室津に上陸。五月になると、毛利家臣浦兵部丞宗勝が船団で播州英賀港に乗り付けた。これを知った官兵衛は、小寺政職に兵を借り、八百人で小寺領と接する町坪構を落とした。そして、家臣井口猪之介（兵助の兄）に三百人を預けて英賀城へ向かう。その留守中、町坪城は敵襲を受け、猪之介をはじめ全滅した。

英賀合戦（第一次）

天正五年（一五七七）五月十五日
小寺政職・黒田官兵衛 VS 三木通秋・浦宗勝
兵庫県姫路市飾磨区
英賀城内には本徳寺という一向宗の寺があり、蓮如上人の孫・実円を招いて英賀御堂として栄えていた。三木通秋の兵は門徒でもある。英賀城に向かった官兵衛は奇襲をかけて援軍の毛利兵（浦宗勝）を蹴散らした。地理にうとい相手は、逃げるように船に乗り込み退却していった。栗山四郎右衛門と衣笠久右衛門が奮戦した。

高倉山城攻め

天正五年（一五七七）十一月二十六日〜二十七日
黒田官兵衛 vs 福原助就
兵庫県佐用郡佐用町

天正五年十月、羽柴秀吉が、五千余人を率いて播磨入りした。播磨国のほとんどを掌握した秀吉は、弟秀長を但馬国平定に向かわせ、自らは播州で唯一抵抗する上月城に攻撃の的を絞った。

最初に攻撃したのがこの山城である。福原城の支城であり、城主福原主膳助就は福原則尚の家老で本姓を滝田という。織田家の新参者として手始めに黒田官兵衛が単独で落としてみせた城。小寺の助勢は無かったらしい。家臣の竹森新右衛門が城主と弟、家老の三人を討ち取った。以後、この山を本陣とし、上月城と対峙することになる。この戦闘で討ち取った人数は『黒田家譜』が五百余人、『信長公記』『竹中旧記』は二百五十余人となっている。首は、証拠としてことごとく信長の許に送られた。

福原城攻め

天正五年（一五七七）十一月二十八日〜十二月一日

竹中重治・蜂須賀正勝 VS 福原則尚
兵庫県佐用郡佐用町
　支城の高倉山は要害であるが、この城は小さな館城である。竹中半兵衛と蜂須賀正勝は力攻めをせず、ひたすら包囲したので、小さな戦闘があったのみである。その結果、戦原の敗戦を知った城主福原右馬允則尚は自刃して果てたという。則尚は赤松政範の妹婿であったため、人質の弟を捨てて上月城に一味した。

上月合戦（第一次）

天正五年（一五七七）十一月二十八日〜十二月三日
羽柴秀吉 VS 赤松政範・宇喜多広維
兵庫県佐用郡佐用町
　上月城は美作国との国境に近い天然の要害である。城主赤松蔵人政範は、毛利輝元を頼んで秀吉への人質提出を拒み続けていた。十二月一日、戦原で毛利方の宇喜多広維（兵三千人）と羽柴方の別所重棟が激突。官兵衛は自ら槍を手にして別所軍を助けた。それに続く秀吉本隊の総攻撃で宇喜多軍は敗退。直家自身が出馬せず、弟の広維では士気も低かった。
　赤松政範の兵も秋里谷に出撃したが、秀吉軍を挟み撃ちにまではできず、敗走しなかった宇喜多の兵と共に城へ戻る。討ち取った首数は六百余と伝わる。敵味方二千の死傷者が出て、政範は二日後に自決した。秀吉はこの城を山中鹿之介幸盛（兵八百人）に与えた。そこで、鹿之介は京に隠棲していた尼子勝久を呼び寄せる。

上月合戦(第二次)

天正六年(一五七八)三月下旬
羽柴秀吉 vs 上月景貞
兵庫県佐用郡佐用町

秀吉が安土城に播磨平定の報告をしている間に、宇喜多直家は上月城を奪還。上月十郎景貞と兵二千を城に入れて、美作国へ帰国した。急遽戻った秀吉は再び上月城を力攻めし、あまりの凄まじさに内応者が出た。即ち、江原兵庫という者が景貞の首を取って秀吉に差し出し、城兵の助命を嘆願したのである。実は官兵衛夫人光の方の姉婿が、この上月景貞であった。そこで秀吉は、景貞夫人と二人の子(姉と弟)だけを助け、残る男の首全てを刎ねた。さらに城内にいた婦女子を国境で処刑し、子供は串刺し、女は磔にして並べたという。

三木合戦(初戦)

天正六年(一五七八)三月二十九日〜三十日
羽柴秀吉 vs 別所長治
兵庫県三木市

それまで織田信長に従っていた別所長治が突然毛利方へ寝返った。秀吉はこの事態を安土に報じ、ただちに三木城へ向かった。だが、三木城は七千五百の人数で、蟻《あり》の這い入る隙間も無いほどに固められていた。三月二十九日、秀吉は城下に火を放つ。官兵衛は手勢を伏せて、三木勢が追い討ちをしかけてくるのを待った。

だが、城兵は用心して出てこない。これを見た竹中半兵衛は、秀吉の黄母衣衆神子田《みこだ》正治にわざと退却させた。すると調子に乗った別所の兵が、次々と攻撃に飛び出した。官兵衛は待っていましたとばかりに、横から攻め込み、それを全滅させた。この城を落とすのに秀吉は時間をかけることになる。

別府城の戦い

天正六年(一五七八)四月一日

黒田官兵衛・別所重棟 VS 毛利水軍

兵庫県加古川市阿閇

瀬戸内海の制海権を握っている毛利軍は、別所家との公約通り三木城へ兵糧を運び込もうと、百余隻の船団に兵八千を寄越した。別所長治と袂《たもと》を分かった織田派の別所重棟(兵三百人)は海岸線にある別府城を守っていたが防衛しきれない。官兵衛は五百人の兵で駆けつけると毛利の大軍を蹴散らした。

野口城の戦い

天正六年(一五七八)四月三日〜六日

羽柴秀吉 VS 長井政重

兵庫県加古川市野口
三木城の攻撃を断念した秀吉は、兵三百八十人の籠るこの城に三日三晩、鉄砲を釣瓶打ちした。黒田官兵衛・明石左近貞則も参戦し、長井政重は降伏した。秀吉はこの後、上月城の救援に向かうが、毛利輝元は小早川隆景・吉川元春を上月に派遣していて手が出せない状態になっていた。

神吉城の戦い

天正六年(一五七八)六月二十七日~七月十六日
織田信忠・羽柴秀吉 VS 神吉定頼
兵庫県加古川市東神吉町
戦火の拡大に驚いた織田信長は、石山本願寺の攻撃を中止して、嫡男信忠に兵三万を付けて播磨へ急行させた。織田信雄《のぶお》・同信孝・滝川一益・荒木村重・筒井順慶・稲葉長通・蜂屋頼隆・明智光秀・細川藤孝・佐久間信盛といった錚々《そうそう》たる顔触れである。そして神吉城を包囲した。高倉山から戻った秀吉も参戦したが、官兵衛の動向は知られていない。親類であるために攻撃から外されたと思われる。
また、荒木村重が和を乞う神吉氏の首を斬れずに許してしまい、信長に疎まれたという話もある。

志方城の戦い

天正六年(一五七八)八月上旬~十日
織田信忠・羽柴秀吉 VS 櫛橋伊定

兵庫県加古川市東志方町
神吉城の落城を目前にして降伏したという。無血開城だったのか、多少の戦闘はあったのか定かでない。ここは官兵衛の妻光の方の実家であるが、一族を拾い上げるのは豊前国へ移ってからである。秀吉の許しが出るまで時間がかかった。地方だからこそ認められたというわけだ。こうした小寺氏の属将たちが別所氏と行動を共にしたことで、小寺政職はどんどん孤立感を深めていった。

鶏足寺攻め

天正六年(一五七八)八月十日
羽柴秀吉 VS 鶏足寺
兵庫県姫路市
古刹峰相山鶏足寺も秀吉に敵対していたため、官兵衛の命令で太市郷《おおいち》民が焼き討ちをかけたと伝える。また、秀吉軍が攻めたとも。

有岡城攻め

天正六年(一五七八)十一月上旬~同七年十一月十九日
織田信長 VS 荒木村重
兵庫県伊丹市
荒木村重の離反は予想もしない出来事だった。官兵衛が集めた人質はその有岡城の中にいた。責任感もあって官兵衛は翻意を求めて城内へ。待っていたのは丸一年に及ぶ入牢生活であった。信長は十一月十日に宣教師を使って配下の高山右近を離脱させ、二十八日有岡城昆陽野《こやの》口に着陣している。

有岡城は町を包んだ城邑《じょうゆう》形式の城で、一年の籠城に耐えるだけの食料も貯蔵していた。だが、翌年の九月になるとそれも乏しくなり、村重は数人の家来と海辺の尼崎城へ脱出する。十月十五日、城内から内応者が出て総構が破られ、四日後に本城が落ちた。官兵衛が栗山四郎右衛門・母里多兵衛・井上九郎右衛門に助けられたのはこの時である。

御着城攻め(第二次)

天正七年(一五七九)十二月二日〜三日
羽柴秀吉 VS 小寺政職
兵庫県姫路市御国野

小寺政職は官兵衛が有岡城に行く直前に裏切って反旗を翻していた。十一月二十八日、秀吉は津田宗及を派遣して小寺政職の意思を問いただしたが、同じであった。十二月二日、志方城で降伏した櫛橋三郎四郎を使者として再び説得に当たらせるも、政職は彼を殺害して徹底抗戦を示した。

秀吉は御着城の周囲を封鎖すると、南の火の山に布陣。黒田軍は市川の西を固めた。二千人いた籠城兵は逃亡して半数に、秀吉軍は明智光秀の援軍を含めて一万という。勝負は目に見えていたが小寺家にも意地があった。城門を開くと無謀にも秀吉本陣目がけて突進し、一戦交えて引き上げた。その晩、小寺政職は、そそくさと闇に消えていった。翌日、残された兵が降伏を申し出た。一万石分の軍用金が残されていたという。

三木合戦（終戦）

天正八年（一五八〇）一月六日〜十七日

羽柴秀吉 vs 別所長治

兵庫県三木市

秀吉軍は一月六日、宮の上砦を攻略して十一日、城下を焼く。十五日、秀吉の使者に対して別所長治はとうとう降伏の意思を固め、二日後に自決。城内は草の根・木の皮まで食べ尽くし、目も当てられない惨状であったという。

英賀合戦（第二次）

天正八年（一五八〇）二月〜四月中旬

羽柴秀吉 vs 三木通秋

兵庫県姫路市飾磨区

本願寺門徒の抵抗を考えて後回しにされていた英賀城であるが、落城の時期は諸説あって断定し難い。いずれにせよ、城主三木通秋は船で九州に逃げたといい、『信長公記』にあるように大きな抵抗も無く屈服したようである。官兵衛の目の不自由な妹は出家して妙春と号し、その夫（英賀城主一族）三木総兵衛（清閑）も仏門に入って京都へ去っ

英賀城跡

た。城内にあった本徳寺も別の場所に移転している。

香山城攻め

天正八年(一五八〇)四月下旬
羽柴秀吉 VS 香山秀明
兵庫県たつの市新宮町

香山氏は宍粟郡の宇野氏に属していたので、秀吉の長水山城攻めの前哨戦として香山城は攻撃された。当主香山備後守秀明は城に火を放って落ちていった。福岡藩士に微禄だが香山氏が明治まで続いている。

長水山城《ちょうずいさん》攻め

天正八年(一五八〇)五月九日〜十日
羽柴秀吉 VS 宇野祐清
兵庫県宍粟郡山崎町

秀吉の播磨平定で山間部ゆえに最後まで残った城である。宇野氏は広瀬氏ともいい、五代続いて宍粟郡一帯を支配していた。秀吉は四月二十四日から周囲の支城を落とし始めて孤立させた。そして五月九日に総攻撃を始め、翌日には落城させた。宇野祐清は山の中へ逃げてゲリラ活動を展開したが、六月五日、美作国への脱出を試みて秀吉の兵に討たれた。支城の篠ノ丸城は後に黒田家のものとなる。

結果、秀吉は播磨一国を手中に収め、五十二万石の経済力と二万人の動員兵力を獲得した。

鳥取城攻め

天正九年（一五八一）七月十二日〜十月二十五日
羽柴秀吉 vs 吉川経家
鳥取県鳥取市

秀吉は亀井茲矩《これのり》を道案内にして、二万の軍勢で七月十二日因幡国を攻めた。主戦場になったのは鳥取城と周辺である。鳥取城には吉川経家ら毛利軍三千四百人が籠城していた。翌日、黒田官兵衛の陣所を夜討ちせよと、吉川経家は名指しで秋里新左衛門に指令している。

十月二十五日、鳥取城はわずか四ヵ月で落ちる。飢えた城兵を救うため経家は自決したのである。その首は信長の許へ送られた。

淡路国平定

天正九年（一五八一）十一月十五日〜十七日
羽柴秀吉 vs 淡路十人衆
兵庫県洲本市由良

官兵衛は山陰から姫路に戻り、若干の兵を従えて、九月某日淡路島の由良城を訪ねた。そして、織田水軍の安宅河内守清康を暗殺した。安宅衆は毛利水軍に対して積極的な戦いをせず、由良城という城を新築して不審な動きをしていたのである。その後、秀吉は十一月十五日に二万の兵で淡路島に上陸し、淡路十人衆を攻め、三日で全島を制圧した。近年、天正八年説と十年説が出ている。

羽柴秀勝の初陣

天正十年（一五八二）三月十七日
羽柴秀吉 VS 一揆
岡山県岡山市南区

天正十年三月十五日、秀吉は播磨・但馬・因幡兵二万人を率いて播磨を出発。十七日備前国福岡の近くで養子秀勝（十五歳）が初陣を飾る。これは実は織田信長の四男である。攻めた城は不明だが常山城という説がある。

冠山《かむりやま》城攻め

天正十年（一五八二）四月二十五日
羽柴秀吉軍 VS 林重真
岡山県岡山市下足守

高松城の支城である。城主林重真は清水宗治の娘婿。冠山城には兵百三十九人が籠っていたが、見せしめにことごとく殺された。攻撃は宇喜多軍が中心であったが、藤堂高虎、加藤清正、黒田長政も参加。長政は十五歳の初陣である。この戦いで長政付人井口兵助も初陣をしたが、二人とも首は取っていない。加藤清正が一番槍の名を挙げた。

備中高松城水攻め

天正十年（一五八二）五月八日～六月六日
羽柴秀吉 vs 清水宗治
岡山県岡山市北区

四月四日、秀吉は宇喜多直家の岡山城に入り、遺児を養子にして秀家と名乗らせた。これにより、秀吉は美作・備前両国の実権を掌握。さらに備中国高松城の清水宗治に、味方に付くようにと話を進めた。使者は黒田官兵衛と蜂須賀正勝であった。

しかし、宗治は拒絶。十三日夜、羽柴軍は高松に到着し、翌日未明竜王山に本陣を据えて、宇喜多軍を加えた三万の大軍で城を囲んだ。官兵衛の献策で水攻めにすることが決定。数キロに及ぶ堤防を作って足守川をせき止め、湖の中に沈めてしまう計画となった。黒田家臣の吉田六郎太夫が川をせき止める妙案を進言している。

五月二十一日、毛利輝元は一万の兵で足守川の西にある猿掛山に布陣したが、すでに高松城は水没していた。ところが、援軍として来るはずの織田信長が六月二日、本能寺で討死してしまう。

清水宗治が切腹すれば、織田・毛利の境界線は現状のままという甘い提案を輝元は呑んだ。毛利軍が約束通り兵を引くのを確認した秀吉は、六月六日に高松城を退去する。

備中高松城

山崎合戦

天正十年（一五八二）六月十三日

羽柴秀吉 VS 明智光秀
京都府乙訓《おとくに》郡大山崎町
　備中高松城から一気に京都を目指した秀吉軍は六月十二日昼に尼崎、夜には富田に至った。秀吉はここで旗を立て、軍としての体裁を整えている。その陣容は次の通り。
右の先手　池田恒興　加藤光泰　木村隼人　中村一氏　羽柴秀長
左の先手　高山右近　中川清秀　堀秀政　神子田正治　黒田官兵衛
本隊　羽柴秀吉
後備　蜂屋頼隆　丹羽長秀　織田信孝
羽柴軍のあまりに速い反撃に驚いた明智光秀は、秀吉軍を休ませずに山崎で迎え討った。六月十三日早朝のことである。しかし、三万対一万という数の論理もあって光秀は敗退し、勝龍寺城に逃げ込んでいる。そこで、栗山四郎右衛門が一番首を挙げた。

賤ヶ岳合戦

天正十一年(一五八三)三月二十一日
羽柴秀吉 VS 柴田勝家
滋賀県長浜市
　羽柴秀吉が織田家中のライバル、柴田勝家を賤ヶ岳に破った戦い。福島正則・加藤清正・加藤嘉明・平野長泰・脇坂安治・糟谷武則・片桐且元の七本槍が活躍し、十六歳の黒田長政が母里多兵衛の指導のもと初首を挙げた。この後に展開した北ノ庄城攻めには黒田軍は参戦していない。

岸和田の戦い

天正十二年（一五八四）三月十八日～二十二日
羽柴秀吉軍 VS 雑賀・根来衆
大阪府岸和田市

小牧・長久手の戦いの局地戦である。羽柴秀吉対織田信雄・徳川家康の戦いが小牧・長久手で行われたが、この時、黒田官兵衛と蜂須賀正勝は毛利氏の境界問題で現地へ行って留守だったのである。長政は父に代わって黒田軍を率い、和泉国で起きた一揆の軍と戦い勝利している。黒田軍の戦闘は二十日に朝晩二回あった。この合戦で家臣黒田三左衛門と林太郎右衛門が初陣を飾った。長政より若い二人である。四月九日に、長政は小牧・長久手へ合流した。この戦いは、秀吉が織田信雄を調略することで終了する。

喜岡城攻め

天正十三年（一五八五）七月中旬
羽柴秀吉軍 VS 長宗我部《ちょうそかべ》軍
香川県高松市

秀吉は内大臣に任ぜられると、四国の長宗我部元親に伊予・讃岐《さぬき》両国を献上して自分に臣従するように説いた。ところが元親は命令に応じず、四国征伐が始まる。

秀吉は羽柴秀長を大将、黒田官兵衛・蜂須賀正勝を軍監として四国征伐に向かわせた。秀長は三万の兵で和泉国から阿波国に上陸し、副将三好秀次も三万の兵で播磨国から淡路国に上陸した。

小早川隆景は、三万の兵で安芸国から伊予国へ、黒田官兵衛は、宇喜多・赤松・明石・仙石ら備前国・播磨国・淡路国の兵三万八千人を従えて讃岐国屋島へ上陸した。

官兵衛は仙石秀久に命じて敵兵二百人の籠る喜岡城を落とさせた。城兵ひとり残らず討死したという。官兵衛は支城の由良山城・池田城も落とさせたが、一番奥にある戸波親武の植田城へは向かわなかった。元親はこの屋島上陸グループを植田城で足留めする作戦であったが、まんまと見破られたのである。

岩倉城攻め

天正十三年（一五八五）七月下旬
羽柴秀次 vs 長宗我部掃部
徳島県美馬市

讃岐国の植田城をスルーして全軍を率いて阿波国へ移った官兵衛は、総大将秀長や各武将が集結する木津城攻撃の後詰に就いた。さらに、羽柴秀次を助けて岩倉城攻めに参加。高櫓を提案し、大鉄砲を乱射して降伏させた。秀吉軍を讃岐と阿波両国に分散させる計画を官兵衛に見破られた長宗我部元親は、十万の大軍を見てたまらず降伏している。時に七月二十五日であった。

小倉城攻め

天正十四年（一五八六）十月四日
羽柴秀吉軍 VS 高橋元種軍
福岡県北九州市

大友宗麟の要請で九州征伐の大義名分のできた秀吉は露払いとして黒田官兵衛を派遣した。官兵衛は千五百の兵に傭兵千五百を加えて出陣。途中で毛利軍と合流して豊前国小倉城を攻めた。城兵は主の高橋元種がいる香春岳城へ逃げた。

宇留津城攻め

天正十四年（一五八六）十一月七日
羽柴秀吉軍 VS 加来与次郎
福岡県築上郡築上町

官兵衛は毛利輝元を小倉城に残すと、二万八千の兵で苅田松山城へ進んだ。十一月六日、黒田官兵衛・吉川元長・小早川隆景が船で宇留津城を偵察。翌日、総攻撃を加えた。籠城兵三千人中、千余人が討ち取られた。また、残る男女三百七十余人は処刑されて、磔にされたという。

宇留津城

香春岳城攻め

天正十四年(一五八六)十二月上旬
羽柴秀吉軍 VS 高橋元種
福岡県田川郡香春町

吉川元長の猛攻でも不落だった香春岳城が、官兵衛の付城作戦で降伏した。支城の障子岳城も落としている。高橋元種は後に日向国で五万三千石を食《は》む。

高祖城攻略

天正十四年(一五八六)十二月中旬
羽柴秀吉軍 VS 原田信種
福岡県糸島市

官兵衛は大友宗麟派の立花宗茂と合流して筑前国へ移動し、高祖城の原田氏を降した。黒田家臣久野四兵衛が月毛の馬に跨って一番駆けをしたという。

財部城の戦い

天正十五年(一五八七)四月十日
黒田長政 VS 上井覚兼・鎌田政近
宮崎県児湯《こゆ》郡高鍋町

天正十五年一月、秀吉は二十万の大軍を二手に分けて九州に出兵した。秀長・官兵衛らは豊前―豊後―日向コース、秀吉らは筑前―肥前―肥後―薩摩コースである。官兵衛らは豊後府内を通って南下、島津軍が籠る高城を目指す。

四月十日、支城の財部城に到達。百人の兵で奇襲に出た黒田長政が、天然の堀である小丸川で敵の首を取る。また、敵が川を渡りきると長政は鉄砲隊に集中砲火を命じ、追い崩して城を占領した。一方、秀吉軍は難無く薩摩国境に迫っていた。

根白坂の戦い

天正十五年（一五八七）四月十九日

羽柴秀吉軍 vs 島津家久

宮崎県児湯郡木城町

四月十七日、島津義久は二万の兵で居城を出て翌日、根白坂で決戦を挑んだ。根白坂とは、高城から薩摩方面に数キロ先にある高台。ここに秀長は柵を築き島津軍を迎え撃った。薩摩の精鋭たちは果敢に突撃したが、柵を破ることはできなかった。そこに藤堂高虎・戸川達安・小早川隆景・黒田官兵衛勢が挟撃をしかけたため、義久は兵を引き、秀吉に降伏することを決心したという。高城の兵たちも退去した。

秀吉は小早川隆景を伊予国から筑前国・筑後国へ移し、佐々成政に肥後国、大友義統には豊後国を安堵、黒田官兵衛には豊前国六郡が下された。

姫隈城・高田城攻め

天正十五年(一五八七)十月一日～二日
黒田長政 vs 日熊直次・有吉清則
福岡県築上郡上毛町

佐々成政の統治に反対して肥後国で一揆が勃発し、黒田官兵衛は救援のために肥後国に赴いた。その隙に豊前国でも同様に火の手が上がる。日熊小次郎直次が姫隈城に籠城。血気盛んな長政は井上九郎右衛門・衣笠久右衛門・黒田三左衛門ら二千人を率いて一気に攻撃した。ところが、鎮房一族の如法寺孫二郎久信が駆けつけて背後から挟み撃ちにされて苦戦する。官兵衛の妹婿尾上安右衛門武則が討死したが、日熊直次は降伏した。隣接する高田城も籠城していたが、人質を出して降伏している。

城井谷攻略(第一次)

天正十五年(一五八七)十月九日
黒田長政 vs 城井鎮房
福岡県築上郡築上町

築城郡城井谷一帯を支配していた国人の城井鎮房が蜂起。二千の兵を従えた長政は城井谷南側の岩丸山尾根道を突き進んだ。城井谷は瓢箪城という別名がある通り、二ヵ所くびれて城戸があった。それらを通過せず敵の本拠地大平城へ雪崩《なだれ》込もうとしたが、これを察知した城井勢は岩丸山で待機して待ち構えていた。山岳戦に不慣れな黒田軍は峰から小山田谷へ敗退する。この間、長政の近臣大野小弁が鎮房の家老塩田内記に討たれた。『夢幻物語』は熊谷豊前元直隊が全滅したと作る。

官兵衛不在とはいえ、「五十七戦負け知らず」という黒田の戦歴中、唯一の汚点となった。負け戦ではあったが、竹森・菅・林・原・後藤らがよく働いた。長政ら一同、髻を切って反省した。

城井谷封鎖（神楽山城の攻防）

天正十五年（一五八七）十月中旬〜十二月中旬
黒田の兵 VS 城井の兵
福岡県築上郡築上町

官兵衛は急遽戻ると城井谷の入口の神楽山古城を修築して封鎖した。そこで城井軍と黒田軍の衝突があった。黒田家臣三宅山太夫が四度まで使者を務め、十二月中旬ついに城井軍は降伏した。吉川広家の一万人の援軍が大きくものをいった。城井鎮房は頭を丸めて宗永と号し、嫡子弥三郎朝房と娘（鶴姫）を人質に出すことになる。

観音原の戦い

天正十五年（一五八七）十一月十一日
黒田長政 VS 鬼木宗正
福岡県築上郡上毛町大平

黒田隊は三千の兵で上毛郡を平定した。この際、観音原（桑野原）で鬼木掃部宗正らの一揆軍を討った。

同調した緒方・伊藤・田中の諸氏もことごとく討ち取ったと黒田三左衛門が証言している。鬼木掃部の子孫は鎮房に人質を取られて仕方なく戦ったと伝えている。『名将言行録』では長政が城井の援軍塩田内記を討って大野小弁の仇を討ったとするが正しくない。

長岩城・雁股ヶ岳城攻め

天正十五年（一五八七）十二月五日〜七日
黒田長政 vs 野仲左京大夫・野仲兵庫助
大分県中津市耶馬渓町

黒田官兵衛は上毛郡を平定すると下毛郡に攻め入った。入口の一ツ戸城は家臣が入札で意見を決め、黒田に従うことになったという。城主中間六郎右衛門は官兵衛から黒田の姓を下賜された。一方、一揆軍の籠る長岩城と雁股ヶ岳城は野仲兄弟が守っており、天険の山城で容易に落ちなかった。後藤又兵衛が瀕死の重傷を負ったため、長政は力攻めを諦めて栗山四郎右衛門を現地に残して託した。四郎右衛門はじっくり時間をかけて調略で落としている。

長岩城合戦場跡

池永城攻め

天正十五年（一五八七）十二月十二日
黒田長政 vs 池永重則

大分県中津市上池永

黒田軍は寒江堂を本陣として池永城を囲む。池永左馬頭《さまのかみ》重則は一族はもとより大貞八幡の神官・社僧を動員して総勢八百五十人で籠城、城門から打って出ては引き下がりの攻防を繰り返した。重則の妻も大長刀《おおなぎなた》を振るって防戦したが効なく、一族二十余人と自害したという。井上九郎右衛門と栗山四郎右衛門が活躍した。

犬丸城攻め

天正十五年（一五八七）十二月十四日

黒田長政 vs 犬丸右京

大分県中津市犬丸

城主犬丸越中守清俊は三年前に死んでおり、弟の右京が立て籠った。地元の国人から黒田家臣となった荒巻軍兵衛行実がその首を取る。長政は討ち取った数百人の首を秀吉に送って感状を受けている。

田丸城攻め

天正十五年（一五八七）十二月二十日

黒田長政 vs 福島鎮充

大分県中津市福島

城主は福島佐渡守鎮充。黒田官兵衛指揮の吉川広家、黒田長政の軍に攻撃された。翌日に大畑城で討ち取られた首八百余級は、ことごとく獄門に掛けられたと『陰徳太平記』にある。

大畑城攻め

天正十五年（一五八七）十一月二十一日～二十三日
黒田長政 VS 加来統直
大分県中津市加来

三日三晩の攻防で落城したという。黒田軍は二百八十余人討死、加来軍は三百余人討死。城主加来安芸守統直は、従者五騎で城を脱出、伊藤田の尾根を東に向かったが、伏兵に囲まれ討死した。

宇佐城の攻防

天正十五年（一五八七）十二月二十三日～年末
宮成政本 VS 一揆
大分県宇佐市南宇佐

宇佐城は宇佐神宮北に隣接する高台にあった宮成吉左衛門政本の居館。古来、神職は宮成氏と到津《いとうづ》氏の交代制で西に広大な神宮寺も配していた。この頃、宇佐地方でも一揆が勃発。宮成氏は黒田派であったため反対派の攻撃を受けた。兄でもある時枝平太夫鎮継（神宮寺の住職兼時枝城主）と黒田兵庫助が駆けつけて、これを鎮圧した。黒田長政も母里多兵衛らの軍勢を派遣して助け、平定後は宮成に黒田姓を与え、領地三百石を給した。

高家城の中島統次が逃亡の後に切腹。乙女城の土岐修理允が降伏。高森城の加来彦次郎は自害し落城。以上、豊前一揆で討ち取られた首二千余は、証拠として秀吉の許に送られた。

城井鎮房の暗殺

天正十六年(一五八八)四月二十日
黒田長政 VS 城井鎮房
大分県中津市

官兵衛が再び肥後へ派遣された留守中、秀吉は長政に城井鎮房を殺すように命じた。長政は鎮房を新築成ったばかりの中津城大広間に呼び寄せ、酒の席で斬り殺した。この時、野村太郎兵衛が活躍。また、中津城内外では城井家臣との壮絶な斬り合いがあった。「城井召連れ参り候侍共、百五十人ばかりを、残らず御成敗なされ候」と黒田三左衛門が証言している。

城井谷攻略(第二次)

天正十六年(一五八八)四月二十二日
黒田長政の兵 VS 城井家残党
福岡県築上郡築上町

黒田長政は暗殺の二日後、城井谷に軍勢を送り込み、その残党を掃討した。大平城で妻子を捕らえ、城井の上城(詰めの城)まで攻撃して、鎮房の父常陸介長甫らを討った。翌日、肥後の官兵衛も城井朝房を自刃させた。城井谷に帰って尼となった鎮房の娘鶴姫は一年後に自決している。講談では鶴姫は即座に磔にされたとしている。

大村城・山田城・角田城攻め

天正十六年（一五八八）九月九日
小河信章 VS 山田常陸介
福岡県築上郡上毛町

上毛郡にはまだ不満分子がいた。小河伝右衛門は、大村城主山田常陸介を中津城へ呼び出して斬り殺し、城を落とした。さらにその一党の支城を攻めた。山田城の山田大膳は討死し、角田城の八屋刑部は逐電したという。案内者の一ツ戸城主中間六郎右衛門は大膳とは従兄弟同士であったという。

小田原攻め

天正十八年（一五九〇）二月～七月六日
豊臣秀吉 VS 北条氏政・氏直
神奈川県小田原市

天正十八年二月、秀吉は関東一円を支配する小田原城の北条氏直を攻めるべく配下の諸将に従軍令を下した。その軍勢は二十万にも及んだ。黒田長政は九州警備を命じられたが、官兵衛は軍師として秀吉に従った。如水と号して隠居したが、秀吉はその懐刀として離さなかった。

如水は北条親子に降伏を勧めるため、使者として城内に入った。氏政はこれに大いに心を動かし、如水に講和の手段を任せた。七月九日小田原城は開城し、北条一門は切腹となる。しかし、氏直は高野山へ追放となり、後に一万石で復興されている。如水が約束を守ったのである。

金海城《キムヘソン》攻め

文禄元年(一五九二)四月十八日
黒田長政・大友義統 VS 徐礼元
大韓民国慶尚南道

秀吉の大陸遠征の野望により、二十五万もの兵が海を渡ることになった。文禄元年三月二日、肥前国名護屋城を出航した三番隊黒田長政・大友義統軍(兵一万一千)は、十八日に安骨浦に上陸。待ち構えていた徐礼元(兵一万)と戦闘して背後の金海城へ追う。さらに攻撃を続けた結果、徐礼元は夜中に逃亡した。軍船五艘を奪い、数百人を討った。黒田三左衛門・野村太郎兵衛・吉田六郎太夫が高名する。

昌原城《チャンウォンソン》攻め

文禄元年(一五九二)四月十九日
黒田長政・大友義統 VS 朝鮮軍
大韓民国慶尚南道

三番隊は翌日から北上を開始。昌原城で五百余人を討ち、霊山・昌寧・玄風の諸城を落として漢城(ソウル)を目指した。

開城《ケソン》の戦い

文禄元年(一五九二)五月二十七日
小西行長・加藤清正・黒田長政 VS 朝鮮軍
大韓民国京畿道

一番隊から三番隊(兵五万)は一日交代で先鋒を務め、この日は長政が担当だった。黒田三左衛門・母里多兵衛・後藤又兵衛・野村太郎兵衛が高名する。

平壌城《ピョンヤンソン》の戦い(第一次)

文禄元年(一五九二)六月十二日〜十六日
小西行長・黒田長政・大友義統 VS 尹斗寿・金命元
大韓民国平安道

二番隊の加藤清正は二王子を追って成鏡道に向かう。一番隊と三番隊は国王を追って平壌を攻めた。

十四日未明、大同江で戦闘となり黒田長政自身が川中で一騎打ちをした。後藤又兵衛と吉田六郎太夫が高名している。久野四兵衛は戦死した。その夜、尹斗寿と金命元は逃亡し、一番隊と三番隊は翌日無血入城した。

海州城《ヘジュソン》攻め

文禄元年（一五九二）七月七日
黒田長政・大友義統 vs 朝鮮軍
大韓民国黄海道

黄海道征服の担当となった三番隊はその首府である海州を難なく落とした。そして鳳山城に大友義統が、白川城に黒田長政が入って付近を支配する体制に入った。

平壌城の戦い（第二次）

文禄元年（一五九二）七月十六日
小西行長・黒田長政・立花宗茂 vs 祖承訓
大韓民国平安道

この優勢な戦況も朝鮮王が明へ逃れて援軍を求めたため、苦境に立たされることになる。七月十六日、明の将軍・祖承訓五千の兵と朝鮮軍が平壌の奪回を試みた。黒田長政・立花宗茂両軍は小西行長を助けて二十九日、それをどうにか撃退した。小西行長は八月の下旬、明使・沈惟敬に和議を申し込まれて満足していた。しかし、それは時間を稼ぐための謀略であった。

延安城《ヨナンソン》の戦い

文禄元年（一五九二）八月二十八日〜九月二日

黒田長政 vs 李𤀹
大韓民国黄海道
朝鮮国の軍隊はほとんど機能していなかったが、この頃になると民間の義兵が活躍するようになる。黒田長政は五百人の義兵と二千人の民衆が籠る延安城を徹底的に攻撃した。落城寸前まで追い込みながら、黒田軍はなぜか囲みを解いて帰陣した。理由は明国との和議締結の話が浮上したからであった。

竜泉城《リョンチョンソン》の戦い

文禄二年（一五九三）一月九日
小河信章 vs 李如松
大韓民国平安道
文禄二年一月五日、小西行長は四万三千の明軍に奇襲され、七日夜半に命からがら平壌を退却した。このため、黒田軍の最先端の出城・竜泉が戦線に曝《さら》され、城代小河伝右衛門はここを死守して、追撃してくる明・鮮軍を防いだ。

江陰城《カンウムソン》の戦い

文禄二年（一五九三）一月九日
栗山利安 vs 李如松
大韓民国平安道

竜泉城が撤退したことを知った明軍は南下を続けた。江陰城は黒田軍二番目の出城で、城代は栗山四郎右衛門であった。長政は急遽、黒田惣右衛門・母里多兵衛・後藤又兵衛・衣笠久右衛門らを派遣して助勢させ、自らも出馬。戦闘に疲れた家臣を労わり全員一団となって白川城まで退いた。

白川城《ペチヨンソン》の戦い
文禄二年(一五九三)一月十日
黒田長政 VS 李如松
大韓民国平安道
白川城に集結した黒田軍は五千人、南下してきた明軍は十万、とてもかなう相手ではない。しかし、長政は鉄砲を乱射させて明軍を攪乱。黒田三左衛門・後藤又兵衛が活躍し敵を多く生け捕って情報を得た。白川の南・牛峯城には小早川秀包、開城には小早川隆景が構えていた。

臨津江《イムジンガン》の戦い
文禄二年(一五九三)一月十八日
黒田長政 VS 李如松
大韓民国京畿道
黒田・毛利軍は撤退に反対していたが、安国寺恵瓊《えけい》と大谷吉継らに説得されて後退を始めた。そして氷の張った臨津江を前に一泊していると、李如松が二万の先手で追尾してきていた。再び戦闘が開始されたが吉川広家四千の援軍もあり、互角の兵数で撃退した。

碧蹄館《ベクチェグァン》の戦い

文禄二年（一五九三）一月二十六日
豊臣秀吉軍 VS 李如松・楊元・李如柏・張世爵
大韓民国京畿道

秀吉軍は漢城に五万人が集結して対策を練り、碧蹄館という谷間の要所で毛利・立花隊を主力に明軍を迎え撃った。この一点突破の大反撃に明・鮮軍は総崩れとなり、平壌まで引き下がってしまう。それまで最前線で戦っていた黒田隊は後詰で、戦闘には参加していない。

手痛い反撃を受けた明軍の総大将李如松は、三月になると再び和議を持ちかけてくる。

晋州城《チンジュソン》の戦い

文禄二年（一五九三）六月二十一日〜二十九日
豊臣秀吉軍 VS 金千鎰
大韓民国慶尚道

秀吉軍は四月十八日に漢城を撤退して南下した。和議成立によって、捕虜の王子二人を解放。黒田長政が殿軍を務める。秀吉軍は慶尚・全羅・忠清三道の沿岸部に分散した。

六月二十九日、ゲリラ活動を続ける晋州城を秀吉軍が攻撃して落城させる。黒田長政と加藤清正が「亀甲車」で楼門を破った。長政の臣後藤又兵衛と堀平右衛門が、加藤清正の臣と競って一番乗りした。

居原城《コウォンソン》攻め

慶長二年（一五九七）八月十六日
豊臣秀吉軍 VS 義兵
大韓民国慶尚道

慶長二年（一五九七）十一月二十一日、秀吉は新しい軍令を発布し、慶長の役がスタートした。秀吉軍の出陣諸将の顔ぶれは、ほぼ前役と同じであった。作戦の違いは上陸軍を二手に分けたことで、右軍は毛利秀元を大将に黒田・加藤らの諸隊が属し、左軍は宇喜多秀家を大将に小西・島津隊が属した。

黒田隊は七月までに兵五千余で渡鮮。釜山・密陽・昌寧を経て居原に到る。黒田家で討ち取った首数二十三級。

黄石山城《ホアンソクサンソン》攻め

慶長二年（一五九七）八月十七日
豊臣秀吉軍 VS 郭䞭
大韓民国慶尚道

加藤清正が南門から、鍋島直茂が西門から、黒田長政が東門から攻め込んで落城させた。黒田家で討ち取った首数四十級。

全州城《チョンジュソン》攻め

慶長二年（一五九七）八月二十二日
豊臣秀吉軍 VS 陳愚衷
大韓民国全羅道

右軍は二十二日に全州城に到達して小戦闘あり。当初の最終攻撃目標であったため、左軍の到着を待つ。左軍は南原城の攻略に手間取り、二十四日に到達。十万の秀吉軍を前に明の遊撃大将陳愚衷が敗走して落城した。会議で右軍は公州を目指し、左軍は忠清道・全羅道の攻略と決定する。二十九日、右軍はここを発って北上を開始した。

公州城《コンジュソン》攻め

慶長二年（一五九七）九月一日〜四日
豊臣秀吉軍 VS 牛伯英
大韓民国全羅道

稷山の戦いの陰に隠れて知られていないが、それ以上の大きな戦闘があった。黒田隊が討ち取った首数三千級、吉川隊が千二百七十八級という証拠の「鼻請取証」が現存している。他は判然としない。諸隊の戦況報告を信用しない秀吉は、首の代わりとして耳を、耳は二つあるとして鼻を日本に送らせていたのである。占領後、加藤清正は清州へ向かい、毛利秀元・黒田長政は天安を目指した。

稷山《チクサン》の戦い

慶長二年（一五九七）九月六日
豊臣秀吉軍 VS 解生
大韓民国忠清道

慶長の役における北限の戦い。明軍の提督麻貴は漢城を守るべく水原城にいて、副将の解生を南下させた。一方、右軍の先鋒黒田隊は稷山に至り、解生隊と遭遇し合戦となった。ここは城邑ではなく原野である。数に勝る明軍に押されて黒田隊は苦戦を強いられた。

しかし、後続の吉川・毛利隊が駆けつけて撃退している。黒田隊が討ち取った首数八十五級、吉川隊が三百五十八級という「鼻請取証」が残っていてその戦況を今に伝えている。残党狩りであろうか、二日後に吉川隊が六百四十一級追加している。

清安城《チョンアンソン》攻め

慶長二年（一五九七）九月十二日〜十四日
黒田長政 VS 義兵
大韓民国京畿道

稷山の戦いで漢城攻めを諦めた右軍は東へ移動。九月十日、吉川広家が単独で青州城を攻め、四百三十七人を討ち取り、黒田長政は単独で清安城を攻めて、首千二百八級を討ち取った。これらも翌日の「鼻請取証」が残っているので確かな数字である。

青山城《チョンサンソン》攻め

慶長二年(一五九七)九月十六日
豊臣秀吉軍 vs 義兵
大韓民国忠清道
　一日の戦闘で吉川隊の首数は千二百四十五級。黒田隊は六百十六級。「鼻請取証」による。

開寧城《ケニョンソン》攻め

慶長二年(一五九七)九月十八日
黒田長政 vs 義兵
大韓民国慶尚道
　黒田隊単独で攻めて首数三百級。「鼻請取証」による。

玄風城《ヒョンプンソン》攻め

慶長二年(一五九七)九月二十八日
黒田長政 vs 郭再祐
大韓民国慶尚道
　毛利隊は途中の星州に留まり、黒田隊単独で玄風城を落とす。討ち取った首数二百二十三級。その後は梁山に日本式の築城を開始する。

蔚山城《ウルサンソン》の戦い

慶長二年(一五九七)十二月二十二日〜慶長三年(一五九八)一月四日
豊臣秀吉軍 VS 楊鎬・麻貴
大韓民国慶尚道

慶長の役の目標は朝鮮国の慶尚道・全羅道・忠清道の占領にあった。このため威嚇行動の後、秀吉軍は三道の沿岸地域に拠点として日本式の築城を急がせた。

十二月二十二日楊鎬・麻貴の率いる明軍五万七千が、未完成の蔚山城を囲んだ。そこを守る浅野幸長・加藤清正は脱出することもできず、たちまち食料不足となった。秀吉軍は急遽一万三千人が集結しこれを逆包囲した。明・鮮軍は翌年の一月四日に退却を始め、日本軍の追撃に遭って敗走した。黒田長政は梁山から宮崎久作・毛屋主水・井口兵助らを率いて参戦している。楊鎬はこの敗戦で失脚している。

蔚山城

梁山《ヤンサン》籠城

慶長二年(一五九七)十二月二十四日
黒田如水 VS 呉惟忠
大韓民国慶尚道

蔚山城救援で長政が留守にした築城中の梁山城を八千の明軍が襲撃した。参謀として釜山にいた黒田如水は駆けつけて籠城。残っていた衣笠久右衛門ら千五百の兵で撃退した。梁山城は内陸部にあって危険なため、この後放棄が決定している。

西生浦城《ソセンポソン》の戦い

慶長三年(一五九八)三月～十月
黒田長政 VS 義兵
大韓民国慶尚道

黒田隊は梁山から亀浦へ、さらに三月になって西生浦城に移った。これは加藤清正が蔚山城へ移動したためである。ここでも義兵の攻撃を受け、黒田伯耆政成・黒田三左衛門・栗山四郎右衛門・母里多兵衛・桐山孫兵衛・野村市兵衛・久野次左衛門・林太郎右衛門らが防戦した。現地に現存する石垣を見ると虎口数ヵ所が塞がれている。西生浦城の戦いというのは大きな一つの合戦ではなく、義兵との細かいゲリラ戦と思われる。その後、秀吉の死によって慶長の役は終結し、諸将は十二月上旬までに帰国している。

合渡川の戦い

慶長五年(一六〇〇)八月二十二日
東軍 VS 石田三成の兵
岐阜県岐阜市河渡《ごうど》

関ヶ原合戦の前哨戦として、黒田長政・田中吉政・藤堂高虎が石田三成の兵と戦った。三成の兵は敗れて大垣城へ退却。さらに関ヶ原へと退いていった。黒田長政の兵五千四百人中、黒田三左衛門・野口左助・林太郎右衛門・堀平右衛門・益田与助らが高名した。

富来城攻め（第一次）

慶長五年（一六〇〇）九月十一日
黒田如水 VS 垣見一直の城代
大分県国東市富来浦

豊後国の大友義統は文禄の役で失脚していた。天下分け目の合戦は、それを取り戻す絶好のチャンスであった。豊後国の一部を飛び領地としていた細川家の杵築城を援護するため、黒田如水は臨時に九千人の兵を集めて、三千六百人の傭兵部隊を組織した。そして、国東半島に進軍する。先鋒二千を杵築に直行させて、如水自身はこの城を攻めた。しかし、守りが固いので安岐城へ移動する。

安岐城攻め（第一次）

慶長五年（一六〇〇）九月十二日〜十三日
黒田如水 VS 熊谷直盛の城代
大分県国東市安岐町

こちらも守りが固く、先へ進んだところ、三百の兵で追い討ちをかけてきた。殿軍の栗山四郎右衛門が活躍して、四十八人を討ち取った。その首は中津城へ送られて高瀬川に晒された。

石垣原合戦

慶長五年(一六〇〇)九月十三日
黒田如水 vs 大友義統
大分県別府市鶴見原

黒田先遣隊は実相寺山と角殿山の間道を抜けて石垣原に布陣していた大友勢と昼頃から衝突。久野次左衛門・曽我部五右衛門が討死した。ここに黒田隊の二番備野村市右衛門・井上九郎右衛門が救援に駆けつけ大友軍を打ち破り、如水が到着する夕刻前には、ほぼ決着がついていた。大友義統は翌々日に法体となって黒田如水に降伏した。

関ヶ原合戦

慶長五年(一六〇〇)九月十四日
東軍 vs 西軍
岐阜県不破郡関ケ原町

天下分け目の合戦。徳川家康と石田三成の対決のようにいわれるが、豊臣家臣団の対立に家康が上手く乗ったという感が強い。黒田長政は毛利氏の内応に粉骨し、実戦でも大いに働いた。黒田三左衛門・後藤又兵衛・菅六之助・野口左助・堀平右衛門・林太郎右衛門・益田与助らが活躍している。

安岐城攻め（第二次）

慶長五年（一六〇〇）九月十六日〜十九日
黒田如水 vs 熊谷直盛の城代
大分県国東市安岐町
如水は高櫓・亀甲車で攻撃の準備をしたが、西軍の敗報によって城側が降伏した。

日隈城・角牟礼城攻め

慶長五年（一六〇〇）九月十六日〜十九日
黒田如水 vs 森高政の城代
大分県日田市・玖珠郡玖珠町
かねてから黒田領を侵していた森高政の日隈城・角牟礼城へ、栗山四郎右衛門・母里多兵衛を向かわせて数日後に無血開城させた。角牟礼城には見事な石垣が残っている。

日隈城

富来城攻め（第二次）

慶長五年（一六〇〇）九月二十三日〜十月二日
黒田如水 vs 垣見一直の城代
大分県国東市富来浦

如水は再び富来城を攻め、翌日には二の丸を占領する。それでも城兵の意志は固く、降伏までには数日を要した。宮本弁助（後の武蔵）が活躍した逸話が残っている。

姫島沖の海戦

慶長五年（一六〇〇）九月二十七日
黒田水軍 vs 島津水軍
大分県姫島～佐賀関

黒田水軍の哨船十八艘が、領国へ逃げ戻る島津義弘の大型船二艘を沈める。黒田水軍の大型船は大坂湾に繋留中で小船ばかりの戦闘であった。逃げ戻る義弘自身の乗った船は発見できなかったらしい。

宮崎城攻め

慶長五年（一六〇〇）九月三十日
伊東祐慶 vs 高橋元種
宮崎県宮崎市

九月二十八日、如水の検使宮川半右衛門が伊東祐慶の飫肥城に到着。伊東祐慶は関ヶ原で死んだ島津豊久の佐土原城攻撃を決める。そして手始めに三十日、高橋元種の宮崎城を落とした。これを聞いた島津義久は佐土原城に兵を送り、島津氏と伊東氏の抗争が続く。

臼杵城攻め

慶長五年（一六〇〇）十月四日
中川秀成 VS 太田一吉の城代
大分県臼杵市
態度不鮮明だった中川秀成が、身の保全のために西軍だった臼杵城を攻めた。太田一吉の城代はこれに徹底抗戦したが、十月四日に如水に降った。如水の甥黒田政成（兵庫助の子）が臼杵城を請け取る。

臼杵城

香春岳城攻め

慶長五年（一六〇〇）十月五日
黒田如水 VS 森吉成の城代
福岡県田川郡香春町
西軍の森吉成の城。如水の攻撃に開城した。小倉城の支城であった。

小倉城攻め

慶長五年（一六〇〇）十月六日
黒田如水 VS 森吉成の城代
福岡県小倉市

西軍の森吉成の城。如水の攻撃に開城した。降伏した多くの兵が如水軍に加わったという。翌日、如水軍は筑前国へ入り、甘木宿で小早川氏の接待を受けた。

久留米城攻め

慶長五年(一六〇〇)十月十四日
鍋島直茂・黒田如水 VS 小早川秀包の城代
福岡県久留米市

西軍だった鍋島直茂が東軍に転じ、数万の兵で久留米城に迫る。小早川秀包城代は如水に人質を出して開城した。如水家臣黒田直之(ミゲル)が久留米城を預かる。

柳川城攻め(八院合戦)

慶長五年(一六〇〇)十月十九日〜二十日
鍋島直茂・黒田如水・加藤清正 VS 立花宗茂
福岡県柳川市

西軍で戦った立花宗茂が十月九日、柳川城へ戻って籠城していた。鍋島軍先鋒と立花軍先鋒が十九日から二十日にかけて城外の八院で小戦闘を繰り返す。傍観していた如水と清正は、水田で会見して柳川城攻撃の中止を決定。如水が家臣井口兵助を伴って鍋島直茂に伝える。十月二十五日、立花宗茂が城を明け渡した。

大坂冬の陣

慶長十九年(一六一四)十月一日〜十二月二十二日
徳川家康 vs 豊臣秀頼
大阪府大阪市

徳川家と豊臣家の戦。黒田家を脱藩した後藤又兵衛・明石全登が籠城組に回った。黒田長政・福島正則は江戸で謹慎。長政の子忠之が、井上周防・毛利但馬・黒田美作・竹森石見・吉田壱岐・衣笠因幡・菅和泉・林掃部・桐山丹波・堀平右衛門・村田出羽ら一万人を率いて福岡から出陣、十一月十八日に家康に会見。休戦となったために外濠の埋め立てを手伝って帰国する。

大坂夏の陣

元和元年(一六一五)三月二十四日〜五月八日
徳川家康 vs 豊臣秀頼
大阪府大阪市

徳川家と豊臣家の最後の戦。後藤又兵衛が討死した。黒田長政は吉田宮内生季ら五十人で参加。忠之は兵一万人を従えて再び福岡を発ち、兵庫で駐屯した。

島原の乱

寛永十四年(一六三七)十二月〜同十五年二月二十八日

徳川幕府 vs 天草四郎
長崎県島原市

キリシタンや幕府に不満を持つ者からなる一揆軍が原城に籠城、それを鎮圧した戦い。黒田忠之が兵一万二千三百二十三人、黒田長興が千三百五十八人、黒田隆政が千二百五十人で従軍。黒田美作と野口左助が参戦している。

あとがき

筆者は神奈川県で生まれ育っている。福岡藩士子孫の末裔として生まれたのだが、親は詳しいことは何も知らなかった。幸い五代前が明治初期に武士を捨てて農業改革で全国的に名をなした林遠里という人物だったため、資料は福岡県に沢山残っていた。

福岡城下は第二次世界大戦の空襲でほとんど焼け果ててしまったが、本家が他所へ移っていて史料が残っていたのも幸運であった。武士の家は没落して売れるものは皆売られてしまうが、系図・家譜類は売れないから残るのである。

高校時代に自分の先祖が朝鮮半島で虎退治をしていたことと加藤清正は虎狩をしていないことを知った。よく調べてみると、いかに世の中、史実に反した話が広まっているかも痛感した。自分自身で原本史料を読まないと嘘・勘違いだらけなのである。

以後、海外にまで縁の城跡・古戦場を訪ね、福岡の旧藩士子孫も探した。小生の調査活動に最も協力してくれたのは、藩の家老の末裔である故大音三二氏であった。氏は当時「福岡古文書を読む会」に所属していて、小寺家にある貴重な信長や秀吉の書状のコピーなども提供してくれた（これらは近年ようやく『姫路市史・史料編』で活字化されている）。

そして、東京赤坂の黒田家邸を訪ねたのは昭和五十一年のことである。執事の故久世重三郎氏はお上（ご当主）に相談されて、蔵から『黒田二十四騎画帳』や分限帳を出しておいて見せて下さった。丁度お上は墓参りに出かけられる時で、蔵に付属した執事室に平伏して送り出させていただいたものである。

その後も、官兵衛の妻の名「光」が書かれた『黒田家略系図』や『黒田世譜』などを書き写していただいた。黒田の家宝類はその後、福岡市へ寄贈されることとなって公開されるようになったが、当時は簡単に拝見できるものではなかった。

こうした機会を与えてくれた黒田武士たちの魂を背に受けて、自分としては精一杯、調査研究を続けてきたが、なかなか骨の折れる作業である。

活字になっていたのは、貝原益軒の『黒田家譜』と『黒田家臣伝』くらいのもので、他は毛筆の写本を読むしか無かった。読めないでいた古文書の一節が、何十年も経過して、判読できたり、流暢なくずし字は今でも辞書と睨めっこである。

本書は宮帯出版社刊『黒田軍団 如水・長政と二十四騎の牛角武者たち』の改訂版として出発したが、一部写真の流用があるのみで別物である。詳細な黒田二十四騎伝としては最初であり、もしかしたら最後の本になるかもしれない。また本書とほぼ同時に『秀吉に天下を獲らせた男 黒田官兵衛』を上梓したが、読み易さを尊重した同書に対して、本書はかなりマニアックな内容である。だが、両書を読まねば黒田官兵衛の真の姿は見えてこないはずである。

黒田武士を代表する二十四騎は、官兵衛の分身たちであった。官兵衛の小姓になるということは士官学校に入学したようなものである。その卒業生は優等生ばかりでなく、一癖も二癖もある個性派揃いであった。彼らの生き様ひとつひとつに歴史ロマンを感じ取っていただければ幸いである。

本山一城

〔著者紹介〕

本山一城（もとやま かずき）

1956年生まれ。祖父は民俗学・金石学の大家本山桂川。母方の先祖は明治三大農哲 林遠里。遠里は福岡藩家老林家の末葉で、黒田官兵衛と竹中半兵衛の血を引く特異な家系。その関係で黒田家と竹中家の歴史を研究。武蔵野美術短期大学中退後に漫画家となる。代表作は『スーパーマリオ』全43巻（講談社）。歴史（主に戦国武将・甲冑・城）研究を趣味とし、歴史上の人物を題材にした漫画も多数ある。著書に『黒田如水と二十五騎』『竹中半兵衛と黒田官兵衛』（村田書店）、『日本の名城がわかる本』『信長・秀吉・家康の城』（リイド社）、『黒田軍団―如水・長政と二十四騎の牛角武者たち―』『秀吉に天下を獲らせた男 黒田官兵衛』（宮帯出版社）など多数。中国 1-東方美術学院名誉講師。

黒田官兵衛と二十四騎

2014年4月16日 第1刷発行

著 者 本山一城

発行者 宮下玄覇

発行所 株式会社宮帯出版社

京都本社 〒602-8488

京都市上京区寺之内通下ル真倉町739-1

営業（075）441-7747 編集（075）441-7722

東京支社 〒102-0083

東京都千代田区麹町6-2 麹町6丁目ビル2階

電話 (03)3265-5999

http://www.miyaobi.com/publishing/

振替口座 00960-7-279886

印刷所 モリモト印刷株式会社

 ISBN978-4-86366-913-0 C3021